В.Е. Антонова, М.М. Нахабина, А.А. Толстых

ДОРОГА В РОССИЮ

УЧЕБНИК РУССКОГО ЯЗЫКА
(базовый уровень)

15-е издание

2

Рекомендовано Экспертной комиссией
Государственной системы тестирования
граждан зарубежных стран по русскому языку
Министерства образования и науки
(заключение № 5-001 от 29.05.01)

Санкт-Петербург
«Златоуст»
2021

УДК 811.161.1

Антонова, В.Е., Нахабина, М.М., Толстых, А.А.
Дорога в Россию : учебник русского языка (базовый уровень). — 15-е изд. — СПб. : Златоуст, 2021. — 256 с.

Antonova, V.E., Nakhabina, M.M., Tolstykh, A.A.
The way to Russia : Russian language text-book (level A2). — 15th ed. — St. Petersburg : Zlatoust, 2021. — 256 p.

ISBN 978-5-907123-36-6

Настоящий учебный комплекс по русскому языку как иностранному предназначен для взрослых учащихся и обеспечивает подготовку в объёме Государственного стандарта базового уровня. Он включает учебник и аудиоприложение. Комплекс является второй частью проекта «Стандарт — Учебник — Тест» (руководитель проекта — М.М. Нахабина).
Познакомиться с вебинаром автора можно по ссылке:
https://www.youtube.com/watch?v=4Uu-OhHSFkI
Прослушать или скачать аудиофайл к заданию можно по QR-коду рядом с заданием.

Рецензенты:
проф. Г.И. Кутузова (ИМОП СПбГПУ),
доц. Л.К. Павловская (МГПУ)

Зав. редакцией: *А.В. Голубева*
Корректоры: *Н.А. Мирзоева, И.В. Евстратова, О.С. Капполь*
Художник: *В.В. Худяков*
Обложка: *В.В. Худяков*
Оригинал-макет: *В.В. Листова*
Режиссёр звукозаписи: *А.Ю. Аликов*

В оформлении использованы фотоматериалы:
http://www.flairview.ru, http://www.theatre.ru, http://tiger-murmansk.narod.ru/, http://gallery.vavilon.ru, http://www.libfl.ru/, http://www.moscowpass.ru, http://grigam.wallst.ru/, http://int-ivanushki.narod.ru, http://www.rsl.ru, http://kokua1.narod.ru, http://www.pluar.ru/, http://www.karavan.ru, http://www.kreml.ru, http://www.allhotels.ru, http://www.muar.ru, http://www.ozerki.ru, http://donkr.ukr-info.net, http://www.ioffe.ru, http://www.r9ronaldo.ru, http://moscow.co.ru, http://www.artmix.by, http://www.vokruginfo.ru/, http://riverbus.by.ru, www.moskwaphoto.narod.ru, http://academout.ru, http://www.rosaviakosmos.ru, http://www.bkc.ru

Подготовка оригинал-макета — издательство «Златоуст».
Подписано в печать 22.09.21. Формат 60x90/8. Печать офсетная. Печ. л. 32. Тираж 3000 экз. Заказ № 23304.
Код продукции: ОК 005-93-953005.
Лицензия на издательскую деятельность ЛР № 062426 от 23 апреля 1998 г.
Санитарно-эпидемиологическое заключение на продукцию издательства Государственной СЭС № 78.01.07.953.П.011312.06.10 от 30.06.2010 г.
Издательство «Златоуст»: 197101, Санкт-Петербург, Каменноостровский пр., д. 24 в, пом. 1-Н.
Тел.: (+7-812) 346-06-68, 703-11-78, e-mail: sales@zlat.spb.ru, http://www.zlat.spb.ru
Интернет-магазин издательства www.zlatoust.store
Отпечатано в типографии «ЛД-ПРИНТ».
196643, г. Санкт-Петербург, пос. Саперный, ш. Петрозаводское, д. 61, строение 6. Тел.: (+7-812) 462-83-83.

Сайт
издательства

I. Фонетическая зарядка

1 Слушайте, повторяйте, читайте.

02

а) познако́мился с журнали́стом [ж:]
разгова́ривал с дру́гом [з]
танцева́л с де́вушкой [з]

познако́мились с экономи́стом
разгова́ривала с арти́стом
танцева́ла с Анто́ном

занима́емся матема́тикой
интересу́юсь иску́сством

занима́юсь ру́сским языко́м
интересу́юсь класси́ческой му́зыкой

Поздравля́ю Вас с днём рожде́ния!
поздра́вили меня́ с пра́здником

б) сове́тую вам пойти́ в Большо́й теа́тр
сове́тую тебе́ прочита́ть э́ту кни́гу
посове́товал нам посмотре́ть вы́ставку
посове́товали мне купи́ть э́тот альбо́м
Посове́туйте, куда́ пойти́ в воскресе́нье?
Посове́туйте, что посмотре́ть в Москве́?

в) расска́зываю о худо́жнике
расска́зывал о Петербу́рге
расскажу́ о семье́
Расскажи́те об экску́рсии!

г) Когда́ я отдыха́ю, чита́ю кни́ги.
Когда́ мы отдыха́ли, смотре́ли интере́сные фи́льмы.
Когда́ занима́лись, повторя́ли но́вые слова́.
Когда́ пришёл, пригото́вил у́жин.

Когда́ пришла́, позвони́ла домо́й.
Когда́ встре́тила его́, сказа́ла ему́...
Когда́ уви́дели нас, спроси́ли...

д) Ско́лько?

100 – сто	800 – восемьсо́т
200 – две́сти	900 – девятьсо́т
300 – три́ста	1000 – ты́сяча
400 – четы́реста	2000 – две ты́сячи
500 – пятьсо́т	2001 – две ты́сячи оди́н
600 – шестьсо́т	2002 – две ты́сячи два
700 – семьсо́т	2003 – две ты́сячи три

Како́й год?

1985 – ты́сяча девятьсо́т во́семьдесят пя́тый
2000 – двухты́сячный
2001 – две ты́сячи пе́рвый
2002 – две ты́сячи второ́й
2003 – две ты́сячи тре́тий
2004 – две ты́сячи четвёртый

е)

какой (этаж)?	какая (квартира)?	какое (число)?
пе́рвый	пе́рвая	пе́рвое
второ́й	втора́я	второ́е
тре́тий	тре́тья	тре́тье
четвёртый	четвёртая	четвёртое
пя́тый	пя́тая	пя́тое
шесто́й	шеста́я	шесто́е
седьмо́й	седьма́я	седьмо́е
восьмо́й	восьма́я	восьмо́е
девя́тый	девя́тая	девя́тое
деся́тый	деся́тая	деся́тое

2 **Слушайте и повторяйте. Запомните последнее предложение и запишите его. Продолжите высказывание.**

03

мой друг... ⇨
мой друг научи́лся... ⇨
мой друг научи́лся ката́ться... ⇨
Мой друг научи́лся ката́ться на конька́х. ⇨
Мой друг научи́лся хорошо́ ката́ться на конька́х. ⇨
Зимо́й мой друг научи́лся хорошо́ ката́ться на конька́х. ⇨
Зимо́й в Москве́ мой друг научи́лся хорошо́ ката́ться на конька́х. ... ⇨

познако́мился... ⇨
я познако́мился... ⇨
Я познако́мился с Ви́ктором. ⇨
На ве́чере я познако́мился с Ви́ктором. ⇨
В пя́тницу на ве́чере я познако́мился с Ви́ктором. ⇨
В пя́тницу на ве́чере в университе́те я познако́мился с Ви́ктором. ⇨
В пя́тницу на ве́чере в университе́те я познако́мился с Ви́ктором и его сестро́й. ... ⇨

моя́ подру́га... ⇨
моя́ подру́га рассказа́ла... ⇨
Моя́ подру́га рассказа́ла о Пу́шкине. ⇨
Моя́ подру́га рассказа́ла мне о Пу́шкине. ⇨
Моя́ подру́га рассказа́ла мне о Пу́шкине, о его семье́. ⇨
Моя́ подру́га рассказа́ла мне о Пу́шкине, о его семье́, о его жи́зни. ⇨
Моя́ подру́га рассказа́ла мне о Пу́шкине, о его семье́, о его жи́зни в Москве́. ⇨
Когда́ мы гуля́ли на Арба́те, моя́ подру́га рассказа́ла мне о Пу́шкине, о его семье́, о его жи́зни в Москве́. ... ⇨

II. Поговорим

1 Прослушайте диалоги, задайте аналогичные вопросы своим друзьям.

— О чём расска́зывал преподава́тель на уро́ке?
— Об экску́рсии по Москве́.

— С кем ты игра́ешь в ша́хматы?
— Коне́чно, с бра́том.

— С кем ты прово́дишь свобо́дное вре́мя?
— С подру́гой.

— Посове́туй, куда́ пойти́ в суббо́ту?
— В зоопа́рк.

2 Как вы ответите? (Возможны варианты.)

— С кем ты хо́чешь встре́тить Но́вый год?
— ....

— Чем ты лю́бишь занима́ться в свобо́дное время?
— ...

— Кем ты хо́чешь быть?
— ...

— С кем ты познако́мился вчера́ на дискоте́ке?
— ...

— Чем интересу́ется твой друг?
— ...

— О чём ты узна́л вчера́ на экску́рсии?
— ...

— Я люблю́ пирожки́ с капу́стой. А ты́ с чем?
— ...

3 Как вы спросите? (Возможны варианты.)

— ...?
— Я бу́ду врачо́м.

— ...?
— Он хо́чет быть программи́стом.

— ...?
— Э́тот фильм о любви́.

— ...?
— Она́ рабо́тает медсестро́й.

— ...?
— Она́ ме́неджер.

— ...?
— Э́то кни́га о Че́хове.

— ...?
— Она́ игра́ет на скри́пке.

Склонение имён существительных с местоимениями и прилагательными

1. Склонение **неодушевлённых** имён существительных мужского рода с местоимениями и прилагательными

1 а) Прочитайте текст и скажите, какой художник жил в этом городе? Почему там часто бывают художники?

После дождя. Плёс.

Вечер. Золотой Плёс.

Го́род на Во́лге

Плёс — э́то мой родно́й го́род. **Э́тот го́род** нахо́дится в це́нтре Росси́и, на Во́лге. На ка́рте ми́ра нет **э́того го́рода**. Плёс — о́чень ма́ленький стари́нный ру́сский го́род. **Э́тому го́роду** уже́ 600 лет. В Плёсе есть Дом-музе́й худо́жника Исаа́ка Ильича́ Левита́на. Э́тот изве́стный худо́жник о́чень люби́л приро́ду, поэ́тому он жил и рабо́тал **в э́том ти́хом зелёном го́роде**. Он ви́дел вокру́г краси́вые, живопи́сные места́, невысо́кие го́ры, леса́, ре́ку Во́лгу. Левита́н написа́л здесь карти́ны: «Ве́чер. Золото́й Плёс», «По́сле дождя́. Плёс» и други́е.

Ру́сский писа́тель Анто́н Па́влович Че́хов дружи́л с И.И. Левита́ном. Он хорошо́ знал и люби́л э́того худо́жника. Они́ писа́ли друг дру́гу пи́сьма, встреча́лись. А.П. Че́хов ча́сто быва́л в Плёсе в до́ме э́того изве́стного худо́жника.

И ра́ньше, и сейча́с тури́сты и молоды́е худо́жники ча́сто быва́ют в Плёсе. Им нра́вятся э́ти краси́вые, живопи́сные места́. Они́ интересу́ются **э́тим го́родом** и его́ исто́рией. Худо́жники лю́бят рабо́тать здесь, рисова́ть. Их всегда́ мо́жно встре́тить на берегу́ Во́лги. Они́ о́чень лю́бят **э́тот прекра́сный го́род**. А е́сли вы хоти́те узна́ть **об э́том го́роде** бо́льше, вы мо́жете пое́хать туда́ и уви́деть его́ свои́ми глаза́ми.

б) Найдите в тексте ответы на вопросы.

1. Где нахо́дится го́род Плёс?
2. Э́тот го́род есть на ка́рте ми́ра?
3. Ско́лько лет го́роду Плёсу?
4. Кто жил и рабо́тал в Плёсе?
5. Како́й музе́й есть в э́том го́роде?
6. Почему́ И.И. Левита́н жил и рабо́тал в э́том го́роде?
7. Где ча́сто быва́л А.П. Че́хов и почему́?
8. Почему́ тури́сты и молоды́е худо́жники ча́сто быва́ют в Плёсе?
9. Где лю́бят быва́ть тури́сты в э́том го́роде?
10. А вы хоти́те бо́льше узна́ть об э́том го́роде? Вы хоти́те побыва́ть в э́том го́роде?

Посмотри́те таблицу 1. Задайте полные вопросы, используйте краткие вопросы из таблицы.

Образец:

Го́род называ́ется Плёс.   →   Како́й го́род называ́ется Плёс?
Како́й го́род?

Таблица 1.

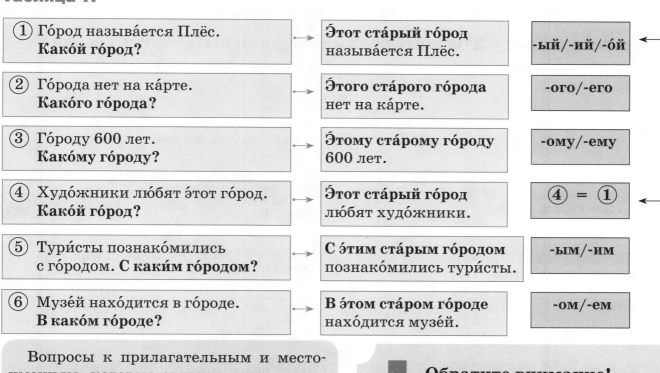

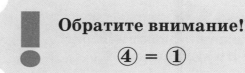

Вопросы к прилагательным и место-имениям, которые связаны с неодушев-лёнными существительными мужско-го и среднего рода в именительном (1) и винительном (4) падежах одинаковы (какой?/ какое?).

Обратите внимание!

④ = ①

 Прилагательные и местоимения среднего рода изменяются так же, как и прилагательные мужского рода. Например: это высокое здание (4=1), этого высокого здания (2), этому высокому зданию (3), рядом с этим высоким зданием (5), в этом высоком здании (6).

2

а) **Задайте вопросы к выделенным словам, чтобы уточнить и расширить информацию** (таблица 1 поможет вам).

В Москве́ рабо́тает клуб (молодёжный, спорти́вный).
Ра́ньше здесь не́ было э́того клу́ба.
Э́тому клу́бу то́лько 3 го́да.
Молоды́е лю́ди о́чень лю́бят э́тот клуб.
Спортсме́ны заинтересова́лись э́тим клу́бом.
В э́том клу́бе занима́ются спо́ртом де́ти и взро́слые.

б) **Заполните свою таблицу**
(по образцу таблицы 1).
В таблице можно использовать
примеры из упр. № 2 (а).

1. какой...
2. какого...
3. какому...
4. какой...
5. каким...
6. в/о каком...

2. Склонение одушевлённых имён существительных мужского рода с местоимениями и прилагательными

Посмотрите таблицу 2. Задайте полные вопросы, используйте краткие вопросы из таблицы.

Образец:

Кто?
Худо́жник жил в Плёсе.
Какой худо́жник? ———→ Какой худо́жник жил в Плёсе?

Таблица 2.

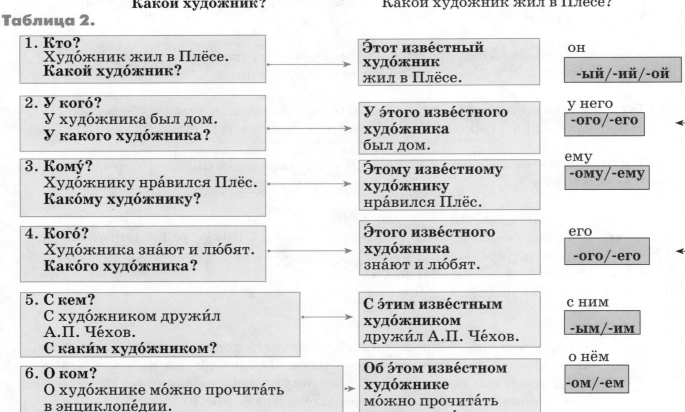

Вопросы к прилагательным и местоимениям, которые связаны с одушевлёнными существительными мужского рода в родительном (2) и винительном (4) падежах, одинаковы: (*какого?*).

Обратите внимание!

② = ④

3 **а) Задайте вопросы к выделенным словам, чтобы уточнить и расширить информацию** (таблица 2 поможет вам).

Этот арти́ст рабо́тает в теа́тре (молодо́й, тала́нтливый).
У **э́того арти́ста** мно́го роле́й в теа́тре.
Э́тому арти́сту нра́вится его́ рабо́та.
Э́того арти́ста лю́бят зри́тели.
С **э́тим арти́стом** я познако́мился неда́вно.
Об **э́том арти́сте** я прочита́л в журна́ле.

1. како́й...
2. како́го...
3. како́му...
4. како́го...
5. каки́м...
6. о како́м...

б) Заполните свою таблицу (по образцу таблицы 2).
В таблице можно использовать примеры из упр. № 3 (а).

3. Склонение имён существительных женского рода с местоимениями и прилагательными

4 **а) Прочитайте текст и скажите: как называется эта улица? Кто написал о ней книгу?**

У́лица Чи́стые пруды́ — э́то ста́рая у́лица в це́нтре Москвы́. **Э́та у́лица** небольша́я, но изве́стная. Исто́рия **э́той небольшо́й моско́вской у́лицы** о́чень интере́сная. Там нахо́дятся ста́рые пруды́. Ра́ньше, три ве́ка наза́д, э́то бы́ли гря́зные пруды́. Но в 1703 (в ты́сяча семьсо́т тре́тьем) году́ Алекса́ндр Ме́ншиков (секрета́рь ру́сского царя́ Петра́ Пе́рвого) купи́л э́то ме́сто и приказа́л очи́стить пруды́. По́сле э́того лю́ди да́ли **э́той небольшо́й у́лице** назва́ние Чи́стые пруды́.

Москвичи́ хорошо́ зна́ют и лю́бят **э́ту краси́вую у́лицу**. Ле́том **на э́той зелёной у́лице** гуля́ют влюблённые. А зимо́й на пруда́х де́лают като́к, и молодёжь ката́ется здесь на конька́х.

На э́той у́лице нахо́дится изве́стный в Москве́ теа́тр «Совреме́нник». **На э́той у́лице** жил ру́сский писа́тель Ю́рий Наги́бин. Он написа́л **об э́той у́лице** кни́гу, кото́рая называ́ется Чи́стые пруды́.

б) Найдите в тексте ответы на вопросы.

1. Кака́я э́то у́лица? Где она́ нахо́дится?
2. Что вы узна́ли об исто́рии э́той у́лицы?
3. Почему́ лю́ди да́ли э́той у́лице назва́ние Чи́стые пруды́?
4. Кто зна́ет и лю́бит у́лицу Чи́стые пруды́?
5. Где и как отдыха́ют молоды́е лю́ди?
6. Где нахо́дится теа́тр «Совреме́нник»?
7. Каку́ю кни́гу написа́л Ю́рий Наги́бин? О чём расска́зывает э́та кни́га?

Посмотрите таблицу 3. Задайте полные вопросы, используйте краткие вопросы из таблицы.

Таблица 3.

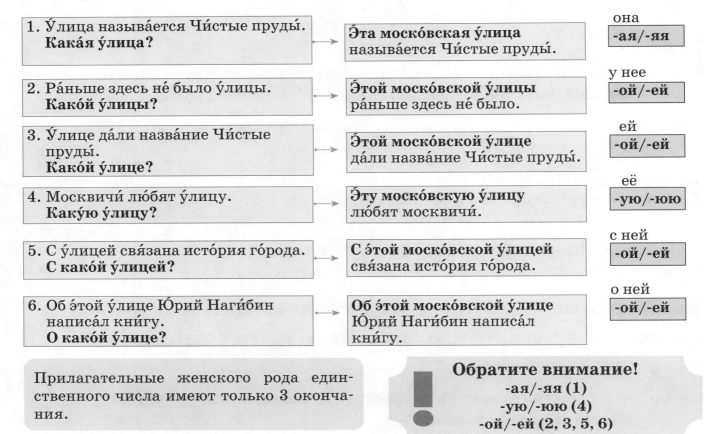

		она -ая/-яя
1. У́лица называ́ется Чи́стые пруды́. **Кака́я у́лица?**	→	Э́та моско́вская у́лица называ́ется Чи́стые пруды́.
2. Ра́ньше здесь не́ было у́лицы. **Како́й у́лицы?**	→	Э́той моско́вской у́лицы ра́ньше здесь не́ было.
3. У́лице да́ли назва́ние Чи́стые пруды́. **Како́й у́лице?**	→	Э́той моско́вской у́лице да́ли назва́ние Чи́стые пруды́.
4. Москвичи́ лю́бят у́лицу. **Каку́ю у́лицу?**	→	Э́ту моско́вскую у́лицу лю́бят москвичи́.
5. С у́лицей свя́зана исто́рия го́рода. **С како́й у́лицей?**	→	С э́той моско́вской у́лицей свя́зана исто́рия го́рода.
6. Об э́той у́лице Ю́рий Наги́бин написа́л кни́гу. **О како́й у́лице?**	→	Об э́той моско́вской у́лице Ю́рий Наги́бин написа́л кни́гу.

у нее
-ой/-ей

ей
-ой/-ей

её
-ую/-юю

с ней
-ой/-ей

о ней
-ой/-ей

Прилага́тельные же́нского ро́да еди́нственного числа́ имеют только 3 окончания.

Обрати́те внима́ние!
-ая/-яя (1)
-ую/-юю (4)
-ой/-ей (2, 3, 5, 6)

5 а) Задайте вопросы к выделенным словам, чтобы уточнить и расширить информацию (таблица 3 поможет вам).

Мне нра́вится **э́та арти́стка** (изве́стная, ру́сская).
У э́той арти́стки хоро́ший го́лос.
Э́той арти́стке 56 лет.
Э́ту арти́стку вы ви́дели в но́вом фи́льме.
Журнали́ст разгова́ривал **с э́той арти́сткой.**
Он написа́л статью́ об **э́той арти́стке.**

б) Заполните свою таблицу (по образцу таблицы 3). В таблице используйте примеры из упр. 5 а).

1. кака́я...
4. каку́ю...
2. како́й...
3. како́й...
5. с како́й...
6. о како́й...

Предложный падеж (6) имён существительных с местоимениями и прилагательными
(единственное число)

1.

о ком? о чём?	о каком? / о какой?

Ива́н мечта́ет об интере́сном путеше́ствии.

2.

где?	в/на како́м? / в/на како́й?

Ви́ктор у́чится в Моско́вском университе́те.

3.

когда́?	в како́м году́?

В 2018 (две ты́сячи восемна́дцатом) году́ был чемпиона́т ми́ра по футбо́лу.

1. Предложный падеж (6). Объект

А ты по́мнишь о на́шей пе́рвой встре́че, о на́шем пе́рвом свида́нии, о на́шем пе́рвом поцелу́е?

Он мечта́ет о со́лнечной пого́де, о тёплом мо́ре, о хоро́шем о́тдыхе.

Посмотрите таблицу 4.
а) Задайте полные вопросы (о каком?/о какой?), используйте глаголы из таблицы 4.

Таблица 4.

какой? (1)	о каком? (6)			
Мой ста́рый хоро́ший друг.	ду́маю говорю́ расска́зываю	о моём ста́ром хоро́шем	дру́ге	-ом/-ем **-е/-и**
кака́я? (1)	о какой? (6)			
Моя́ хоро́шая шко́льная подру́га.	по́мню пишу́ вспомина́ю	о мое́й хоро́шей шко́льной	подру́ге	-ой/-ей **-е/-и**

б) Узнайте у своих друзей:
О каком человеке они часто вспоминают? О каком подарке они мечтают? О какой встрече они помнят?

6 **а) Восстановите информацию.**
(Используйте словосочетания справа.)

1. Журна́л «Театра́льная жизнь» пи́шет...
2. Писа́тель И.С. Турге́нев мно́го писа́л...
3. Телепереда́ча «Му́зыка и мы» расска́зывает...
4. Фильм «Пе́рвая любо́вь» расска́зывает...
5. В кни́ге «Москва́ и москвичи́» мо́жно узна́ть...
6. В газе́те «Спорти́вная жизнь» мо́жно прочита́ть...
7. Журна́л «Де́ньги» написа́л...
8. Телепереда́ча «Моя́ семья́» рассказа́ла...

о ру́сской приро́де
о большо́й любви́
о совреме́нном иску́сстве
о популя́рной и класси́ческой му́зыке
о молодо́й тала́нтливой актри́се
о большо́м спо́рте
о совреме́нной семье́
о ста́рой Москве́
о но́вом росси́йском ба́нке
об изве́стном теннисисте
о молодо́й интере́сной же́нщине

б) Скажите, какие ваши любимые газеты, журналы, фильмы, передачи, книги? О ком /о чём они рассказывают?

7 **а) Спросите друзей, о ком?/ о чём? сейчас думают, мечтают вспоминают эти люди?** (Используйте словосочетания и образец, данные на с. 14.)

- нóвая спортивная машина; большáя дóбрая собáка;
- тёплая зимняя шáпка;
- извéстный рýсский писáтель Чéхов;
- престижная, высокооплáчиваемая, совремéнная интерéсная рабóта;
- совремéнный компьютер;
- красивое, мóдное плáтье;
- мáленький, удóбный деревéнский дом

Образéц:
— Олег, о чём мечтáет этот человéк в стáрой машине?
— О машине.
— О какóй машине?
— Он мечтáет о нóвой дорогóй спортивной машине.

б) Сделайте подписи к рисункам. Напишите, о ком?/о чём думают, мечтают, рассказывают эти люди?

8 О чём вы сейчас думаете, мечтаете? О чём вы мечтали в детстве? Когда учились в школе?

9 Прочитайте микротексты. О чём Жан, Клара, Виктор, Джон расскажут друг другу, если...

Недавно Жан посмотрел по телевизору новый русский сериал «Петербургские тайны». В фильме играл популярный московский актёр Николай Караченцев.

Вчера Клара была в доме-музее художника В.М. Васнецова в Москве. Этот известный русский художник жил и работал там.

В субботу Виктор работал на компьютере. Ему очень понравилась новая компьютерная программа.

Сегодня вечером Джон вернулся из поездки. Он ездил отдыхать на Байкал. Байкал — это самое глубокое озеро в мире. Джону очень понравилась богатая природа Байкала.

10 Прочитайте названия статей и скажите, о ком?/ о чём? пишут журналисты.

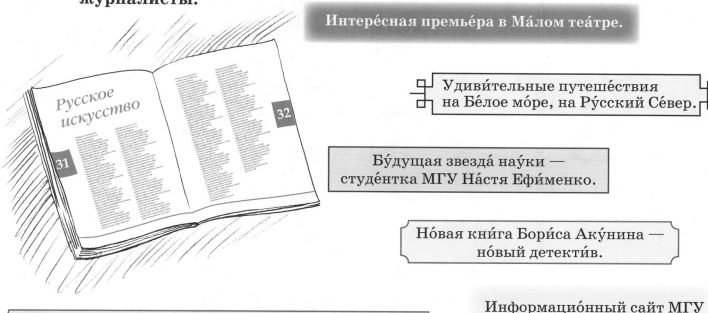

Интересная премьера в Малом театре.

Удивительные путешествия на Белое море, на Русский Север.

Будущая звезда науки — студентка МГУ Настя Ефименко.

Новая книга Бориса Акунина — новый детектив.

Информационный сайт МГУ в Интернете.

Даниил Медведев — молодой талантливый теннисист.

Новый нобелевский лауреат — физик Константин Новосёлов.

Весенняя мода: последняя коллекция Маши Цигаль.

Местоимение «свой», «своя», «своё» в предложном падеже (6)

Анто́н не ду́мает о своём здоро́вье.

Ма́ма забо́тится о его́ и её здоро́вье.

А́нна ду́мает о своём здоро́вье.

Врач забо́тится о его́ здоро́вье.

Врач забо́тится об и́х здоро́вье.

Врач забо́тится о её здоро́вье.

Но бо́льше всего́ врач ду́мает о своём здоро́вье.

Таблица 5.

Это:	→ мой друг → моя́ семья́	Я думаю :	→ о своём = о моём дру́ге → о свое́й = о мое́й семье́
Это:	→ твой друг → твоя́ семья́	Ты думаешь :	→ о своём = о твоём дру́ге → о свое́й = о твое́й семье́
Это:	→ наш друг → на́ша семья́	Мы думаем:	→ о своём = о на́шем дру́ге → о свое́й = о на́шей семье́
Это:	→ ваш друг → ва́ша семья́	Вы думаете:	→ о своём = о ва́шем дру́ге → о свое́й = о ва́шей семье́

Это	его́ друг его́ семья́	Он думает :	→ о своём дру́ге → о свое́й семье́
Это	её друг её семья́	Она думает :	→ о своём дру́ге → о свое́й семье́
Это	их друг их семья́	Они думают :	→ о своём дру́ге → о свое́й семье́

о своём о свое́й	≠	о его́ о её об их

! Обратите внимание!

~~свой~~

Э́то мой друг (1).
Мой друг (1) у́чится со мной в одно́й гру́ппе.
Я расскажу́ вам **о своём дру́ге** (6).

11 **а) Прочитайте микротекст. Скажите, о чём Клара рассказывает маме? О чём рассказывает ей мама?**

Я не люблю́ писа́ть пи́сьма, поэ́тому я ча́сто звоню́ домо́й и расска́зываю о свое́й жи́зни в Москве́, о свое́й учёбе, о своём но́вом дру́ге, о Моско́вском университе́те, о на́шем факульте́те. Когда́ я говорю́ с ма́мой, я узнаю́ но́вости о свое́й семье́: о своём отце́, о своём ста́ршем бра́те и о свое́й мла́дшей сестре́. Ма́ма расска́зывает мне о свое́й рабо́те.

б) Скажите, о чём вы пишете в письмах домой, о чём вы спрашиваете?

12 О ком или о чём может рассказать человек, который показывает эти фотографии?

Посмотри, вот мои фотографии. Это моя семья. А это мой школьный друг (моя школьная подруга, мой первый учитель, мой родной город, моя любимая улица, мой любимый парк, мой дом, моя новая машина...).

13 Восстановите микротексты. (Используйте местоимения справа.)

Мой отец работает в банке. Он часто рассказывает мне ... работе, ... банке. Я тоже мечтаю работать в ... банке. Иногда я читаю в газете ... банке.

Моя бабушка — очень интересный человек.
Она часто вспоминает о ... молодости. Я люблю слушать рассказы о ... жизни и мечтаю написать книгу о ... бабушке.

его
о его
о её
о своём
о своей

2. Предложный падеж (6). Место

— Где мои очки?
— Посмотри в правом кармане.

— Скажи, в какой руке конфета? В правой или в левой?
— В левой.

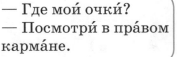

— Интере́сно, в како́й су́мке колбаса́?
— В э́той большо́й су́мке.
— В како́м паке́те молоко́?
— В ма́леньком голубо́м паке́те.

Посмотрите таблицу 6. Узнайте у своих друзей:
В каком доме они живут? На каком этаже? На какой улице?

Таблица 6.

какóй? (1)		в/на каком? (6)		
Вот но́вый дом.	живу́	в э́том но́вом до́ме на пе́рвом этаже́		-ом/-ем
какóе? (1)				
Вот но́вое кафе́.	обе́даю	в но́вом кафе́		-е/-и
кака́я? (1)		**в/на какóй? (6)**		
Вот но́вая спорти́вная шко́ла.	рабо́таю	в э́той но́вой спорти́вной шко́ле на Пу́шкинской у́лице		-ой/-ей
				-е/-и

14 **а) Прочитайте микротексты. Скажите, о чём вы узнали?**
Начните предложение так: Я узна́л, что … .

В э́том прекра́сном коре́йском го́роде бы́ли зи́мние Олимпи́йские и́гры-2018. Э́то го́род Пхёнчхан.

Э́то дом Пашко́ва. Ра́ньше в э́том ста́ром зда́нии жил о́чень бога́тый челове́к. А сейча́с здесь нахо́дится са́мая больша́я библиоте́ка в Росси́и — Росси́йская госуда́рственная библиоте́ка.

Это дере́вня Константи́ново. В э́той ма́ленькой дере́вне на реке́ Оке́ роди́лся и вы́рос ру́сский поэ́т Серге́й Есе́нин. Здесь он писа́л стихи́ о ру́сской приро́де.

Это гости́ница «Ба́лчуг». В э́той совреме́нной, дорого́й моско́вской гости́нице обы́чно живу́т изве́стные поли́тики, бога́тые бизнесме́ны и кинозвёзды.

Это Мане́жная пло́щадь. В свобо́дное вре́мя молодёжь лю́бит встреча́ться в це́нтре Москвы́, на Мане́жной пло́щади.

Это Гео́ргиевский зал в Кремле́. В э́том стари́нном кремлёвском за́ле Президе́нт Росси́и встреча́ет иностра́нные делега́ции.

б) С помощью вопросов уточните подписи к фотографиям. Поставьте все возможные вопросы к каждому тексту и задайте их друг другу.

Образец:

Како́й э́то го́род? В како́м го́роде бы́ли Олимпи́йские и́гры-2018? Когда́ бы́ли Олимпи́йские и́гры в Пхёнчхане?

15 **В тексте, который вы будете читать, вы встретите новые слова. Познакомьтесь с ними. Прочитайте объяснения. Постарайтесь понять новые слова и выражения.**

1. подмоско́вный го́род — го́род недалеко́ от Москвы́, под Москво́й

а) Найдите корень (общую часть данных слов), скажите, на какие вопросы отвечают эти слова:
подмоско́вный, Москва́, москви́чка, моско́вский, москви́ч.

б) Составьте словосочетания и предложения, используйте однокоренные слова из № 1 (а):

... го́род; ... лес; ... парк; ... дере́вня; ... проспе́кт; ... худо́жник; краси́вая...; знако́мый ... .

... — столи́ца Росси́и.
Мой друг — ... .
Ви́ктор — ... худо́жник.

2.

сочиня́ть I	сочини́ть II	что? (4)
я сочиня́ю	я сочиню́	му́зыку
ты сочиня́ешь	ты сочини́шь	пе́сни
они́ сочиня́ют	они́ сочиня́т	стихи́
сочиня́л (-а, -и)	сочини́л (-а, -и)	
Сочиня́й(те)!	Сочини́(те)!	

Моско́вский худо́жник Евге́ний Бачу́рин – о́чень тала́нтливый челове́к. Он не то́лько рису́ет карти́ны, но и пи́шет стихи́, сочиня́ет прекра́сную му́зыку и сам поёт свои́ пе́сни.

3.

начина́ть I	нача́ть I	что де́лать?
я начина́ю	я начну́	ходи́ть
ты начина́ешь	ты начнёшь	рисова́ть
они́ начина́ют	они́ начну́т	игра́ть на скри́пке
начина́л (-а, -и)	на́чал (-а́, -и)	
Начина́й(те)!	Начни́(те)!	

Тенниси́стка Еле́на Веснина́ начала́ игра́ть в те́ннис, когда́ ей бы́ло 5 лет.

4. ю́ный = о́чень молодо́й;
ю́ноша = молодо́й челове́к;
ю́ность = мо́лодость;
в ю́ности = в мо́лодости = когда́ был молодо́й

Ю́ный компози́тор сочиня́л му́зыку, когда́ ему́ бы́ло 5 лет.
Ю́ноша! Помоги́те, пожа́луйста, откры́ть дверь.
В ю́ности он хорошо́ рисова́л.

5.

ско́лько лет?	когда́?
4 го́да	в 4 го́да
5 лет	в 5 лет

Вади́м на́чал игра́ть на скри́пке в 4 го́да. = Когда́ Вади́му бы́ло 4 го́да, он на́чал игра́ть на скри́пке.

16 а) Прочита́йте текст. Скажи́те, что любит делать Вася?

Вундерки́нды

О́ля З. живёт в **небольшо́м подмоско́вном го́роде**. О́ля пи́шет пе́сни. Она́ сочиня́ет не то́лько му́зыку, но и стихи́. В 4 го́да она́ написа́ла 103 пе́сни и начала́ писа́ть о́перу.

Мура́т М. на́чал выступа́ть в ци́рке, когда́ ему́ бы́ло то́лько 4 го́да. В 6 лет он уже́ выступа́л **на междунаро́дном ко́нкурсе** «Де́тский цирк» **в италья́нском го́роде Веро́не**. Он са́мый ма́ленький кло́ун в ми́ре.

На́стя Ф. живёт **в украи́нском го́роде** Доне́цке. Она́ о́чень ра́но начала́ фотографи́ровать. Когда́ ей бы́ло 2 го́да, её фотогра́фии бы́ли на междунаро́дной фотовы́ставке в Герма́нии. А в 3 го́да у На́сти уже́ была́ персона́льная фотовы́ставка. **На э́той вы́ставке** бы́ли все её рабо́ты.

Мария́м Н. начала́ рисова́ть в 3 го́да. Де́вочка слу́шала ска́зки и рисова́ла. Карти́ны Мария́м бы́ли **на междунаро́дной вы́ставке** не то́лько в Москве́, но и в Нью-Йо́рке. Все газе́ты писа́ли **о ю́ной тала́нтливой худо́жнице**.

Лили́т М. живёт в Ерева́не. Ей 4 го́да. Она́ поёт пе́сни не то́лько **на родно́м языке́**, но и **на англи́йском, францу́зском, италья́нском**... Она́ поёт всё, да́же «Ave Maria» Шу́берта. На вопро́с: «Ты уже́ у́чишься в шко́ле?» Лили́т о́чень серьёзно отвеча́ет: «Нет. Я рабо́таю в **Ерева́нской консервато́рии**».

Вади́м Р. из го́рода Новосиби́рска на́чал занима́ться му́зыкой, когда́ ему́ бы́ло 4 го́да, а в 5 лет он уже́ учи́лся **в музыка́льной шко́ле**. Он игра́л на скри́пке 7−8 часо́в ка́ждый день.

А вот мой сосе́д Ва́ся — удиви́тельный ма́льчик. Ему́ 5 лет. Он не сочиня́ет симфо́нии, не пи́шет о́перы, не игра́ет на скри́пке, не поёт Шу́берта, не пи́шет стихи́ и рома́ны, не выступа́ет в ци́рке, не изуча́ет иностра́нные языки́, не занима́ется матема́тикой, не игра́ет в ша́хматы. Он игра́ет в футбо́л, гуля́ет с соба́кой, смо́трит мультфи́льмы, игра́ет в компью́терные и́гры...

б) Отве́тьте на вопро́сы:

1. Когда́ О́ля начала́ писа́ть о́перу?
2. Как зову́т са́мого ма́ленького кло́уна?
3. Когда́ у На́сти была́ персона́льная вы́ставка?
4. Как зову́т ю́ную худо́жницу?
5. На како́м языке́ поёт Лили́т?
6. Чем занима́ется Вади́м?

в) Поста́вьте вопро́сы к вы́деленным в те́ксте слова́м.

г) Скажи́те:

1. Как вы по́няли назва́ние те́кста?
2. Что интере́сного вы узна́ли об э́тих де́тях (О́ле, Мура́те, На́сте...)?
3. Кто вам понра́вился бо́льше всего́? Кто вас удиви́л бо́льше всего́? Расскажи́те об э́том ребёнке.
4. Есть ли вундерки́нды в ва́шей стране́? Расскажи́те о них.

д) Расскажи́те о себе́:

1. Чем вы люби́ли занима́ться в де́тстве, когда́ бы́ли ма́ленькими?
2. Вы уме́ете рисова́ть, фотографи́ровать, петь, ката́ться на велосипе́де, игра́ть в ша́хматы?
3. Вы сочиня́ете му́зыку, пе́сни, стихи́?
4. Когда́ вы на́чали рисова́ть, фотографи́ровать, петь, игра́ть в ша́хматы...?

17 **а) Прослушайте диалоги и скажите, какие проблемы хотят решить люди, которые разговаривают?**

— Здра́вствуйте!
— Здра́вствуйте! Что вы хоти́те?
— Я хочу́ поменя́ть ко́мнату. Сейча́с я живу́ в большо́й и шу́мной ко́мнате.
— А в како́й ко́мнате вы хоти́те жить, на како́м этаже́?
— В ма́ленькой и ти́хой ко́мнате на тре́тьем этаже́.

купи́ть / снять
кварти́ра в но́вом до́ме, но́мер в гости́нице

— Джон, я хочу́ пое́хать в Аме́рику. Где мо́жно получи́ть ви́зу?
— В америка́нском посо́льстве.
— А где оно́ нахо́дится?
— На Садо́вом кольце́. Есть така́я у́лица в Москве́.

Кита́й — кита́йское посо́льство — Ломоно́совский проспе́кт; Шве́ция — шве́дское посо́льство — Мосфи́льмовская у́лица; Ира́н – ира́нское посо́льство – у́лица Чи́стые пруды́

— Что вы хоти́те, молодо́й челове́к?
— Я студе́нт. Я хочу́ порабо́тать в кани́кулы. Что вы мо́жете посове́товать мне?
— Вы мо́жете порабо́тать официа́нтом в молодёжном кафе́.

курье́р — рекла́мное аге́нтство
корреспонде́нт — молодёжный журна́л
секрета́рь — туристи́ческая фи́рма

— Ива́н, в кани́кулы я хочу́ пое́хать в Петербу́рг. Ты не зна́ешь, где мо́жно купи́ть биле́т?
— Коне́чно, на вокза́ле.
— На како́м?
— На Ленингра́дском.

Ки́ев — Ки́евский вокза́л
Каза́нь — Каза́нский вокза́л
Яросла́вль — Яросла́вский вокза́л

— Ви́ктор, я хочу́ пригласи́ть Ма́рту в рестора́н. Ты не зна́ешь, в како́м рестора́не мо́жно хорошо́ и недо́рого поу́жинать?
— В рестора́не «Ёлки-па́лки» на Тверско́й у́лице.

посмотре́ть / послу́шать
кинотеа́тр, теа́тр, музе́й, вы́ставка

— Оле́г, что ты чита́ешь?
— Газе́ту «Из рук в ру́ки», хочу́ снять кварти́ру.
— Где, в како́м райо́не?
— В но́вом райо́не, о́коло метро́.

ко́мната, о́фис

б) Составьте аналогичные диалоги (используйте материал, данный справа).

— На како́м этаже́ мы бу́дем жить?
— На шесто́м.
— А в како́й кварти́ре?
— В два́дцать пя́той.

Скажите, в каком доме, на каком этаже, в какой комнате (квартире) вы живёте?

На како́м этаже́ (ме́сте)?	В какой квартире?
на пе́рвом	в пе́рвой
на второ́м	во второ́й
на тре́тьем	в тре́тьей
на четвёртом	в четвёртой
на оди́ннадцатом	в оди́ннадцатой
на два́дцать пя́том	в два́дцать пя́той

18 а) Спросите, где находится нужный вам объект?

Образец:

— Скажи́те, пожа́луйста, на како́м этаже́ нахо́дится банк?
— На тре́тьем. Банк нахо́дится на тре́тьем этаже́.
— Спаси́бо.

б) Уточните, где находится то место, которое вам нужно, и объясните, что вы хотите сделать.

Образец:
— Ви́ктор, ты не зна́ешь, би́знес-центр на тре́тьем этаже́? Я хочу́ сде́лать ко́пию.
— Нет, би́знес-центр на четвёртом этаже́. Я был там неда́вно.

в) Расскажите, что и где находится в университете, в общежитии.

г) Спросите, где можно позвонить (поменять деньги, купить билет на самолёт, послать открытку, сфотографироваться...)?

19

РАСПИСАНИЕ

Предметы	Аудитория
	Этаж
Русский язык	II 15
Математика	III 36
Биология	V 52
Литература	IV 45
Физика	II 21
Химия	VI 64
История	II 19

а) У вас новое расписание. Скажите другу, в какой аудитории и на каком этаже вы будете заниматься.

б) Скажите, в какой аудитории и на каком этаже занимается ваша группа.

в) Спросите, где занимается ваш друг.

20 **а) Прослушайте диалоги. Как вы думаете, где они происходят?**

06

—Скажи́те, пожа́луйста, в како́й аудито́рии сего́дня матема́тика?
—В 49-ой аудито́рии.
—А на како́м этаже́ нахо́дится э́та аудито́рия?
—На четвёртом.

—Извини́те, мне ну́жно метро́ «Университе́т». На како́й остано́вке мне ну́жно выходи́ть?
—На сле́дующей.
—Спаси́бо.

—Ты не зна́ешь, како́е сего́дня дома́шнее зада́ние?
—На́до прочита́ть текст и написа́ть упражне́ние.
—На како́й страни́це текст?
—На 108-ой.
—А упражне́ние?
—На 112-ой.

—Вы не зна́ете, где здесь библиоте́ка?
—Коне́чно, зна́ю, на пе́рвом этаже́.
—Спаси́бо.

—Скажи́те, пожа́луйста, в како́м кабине́те рабо́тает врач-хиру́рг?
—В 23-ем.
—А на како́м этаже́ нахо́дится э́тот кабине́т?
—На второ́м.
—Спаси́бо.

—Я хочу́ узна́ть но́вое расписа́ние. Где его́ мо́жно посмотре́ть?
—На второ́м этаже́.
—Спаси́бо.

б) Скажите, что вы узнали из этих диалогов? (Составьте аналогичные диалоги.)

3. Предложный падеж (6). Время

Мо́жет быть, в э́том ве́ке челове́к бу́дет жить не то́лько на Земле́, но и на Луне́.

Посмотрите таблицу 7 и прочитайте диалоги после таблицы. Как вы ответите на эти вопросы?

Таблица 7.

Когда́? (6)		
(год)	(ме́сяц)	(неде́ля)
в э́том / том году́	в э́том / том ме́сяце	на э́той / той неде́ле
в про́шлом году́	в про́шлом ме́сяце	на про́шлой неде́ле
в бу́дущем / сле́дующем году́	в бу́дущем / сле́дующем ме́сяце	на бу́дущей / сле́дующей неде́ле

— В како́м году́ вы родили́сь?
— Я роди́лся в 1985 (ты́сяча девятьсо́т во́семьдесят пя́том) году́.

— В како́м ме́сяце вы родили́сь?
— В январе́.

— Когда́ у вас был день рожде́ния?
— На про́шлой неде́ле.

— Когда́ вы прие́хали в Росси́ю?
— Я прие́хал в 2004 (две ты́сячи четвёртом) году́.

21 **а) Посмотрите на фотографии, прочитайте микротексты и скажите, что вы узнали об этих людях.**

Образец: Я узнáл, что М. В. Ломонóсов родúлся в 1711 годý
(в тúсяча семьсóт одúннадцатом годý), а ýмер в 1765 годý
(в тúсяча семьсóт шестьдесят пятом годý). Он был...

1711–1765 гг.

Михаúл Васúльевич Ломонóсов — учёный, поэ́т, худóжник, истóрик, пéрвый рýсский академик. Ломонóсов нáчал учúться в 1731 годý, когдá емý бúло 19 лет. А в 1735 годý он ужé окóнчил шкóлу и нáчал учúться в Петербýргском университéте. В 1755 годý Ломонóсов основáл Москóвский университéт.

умерéть I (СВ)
ýмер (-лá, -ли)

1828–1910 гг.

Лев Николáевич Толстóй — велúкий рýсский писáтель. Толстóй нáчал писáть свой сáмый извéстный ромáн «Войнá и мир» в 1863 (тúсяча восемьсóт шестьдесят трéтьем) годý, а кóнчил писáть ромáн в 1869 годý. Он писáл э́тот знаменúтый ромáн шесть лет.

кончáть I	кóнчить II что делать?
	я кóнчу писáть
	ты кóнчишь
	они кóнчат
	кóнчил (-а, -и)

1934–1968 гг.

Юрий Алексéевич Гагáрин — пéрвый в мúре космонáвт. В апрéле 1961 гóда Гагáрин полетéл в кóсмос.

летéть II	полетéть II	кудá? (4)
я лечý	полечý	в кóсмос
ты летúшь	полетúшь	
они летят	полетят	
летéл (-а, -и)	полетéл (-а, -и)	

1963 г.

Гáрри Каспáров — россúйский шахматúст, 13-й чемпиóн мúра. В 1985 годý он в пéрвый раз вúиграл чемпионáт мúра по шáхматам. 16 лет Каспáров был сáмым сúльным шахматúстом мúра.

игрáть I	вúиграть I	что? (4)
	я вúиграю	кóнкурс
	ты вúиграешь	
	онú вúиграют	
	вúиграл (-а, -и)	

б) Напишите вопросы, которые помогут вам уточнить даты событий в текстах.

Образец: В какóм годý родúлся М.В. Ломонóсов?
Когдá он нáчал учúться?

22 Расскажите о себе.

1. Когда́ (в како́м ме́сяце, в како́м году́) вы родили́сь?
2. Когда́ роди́лся ваш оте́ц (мать, брат, сестра́)?
3. Когда́ (в како́м году́) вы на́чали учи́ться в шко́ле?
4. Когда́ (в како́м году́) вы око́нчили шко́лу?
5. Когда́ вы на́чали учи́ться в университе́те?
6. Когда́ вы на́чали изуча́ть иностра́нный язы́к?
7. Когда́ вы прие́хали в Росси́ю?
8. Когда́ вы око́нчите университе́т?
9. Когда́ вы начнёте рабо́тать?

	что? (4)
ко́нчить	институ́т
око́нчить	шко́лу

23 а) У Владимира есть сайт (страничка) в Интернете.
Прочитайте, что он написал о себе.

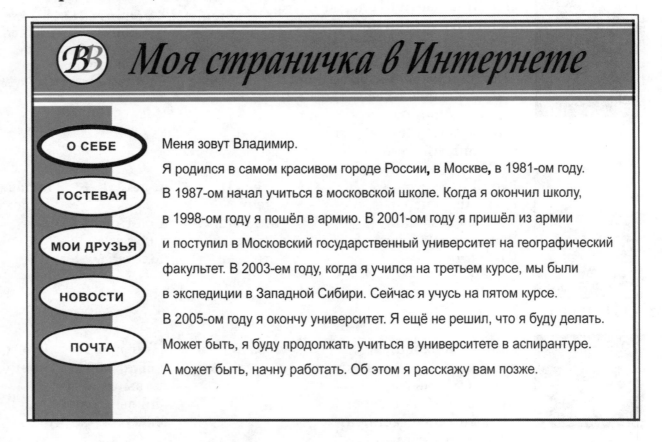

Моя страничка в Интернете

О СЕБЕ

ГОСТЕВАЯ

МОИ ДРУЗЬЯ

НОВОСТИ

ПОЧТА

Меня зовут Владимир.

Я родился в самом красивом городе России, в Москве, в 1981-ом году.

В 1987-ом начал учиться в московской школе. Когда я окончил школу,

в 1998-ом году я пошёл в армию. В 2001-ом году я пришёл из армии

и поступил в Московский государственный университет на географический

факультет. В 2003-ем году, когда я учился на третьем курсе, мы были

в экспедиции в Западной Сибири. Сейчас я учусь на пятом курсе.

В 2005-ом году я окончу университет. Я ещё не решил, что я буду делать.

Может быть, я буду продолжать учиться в университете в аспирантуре.

А может быть, начну работать. Об этом я расскажу вам позже.

б) Какую информацию о Владимире вы узнали из Интернета?

в) Откройте свой сайт (свою страничку) в Интернете. Что вы уже можете рассказать о себе?

Сложное предложение (который, которая, которое, которые) (1)

Прочитайте предложения и объясните, почему изменяется форма слова который?

Э́то **мой друг.**   **Он** живёт в Москве́.

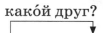
какой друг?

Э́то **мой друг, кото́рый** живёт в Москве́.

Э́то **моя́ подру́га.**   **Она́** живёт в Москве́.

кака́я подру́га?

Э́то **моя́ подру́га, кото́рая** живёт в Москве́.

Э́то **мои́ друзья́.**   **Они́** живу́т в Москве́.

какие друзья́?

Э́то **мои́ друзья́, кото́рые** живу́т в Москве́.

Мне о́чень нра́вится **ма́ленькое кафе́.**   **Оно́** нахо́дится о́коло до́ма.

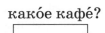
како́е кафе́?

Мне о́чень нра́вится **ма́ленькое кафе́, кото́рое** нахо́дится о́коло до́ма.

Мне нра́вится **ста́рый парк, кото́рый** нахо́дится о́коло до́ма.

Мне о́чень нра́вится **моско́вская у́лица, кото́рая** называ́ется Чи́стые пруды́.

Вундерки́нды — э́то **де́ти, кото́рые** де́лают что́-то необы́чное, удиви́тельное.

24 Составьте сложное предложение (соедините части А и Б).
Поставьте вопросы к выделенным словам в части А.

А

1. Это мой **друг**,
2. У меня нет **друга**,
3. Я часто звоню **другу**,
4. Я часто вижу **друга**,
5. Недавно я встречался **с другом**,
6. Я хочу рассказать **о друге**,

Б

который учится в университете.

А

1. Мне нравится **подруга**,
2. Я получил письмо **от подруги**,
3. Я подарил цветы **подруге**,
4. Я очень люблю **подругу**,
5. Я часто советуюсь **с подругой**,
6. Я написал родителям **о подруге**,

Б

которая учится вместе со мной.

25 Составьте сложное предложение (соедините части А и Б).
Поставьте вопросы к выделенным словам.

Образец: Друг, ... , прислал Виктору письмо.

Какой друг прислал Виктору письмо?

Друг, **который живёт в другом городе**, прислал
Виктору письмо.

А

1. **Газета**, ... , мне очень нравится.

2. **Цветы**, ... , стоят очень дорого.

3. **Общежитие**, ... , очень удобное.

4. Мой **сосед**, ... , рассказал мне об этом городе.

5. **Друг**, ... , прислал Виктору письмо.

6. Известная **артистка**, ..., вчера выступала по телевизору.

Б

которое находится около метро

которая называется «Моя семья»

который был на экскурсии в Петербурге

которые нравятся моей девушке

которая недавно приехала в нашу страну

который живёт в другом городе

26 **Передайте информацию одним предложением**
(используйте слова который, которая, которое, которые).

1. У меня есть **друг**. **Мой друг** сейчас тоже учится в Москве.
2. Студентки обычно завтракают **в маленьком недорогом кафе**. **Оно** им очень нравится.
3. Мой брат живёт **на Тверской улице**. **Эта улица** находится в центре Москвы.
4. Вчера Виктор рассказал нам **о новом фильме**. **Этот фильм** называется «Восток — Запад».
5. У меня есть **симпатичная кошка и умная собака**. **Они** очень дружат.
6. Вчера Клара была в новом **общежитии**. **Это общежитие** ей не понравилось.
7. Вечером мне позвонили **старые друзья**. **Они** недавно вернулись из Европы.
8. Познакомьтесь! Это **моя учительница**. **Она** посоветовала мне поступить на физический факультет.

Сложное предложение со словом «который» в предложном падеже (6)

Прочитайте предложения и объясните, почему изменяется форма слова который?

Это **институт** (1).   **В этом институте** (6) учатся мои друзья.

        какой институт?

Это **институт, в котором** учатся мои друзья.

А вот **моя школа** (1).   **В этой школе** (6) я учился 10 лет.

        какая школа?

А вот **моя школа, в которой** я учился 10 лет.

Вот Большой **театр, в котором** работают известные артисты.

Мой брат работает в **Малом театре, в котором** мы недавно смотрели спектакль.

В сентябре в Москве начала работать **выставка, о которой** я написал статью в газету.

27 Составьте сложное предложение (соедините части А и Б).
Поставьте вопросы к выделенным словам.

А   **Б**

1. Вот дом.
   Я живу́ в **до́ме**, …
                        на кото́ром мы ча́сто игра́ем в футбо́л.

2. Э́то у́лица.
   Я гуля́ла по **у́лице**, …
                        о кото́ром я вам расска́зывал.

3. Э́то ста́рая шко́ла.
   Я рабо́таю в **шко́ле**, …   в кото́ром жи́ли мои́ роди́тели.

                                    о кото́рой я вам писа́ла.

4. Э́то стадио́н.
   Я был на **стадио́не**, …
                        на кото́рой живёт моя́ подру́га.

5. Э́то ма́ленькое о́зеро.
   Я был на **о́зере**, …

                        в кото́ром мы ча́сто пьём ко́фе.

6. Познако́мьтесь, э́то моя́ подру́га.
   Мне нра́вится **подру́га**, …
                                в кото́рой я учи́лся.

7. Э́то мой брат.
   Вот фотогра́фия **бра́та**, …

                        в кото́ром мно́го ры́бы.

8. Вот кафе́.
   Я люблю́ **кафе́**, …

28 В тексте, который вы будете читать, вы встретите новые
слова. Познакомьтесь с ними (проверьте в словаре,
правильно ли вы поняли их).

1.

иска́ть I (НСВ)	найти́ I (СВ)	кого́? что? (4)
я ищу́	я найду́	дру́га
ты и́щешь	ты найдёшь	подру́гу
они́ и́щут	они́ найду́т	друг дру́га
иска́л (-а,-и)	нашёл, нашла́ (-и)	докуме́нты
Ищи́(те)!	Найди́(те)!	ключи́

• Молодо́й челове́к хоте́л **найти́** де́вушку, кото́рая ему́ о́чень понра́вилась. Он до́лго
иска́л её, но не **нашёл**, потому́ что не знал её а́дрес. То́лько телепереда́ча «Жди меня́»
помогла́ ему́ **найти́** э́ту де́вушку в друго́м го́роде.

• Когда́ я прие́хал в незнако́мый го́род, я о́чень до́лго **иска́л** гости́ницу.
• Совреме́нный компью́тер о́чень бы́стро мо́жет **найти́** ну́жную информа́цию.
• Мне нра́вится ру́сская посло́вица: «Нет дру́га — **ищи́**, а **найдёшь** — береги́».

2.

возвраща́ться I	верну́ться I	куда́? (4)	отку́да? (2)
я возвраща́юсь	я верну́сь	на ро́дину	из Москвы́
ты возвраща́ешься	ты вернёшься		
они возвраща́ются	они верну́тся		
возвраща́лся (-лась,-лись)	верну́лся (-лась,-лись)		
Возвраща́йся!	Верни́сь!		
Возвраща́йтесь!	Верни́тесь!		

• Неда́вно я была́ в Санкт-Петербу́рге. Туда́ я е́хала на по́езде, а **возвраща́лась** домо́й на самолёте.

• В суббо́ту у́тром мои́ друзья́ пое́дут отдыха́ть за́ город, а **верну́тся** в воскресе́нье ве́чером.

3.

замеча́ть I	заме́тить II	кого? что? (4)
я замеча́ю	я заме́чу (т/ч)	
ты замеча́ешь	ты заме́тишь	де́вушку
они замеча́ют	они заме́тят	оши́бку
замеча́л (-а, -и)	заме́тил (-а, -и)	
	Заме́ть! Заме́тьте!	

• Анто́н бы́стро прочита́л дома́шнее зада́ние и не **заме́тил** оши́бку.

• На ве́чере Васи́лий **заме́тил** симпати́чную де́вушку, кото́рая пришла́ с подру́гой.

• Молоды́е лю́ди разгова́ривали и **не заме́тили**, что прие́хали на коне́чную остано́вку.

29 **а) Прочита́йте текст и скажи́те, встре́тились ли геро́и э́того те́кста?**

В понеде́льник в 19.00 по телеви́зору мо́жно посмотре́ть переда́чу «Жди меня́». В э́той популя́рной телевизио́нной переда́че лю́ди и́щут друг дру́га.

В после́дней переда́че выступа́л молодо́й челове́к. Он сказа́л, что его́ зову́т Влади́мир, что он у́чится в Моско́вской вое́нной акаде́мии на тре́тьем ку́рсе. Ле́том он отдыха́л в Со́чи на Чёрном мо́ре. Когда́ он возвраща́лся из Со́чи в Москву́, в по́езде он познако́мился с де́вушкой. Они́ е́хали в одно́м ваго́не и всю доро́гу разгова́ривали. Они́ говори́ли о жи́зни, о любви́, о му́зыке, об учёбе, о бу́дущем...

Ему́ о́чень понра́вилась э́та де́вушка, понра́вились её мы́сли и слова́. Э́то была́ любо́вь с пе́рвого взгля́да. Они́ до́лго говори́ли и не заме́тили, что по́езд уже́ прие́хал в её родно́й го́род Воро́неж. Вре́мени бы́ло о́чень ма́ло. По́езд стоя́л там только 5 минут. Девушка взяла свои вещи и быстро вышла из поезда. Они даже не успели сказать друг другу «до свидания»...

Когда Владимир приехал домой, он понял, что любит эту девушку и хочет найти её. Но как? Ведь он даже не узнал её адрес! Тогда он позвонил в передачу «Жди меня», потому что эта передача помогает людям найти друг друга, и сказал, что он ищет девушку. Это удивительная девушка. У неё очень красивое имя — Ульяна. Он рассказал всё, что знал о ней: он сказал, что она студентка, учится в Педагогическом университете на втором курсе, что она живёт в Воронеже. Но он не может найти её в этом большом городе, потому что не узнал её адрес и не знает, на какой улице и в каком доме она живёт.

После этой передачи Владимир был уверен, что девушка позвонит ему на телевидение. Всё время он думал об этой удивительной девушке и ждал её звонка. Он ждал день, неделю, месяц, но никто не звонил ему.

А в это время тележурналист поехал в Воронеж. Он не сразу нашёл Ульяну, потому что в Педагогическом университете в Воронеже учатся две Ульяны. Первая девушка не могла ехать с Владимиром в одном поезде из Сочи, потому что летом она отдыхала в Сибири, на Байкале. А вторая девушка, действительно, отдыхала летом на Чёрном море в Сочи и возвращалась домой на поезде. Тележурналист хотел встретиться и поговорить с ней, поэтому он поехал к ней домой. Но Ульяны не было дома, и он поговорил с её мамой.

Мама Ульяны очень удивилась, когда увидела журналиста из Москвы и узнала, что он ищет её дочь. Она сказала, что Ульяна — очень серьёзная девушка и у неё уже есть молодой человек. Его зовут Владимир. ...И мама рассказала, что Ульяна познакомилась с ним летом, когда возвращалась из Сочи домой. Они ехали вместе в одном поезде и в одном вагоне, они разговаривали всю дорогу и очень понравились друг другу. Владимир — очень хороший парень, учится в военной академии, будет офицером. Он живёт в Москве. Но вот беда, Ульяна не может найти его, потому что не знает, где, на какой улице и в каком доме он живёт. Она очень любит и ждёт его.

И тогда тележурналист пригласил Ульяну и Владимира на передачу «Жди меня». Так молодые люди, которые познакомились в поезде, наконец встретились.

б) Выберите название текста, которое вам нравится. Объясните, почему вы хотите дать тексту это название.

«Жди меня»

«История любви»

«Встреча в поезде»

«Любовь с первого взгляда»

в) Ответьте на вопросы:

1. Что вы узнали о Владимире?
2. Что вы узнали об Ульяне?
3. Что Владимир рассказал журналисту?
4. Что Ульяна рассказала маме?

**г) Как эту историю расскажет Владимир (Ульяна, её мама, журналист)?
Как вы думаете, чем кончилась эта история?**

30 **Передайте информацию одним предложением**
(используйте слова **в / на / о котором / которой**).

Образец: Я прочитал **рассказ**.   **В этом рассказе** молодые
люди долго искали и наконец
нашли друг друга.

Я прочитал рассказ, **в котором** молодые люди долго
искали и наконец нашли друг друга.

1. Тележурналист искал **девушку**. ▶ **Об этой девушке** ему рассказал Владимир.
2. Журналист приехал в **университет**. ▶ **В этом университете** училась Ульяна.
3. Владимир не знал название **улицы**. ▶ **На этой улице** жила Ульяна.
4. «Жди меня» — это **телепередача**. ▶ **В этой телепередаче** люди ищут друг друга.
5. Ульяна не знала номер **дома**. ▶ **В этом доме** живёт Владимир.

Домашнее задание

1 **1. Задайте вопросы к выделенным словам и заполните свою
таблицу (по образцу таблицы 1 на стр. 7).**

Сегодня по телевизору **новый интересный фильм**. Вчера по телевизору не было **этого
нового интересного фильма**. На кинофестивале **этому новому интересному фильму**
дали приз. Я уже посмотрел **этот новый интересный фильм**. Режиссёр поехал на
международный кинофестиваль с **этим новым интересным фильмом**. В газете была
статья **об этом новом интересном фильме**.

2 **а) Откройте таблицу 2 на стр. 8. Составьте свой микротекст,
используйте словосочетание** этот известный русский писатель
в разных падежах.

3 а) Откройте таблицу 3 на стр. 10. Составьте свой микротекст, используйте словосочетание **эта молода́я тала́нтливая спортсме́нка** в разных падежах.

4 Верни́тесь к те́ксту «Вундерки́нды», упр. № 16 (а) на стр. 21. Напиши́те, о ком вы узна́ли. Измени́те предложе́ния, используйте слова **кото́рый**, **кото́рая**, **кото́рые**.

Образец:
Я прочита́л(а) те́кст о ма́ленькой де́вочке О́ле, **кото́рая** живёт в небольшо́м подмоско́вном го́роде, **кото́рая** пи́шет пе́сни, **кото́рая** сочиня́ет не то́лько му́зыку, но и стихи́, **кото́рая** написа́ла 103 пе́сни и начала писа́ть о́перу.

5 Вспо́мните те́кст «Жди меня́», упр. № 29 (а) на стр. 33. Восстанови́те информа́цию.

1. Мы посмотре́ли телепереда́чу, кото́рая ... .
2. В переда́че встре́тились молоды́е лю́ди, кото́рые ... .
3. В по́езде е́хал молодо́й челове́к, кото́рый ... .
4. Улья́на – э́то краси́вая де́вушка, кото́рая ... .
5. Тележурнали́ст говори́л с ма́мой Улья́ны, кото́рая ... .
6. В Воро́неж прие́хал тележурнали́ст, кото́рый ... .
7. Тележурнали́ст говори́л с Влади́миром, кото́рый... .

6 Восстанови́те предложе́ния.
(Вста́вьте вме́сто то́чек слова́ **кото́рый**, **кото́рая**, **кото́рые**.)

1. В переда́че выступа́л молодо́й челове́к, ... рассказа́л о себе́.
2. Тележурнали́ст говори́л с же́нщиной, ... рассказа́ла о свое́й до́чери.
3. По телеви́зору мо́жно посмотре́ть переда́чу, ... называ́ется «Жди меня́».
4. Молоды́е лю́ди, ... познако́мились в по́езде, наконе́ц встре́тились в Москве́.
5. В по́езде Улья́на познако́милась со студе́нтом, ... ей о́чень понра́вился.
6. В телепереда́че «Жди меня́» встреча́ются лю́ди, ... и́щут друг дру́га.

7 Восстанови́те микроте́ксты.
(Вста́вьте ну́жные глаго́лы НСВ или СВ.)

Обы́чно мы ... занима́ться на факульте́те в 10.00 часо́в, а ... занима́ться в 3 часа́. За́втра мы ... занима́ться днём в 12 часо́в, потому́ что пото́м мы пое́дем в Третьяко́вскую галере́ю. А ве́чером я ... де́лать дома́шнее зада́ние о́чень по́здно.

начина́ть — нача́ть
конча́ть — ко́нчить

Обы́чно ка́ждый ве́чер Том ... де́лать дома́шнее
зада́ние в 6 часо́в, поэ́тому в 9 часо́в он ... де́лать
его́, и весь ве́чер он свобо́ден. Но вчера́ днём
он е́здил в посо́льство, поэ́тому ... де́лать дома́шнее
зада́ние по́здно ве́чером. И ... писа́ть упражне́ния
почти́ но́чью.

начина́ть — нача́ть
конча́ть — ко́нчить

Обы́чно де́ти ... учи́ться в шко́ле в 7 лет, а ...
учи́ться в 18 лет. Мой сосе́д И́горь — о́чень у́мный
ма́льчик. Он ... учи́ться в шко́ле в 5 лет, а ...
шко́лу в 15 лет.

начина́ть — нача́ть
конча́ть — ко́нчить

8 **Напиши́те упражне́ния:**

№ 2 а), б);   № 9;   № 16 а), б), в),   № 25;
№ 3 а), б);   № 10;   г), д);   № 26;
№ 4 б);   №11 б);   № 18 в);   № 27;
№ 5 а), б)4   № 12;   № 21 а), б);   № 29 г);
№ 6 а), б);   № 13;   № 22;   № 30;
№ 8;   № 14 а), б);   № 23 б)4

УРОК 2

I. Фонетическая зарядка

Пойте!
а о у э ы и

1 **Слушайте, повторяйте, читайте.**

а) вспомина́ю о своём родно́м го́роде
расска́зываю о своём шко́льном дру́ге
ду́маю о свое́й бу́дущей жи́зни
по́мню о своём пе́рвом свида́нии
мечта́ет об интере́сной рабо́те
спо́рим о но́вом фи́льме
чита́ем о совреме́нной эколо́гии
говори́м об изве́стной арти́стке

в) В како́м году́...
В како́м году́ ты роди́лся?
В како́м году́ ты родила́сь?
В како́м году́ вы роди́лись?
В како́м году́ ты поступи́л в шко́лу?
В како́м году́ ты поступи́ла в шко́лу?
В како́м году́ ты прие́хал в Росси́ю?
В како́м году́ ты прие́хала в Росси́ю?
В како́м году́ вы прие́хали в Росси́ю?

🎧 07

б) живу́т в э́том большо́м до́ме
рабо́тал в э́той изве́стной фи́рме
у́чатся в Моско́вском госуда́рственном университе́те
занима́лась в музыка́льной шко́ле
игра́ем в футбо́л на городско́м стадио́не
фотографи́ровался на Кра́сной пло́щади
смотре́ли бале́т в Большо́м теа́тре

г) родила́сь в 1980 (ты́сяча девятьсо́т восьмидеся́том) году́
на́чал учи́ться в шко́ле в 1992 (ты́сяча девятьсо́т девяно́сто второ́м) году́
око́нчил шко́лу в 2000 (двухты́сячном) году́
поступи́ла в институ́т в 2001 (две ты́сячи пе́рвом) году́
прие́хал в Росси́ю в 2003 (две ты́сячи тре́тьем) году́

2 **Слушайте и повторяйте. Запомните последнее предложение и запишите его. Продолжите высказывание.**

🎧 08

... я бу́ду учи́ться... ⇨
Я бу́ду учи́ться в университе́те. ⇨
Я бу́ду учи́ться в Моско́вском университе́те. ⇨
В сле́дующем году́ я бу́ду учи́ться в Моско́вском университе́те. ⇨
В сле́дующем году́ я бу́ду учи́ться в Моско́вском университе́те на экономи́ческом факульте́те. ⇨
В сле́дующем году́ я бу́ду учи́ться в Моско́вском университе́те на экономи́ческом факульте́те на пе́рвом ку́рсе. ... ⇨

... я узна́л.... ⇨

Я узна́л о журна́ле. ⇨

Я узна́л о но́вом журна́ле. ⇨

Я узна́л о но́вом нау́чно-популя́рном журна́ле. ⇨

Я узна́л о но́вом нау́чно-популя́рном журна́ле, кото́рый называ́ется «Совреме́нная нау́ка». ... ⇨

... друг был ... ⇨

мой друг был ... ⇨

мой друг был в го́роде ... ⇨

Мой друг был в стари́нном го́роде. ⇨

Мой друг был в стари́нном ру́сском го́роде. ⇨

В про́шлом году́ мой друг был в стари́нном ру́сском го́роде. ⇨

В про́шлом году́ мой друг был в стари́нном ру́сском го́роде, кото́рый нахо́дится на Во́лге. ... ⇨

II. Поговорим

1 **Прослу́шайте диало́ги, зада́йте аналоги́чные вопро́сы свои́м друзья́м.**

09

— Джон, в како́м райо́не вы сня́ли ко́мнату?
— В ти́хом зелёном райо́не о́коло университе́та.

— Мари́я, когда́ вы на́чали изуча́ть ру́сский язы́к?
— В э́том году́, два ме́сяца наза́д.

— Когда́ вы хоти́те пое́хать на экску́рсию во Влади́мир?
— На бу́дущей неде́ле, в пя́тницу.

— Том, дава́й пойдём ве́чером на футбо́л!
— Дава́й! Где мы встре́тимся?
— В метро́, на «Спорти́вной».

— Ви́ктор, о како́й рабо́те ты мечта́ешь?
— Я мечта́ю об интере́сной нау́чной рабо́те в большо́й лаборато́рии.

— Ива́н, ты чита́л рома́н Л.Н. Толсто́го «Война́ и мир»?
— Коне́чно, чита́л.
— О чём э́тот рома́н?
— О жи́зни, о счастли́вой и несча́стной любви́, о войне́ и о ми́ре.

2 Как вы ответите? (Возможны варианты.)

— В каком году́ вы родили́сь?
— ....

— В каком посо́льстве мо́жно получи́ть ви́зу во Фра́нцию?
— ....

— Когда́ вы на́чали изуча́ть ру́сский язы́к?
— ....

— Где вы учи́лись ра́ньше?
— ....

— На како́м факульте́те вы хоти́те учи́ться?
— ....

— В како́м университе́те вы хоти́те учи́ться?
— ....

— На како́м этаже́ ты живёшь?
— ....

— Вы смотре́ли э́тот фильм? О чём он?
— ....

3 Как вы спро́сите? (Возможны варианты.)

— ....?
— На экономи́ческом факульте́те.

— ....?
— Мой друг роди́лся в 1987 году́.

— ....?
— Я хочу́ рассказа́ть о своём дру́ге.

— ....?
— Мы обе́дали в рестора́не «Ёлки-па́лки».

— ....?
— Друг занима́ется в ша́хматном клу́бе.

— ....?
— Гага́рин полете́л в ко́смос в 1961 году́, в апре́ле.

— ....?
— Брат у́чится в математи́ческой шко́ле.

— ....?
— В статье́ журнали́ст расска́зывает о де́тской музыка́льной шко́ле.

— ....?
— Библиоте́ка нахо́дится на второ́м этаже́.

— ....?
— Я сиде́л в пе́рвом ряду́, на деся́том ме́сте.

— ....?
— Я прочита́л интере́сную статью́ в после́днем журна́ле «Нау́ка и жизнь».

— ....?
— Мои́ роди́тели живу́т в Петербу́рге.

Винительный падеж (4) имён существительных с местоимениями и прилагательными
(единственное число)

1.

кого?/ что?	како́го? каку́ю?	какóй? какóе?

Я ча́сто смотрю́ фотогра́фии и вспомина́ю свой родно́й го́род, свою́ семью́.

2.

похо́ж	на кого́?	на что?

Внук о́чень похо́ж на своего́ де́душку.

3.

когда́?

Ка́ждую неде́лю мы хо́дим в бассе́йн.

4.

глаго́лы движе́ния	куда́?

Пойди́ туда́, не зна́ю куда́,
в страну́ чужу́ю, неизве́стную.

Бабушка, я нашла твою старую шляпу.

Видишь этого симпатичного молодого человека? Он мне очень нравится.

Помогите мне выбрать самую красивую сумку.

Я хочу заказать праздничный ужин на двоих.

Посмотрите таблицу. Дополните её своими примерами.

Таблица 1.

какóй? (1)	какóго? (4)		
Это мой стáрый хорóший друг.	люблю́ уважáю	своегó хорóшего дрýга стáрого	-ого/-его **-а/-я**
	какóй? (4)		
Это мой роднóй дом.	вспоминáю	свой роднóй дом	(1=4)
какóе? (1)	**какóе? (4)**		
Вот свобóдное мéсто.	ищý нашёл	свобóдное мéсто	(1=4)
какáя? (1)	**какýю? (4)**		
Это моя́ блúзкая хорóшая подрýга. Вот моя́ роднáя ýлица.	жду встречáю вспоминáю	мою́ блúзкую хорóшую подрýгу свою́ роднýю ýлицу	-ую/-юю **-у/-ю**

1 а) Прочитайте микротексты и ответьте на вопросы.

Знаменúтый россúйский режиссёр Андрéй Звя́гинцев показáл на междунарóдном Кáннском фестивáле свой нóвый фильм «Нелюбóвь». Этот фильм получúл приз жюрú фестивáля.

Какóй фильм показáл Андрéй Звя́гинцев на Кáннском фестивáле?

Популя́рный россúйский артúст Егóр Крид написáл свою́ пéрвую пéсню в 2011 годý, снял клип и вы́ложил егó в Интернéте. Егóр назвáл пéсню «Любóвь в Сетú». Пéсня бы́стро набралá миллиóн просмóтров. Сейчáс Егóр пúшет тéксты, снимáет клúпы и выклáдывает их в Интернéт. Дéвушки óчень лю́бят Егóра Крúда и егó пéсни.

Какýю пéсню написáл Егóр Крид?

Росси́йский спортсме́н — плове́ц Алекса́ндр Попо́в — вы́играл золоту́ю меда́ль на Олимпиа́де в Сидне́е.

Каку́ю меда́ль вы́играл Алекса́ндр Попо́в на Олимпиа́де в Сидне́е?

Росси́йский учёный-фи́зик Жоре́с Алфёров получи́л Но́белевскую пре́мию в 2000 (в двухты́сячном) году́.

Каку́ю пре́мию получи́л росси́йский учёный-фи́зик Жоре́с Алфёров?

Изве́стный росси́йский худо́жник-модельѐр Валенти́н Юда́шкин показа́л свою́ но́вую колле́кцию оде́жды на междунаро́дном ко́нкурсе в Пари́же.

Каку́ю колле́кцию Валенти́н Юда́шкин показа́л в Пари́же?

б) Задайте вопросы к этим микротекстам, чтобы уточнить, правильно ли вы поняли эту информацию.

Образец: Как зову́т росси́йского режиссёра, кото́рый показа́л свой фильм на фестива́ле?
На како́м фестива́ле режиссёр Андре́й Звя́гинцев показа́л свой са́мый изве́стный фильм?

в) Расскажите, что вы узнали о каждом человеке.

2 **Подберите нужные словосочетания** (соедините части А и Б, поставьте часть Б в нужную форму), **а затем придумайте небольшие рассказы или опишите ситуацию, в которой можно использовать эти сочетания (А + Б)** (формы глаголов можно изменять).

Образец: **А** ▶ **Б**

встреча́ть школьный друг

Вчера́ ве́чером я е́здил на вокза́л *встреча́ть шко́льного дру́га*.
Он прие́хал из Петербу́рга. Я хочу́ показа́ть ему́ Москву́, моско́вские музе́и.

А

фотографи́ровать

смотре́ть

покупа́ть

люби́ть

чита́ть

рисова́ть

вспомина́ть

есть (на за́втрак)

встреча́ть

изуча́ть

уважа́ть

пить

поздравля́ть

благодари́ть

Б

ру́сский язы́к
ру́сская литерату́ра

де́тская переда́ча
весёлый мультфи́льм

ста́рый друг
пе́рвая учи́тельница
пе́рвая любо́вь

популя́рный арти́ст
изве́стный спортсме́н

люби́мая ба́бушка
ста́ршая сестра́
мла́дший брат

осе́нний парк
осе́ннее не́бо
осе́нняя приро́да

спорти́вный костю́м
мо́дная шля́па
тёплое пальто́

чёрный ко́фе
холо́дное молоко́
минера́льная вода́

Кра́сная пло́щадь
моско́вский Кремль

све́жий журна́л
све́жая газе́та

бе́лый хлеб
сли́вочное ма́сло
кра́сная икра́

но́вая подру́га
хоро́ший знако́мый

Местоимение «свой» в винительном падеже (4)

Худо́жник живёт в э́том до́ме. Э́то его́ дом и его́ сад.

Иногда́ он рису́ет **свой** дом, **свой** сад.

Его́ друг живёт в друго́м до́ме.

Худо́жник лю́бит **своего́** дру́га и ча́сто рису́ет **его́** дом и **его́** сад.

	Како́й го́род?	Како́го дру́га?	Каку́ю подру́гу?
я рису́ю	свой (мой)	своего́ (моего́)	свою́ (мою́)
ты рису́ешь	свой (твой) го́род	своего́ (твоего́) дру́га	свою́ (твою́) подру́гу
мы рису́ем	свой (наш)	своего́ (на́шего)	свою́ (на́шу)
вы рису́ете	свой (ваш)	своего́ (ва́шего)	свою́ (ва́шу)
он рису́ет			
она́ рису́ет	свой го́род	своего́ дру́га	свою́ подру́гу
они́ рису́ют			

свой ≠ его́ / её / их

своего́ / свою́ ≠ его́ / её / их

Обратите внимание!

Это **мой** друг (1).
Мой друг (1) óчень интерéсный человéк.
Мне нрáвится **мой** друг (1).
Моегó дрýга (4) зовýт Ивáн.

Я люблю **своегó** (4) дрýга.

3 Прослýшайте диалóг, объяснúте ситуáцию. Что сдéлала женá
и почемý?

ошибáться I	ошибúться II
	ошúбся
Не ошибáйся!	ошúблась
Не ошибáйтесь!	ошúблись

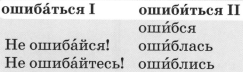

Паспортный контроль

Пограничник: — Возьмúте свой пáспорт.
Муж: — Но это не мой пáспорт, это её пáспорт.
Женá: — Я ужé взялá свой пáспорт.
Муж: — Знáчит, ты взялá не свой, а мой пáспорт. Посмотрú, пожáлуйста, где мой пáспорт?
Женá: — Сейчáс, минýточку. Я ужé положúла егó в свою сýмку. Да, вот он. Конéчно, это твой пáспорт, я ошúблась.

4 Выберите прáвильный вариáнт. Объяснúте, чем отличáются
ситуáции.

1. а) Дáйте, пожáлуйста ... сýмку! Я забыла её
здесь. Я положý докумéнты в ... сýмку.
    б) Помогúте мне, пожáлуйста. Возьмúте ...
сýмку. Онá óчень тяжёлая.

1. мою
2. свою

2. — Вúктор, ты не знáешь, где фотогрáфия Антóна?
Он дал мне ... фотогрáфию на пáмять.
— Нет, я не вúдел ... фотогрáфию. Посмотрú на столé.
Антóн положúл ... фотогрáфию тудá.

1. егó
2. свою

3. Антóн и Мáша приéхали в Петербýрг.
Антóн взял ... сýмку и ... чемодáн. Когдá онú
выШли из вагóна, Мáша вспóмнила, что забыла
в пóезде ... журнáл. Антóн сказáл, что он
положúл ... журнáл в ... сýмку.

1. её
2. свой

5 В тексте, который вы будете читать, вы встретите новые слова. Познакомьтесь с ними.

1.

стать + что де́лать? = нача́ть + что де́лать?
стал   рабо́тать
ста́ла   учи́ться
ста́ли   занима́ться
стал рабо́тать = на́чал рабо́тать

• Мы вошли́ в зал и **ста́ли** слу́шать му́зыку.
• Они́ пришли́ на дискоте́ку и **ста́ли** танцева́ть.

2.

смея́ться I	засмея́ться I
я смею́сь	я засмею́сь
ты смеёшься	ты засмеёшься
они́ смею́тся	они́ засмею́тся
смея́лся	засмея́лся
(-лась, -лись)	(-лась, -лись)

• Ве́чером студе́нты смотре́ли весёлый фильм по телеви́зору и **смея́лись**.
• Он прочита́л шу́тку и **засмея́лся**.

3.

устава́ть I	уста́ть I	что де́лать?
я устаю́	я уста́ну	рабо́тать
ты устаёшь	ты уста́нешь	писа́ть
они́ устаю́т	они́ уста́нут	
устава́л (-а, -и)	уста́л (-а, -и)	

• Он мно́го рабо́тал и **уста́л**.
• Он **уста́л** рабо́тать.
• Е́сли вы **уста́ли**, вы должны́ отдохну́ть.

4.

хвали́ть II	похвали́ть II	кого́?/что? (4)
я хвалю́	я похвалю́	студе́нта
ты хва́лишь	ты похва́лишь	рабо́ту
они́ хва́лят	они́ похва́лят	
хвали́л (-а, -и)	похвали́л (-а, -и)	

• Ива́н написа́л интере́сный расска́з.
• Преподава́тель **похвали́л** его́ расска́з.
• «Ма́ртин, ты о́чень хорошо́ сдал экза́мены. Молоде́ц!» — **похвали́л** преподава́тель студе́нта.
• Все лю́ди лю́бят, когда́ их **хва́лят**.

5.

красне́ть I	покрасне́ть I
я красне́ю	я покрасне́ю
ты красне́ешь	ты покрасне́ешь
они́ красне́ют	они́ покрасне́ют
красне́л (-а, -и)	покрасне́л (-а,-и)

• Анто́н **покрасне́л**. = Его́ лицо́ ста́ло кра́сным.
• Пётр сказа́л Мари́не: «Я люблю́ вас...», — и **покрасне́л**.

6 a) Прочитайте текст. Скажите, почему Борис Сергеевич похвалил Дениса и не похвалил Мишку?

Что я люблю

У меня́ есть друг Ми́шка. Мы с ним у́чимся в одно́й шко́ле и вме́сте занима́емся му́зыкой. Одна́жды мы с Ми́шкой вошли́ в класс, где у нас быва́ют уро́ки му́зыки. Наш преподава́тель Бори́с Серге́евич игра́л на пиани́но. Мы ти́хо се́ли и ста́ли слу́шать, как он игра́ет. Бори́с Серге́евич игра́л, а мы слу́шали прекра́сную му́зыку. Когда́ он ко́нчил игра́ть, я спроси́л:

— Что э́то вы игра́ли, Бори́с Серге́евич?

Он отве́тил:

— Э́то Шопе́н. Шопе́н — вели́кий компози́тор. Он сочиня́л чуде́сную му́зыку. А я люблю́ му́зыку бо́льше всего́ на све́те. А ты, Дени́с, что ты лю́бишь бо́льше всего́ на све́те?

— Я мно́гое люблю́.

И я рассказа́л, что я о́чень люблю́ игра́ть в ша́хматы, чита́ть ска́зки, смотре́ть телеви́зор; люблю́ петь пе́сни, игра́ть с соба́кой, звони́ть по телефо́ну; люблю́ пла́вать, гуля́ть, ходи́ть в зоопа́рк, о́чень люблю́ дари́ть пода́рки, люблю́ смея́ться... Я мно́гое люблю́.

Бори́с Серге́евич слу́шал меня́ внима́тельно, а пото́м сказа́л:

— Удиви́тельно! А я и не знал. Ты ещё ма́ленький, а лю́бишь так мно́го! Це́лый мир!

Ми́шка то́же о́чень хоте́л рассказа́ть, что он лю́бит, поэ́тому он не мог бо́льше молча́ть:

— А я то́же о́чень мно́гое люблю́. Я то́же хочу́ рассказа́ть вам, что я люблю́.

Бори́с Серге́евич засмея́лся и сказа́л:

— О́чень интере́сно! Ну, расскажи́, что ты лю́бишь?

Ми́шка поду́мал немно́го и на́чал:

— Я люблю́ сла́дкий кекс, шокола́дный торт, бе́лый хлеб и чёрный хлеб. О́чень люблю́ жа́реную карто́шку, варёную карто́шку то́же люблю́. Люблю́ кра́сную икру́ и чёрную икру́. О́чень си́льно люблю́ варёную колбасу́. А бо́льше всего́ люблю́ копчёную колбасу́! Могу́ съесть це́лый килогра́мм! Я всей душо́й люблю́ моро́женое, осо́бенно люблю́ шокола́дное моро́женое, фрукто́вое моро́женое, вани́льное моро́женое... Ещё я люблю́ тома́тный сок, виногра́дный сок, я́блочный сок, апельси́новый сок... Могу́ вы́пить це́лый литр. И минера́льную во́ду я то́же люблю́. Люблю́ суп, сыр, колбасу́... Ой, колбасу́ я уже́ говори́л...

Ми́шка говори́л бы́стро и о́чень уста́л. Он ждал, что Бори́с Серге́евич похва́лит его́, но Бори́с Серге́евич внима́тельно смотре́л на Ми́шку и молча́л. Пото́м он сказа́л:

— Да... Я ви́жу, ты лю́бишь проду́кты, це́лый产укто́вый магази́н. И то́лько... А лю́ди? Кого́ ты лю́бишь?

Тут Ми́шка покрасне́л и сказа́л:

— Ой! Я совсе́м забы́л! Я люблю́ свою́ ба́бушку. Она́ так вку́сно гото́вит.

(По В. Драгунскому)

б) Ответьте на вопросы:

1. Что бо́льше всего́ лю́бит Бори́с Серге́евич?
2. Что лю́бит Дени́с?
3. Что лю́бит Ми́шка? Почему́ он лю́бит свою́ ба́бушку?
4. Како́й геро́й расска́за вам понра́вился и почему́?
5. Како́й геро́й расска́за вам не понра́вился и почему́?
6. Что вы о́чень лю́бите и что вы совсе́м не лю́бите?

в) Как эту историю расскажет Борис Сергеевич?

г) Напишите рассказ о себе (что вы любите больше всего).

7 **а) Прочитайте статьи из газеты «Московские новости» и ответьте на вопросы.**

Тре́нер поздра́вил но́вого олимпи́йского чемпио́на, кото́рому вручи́ли золоту́ю меда́ль.

Како́го спортсме́на поздра́вил тре́нер?

В моско́вском аэропорту́ Шереме́тьево журнали́сты встре́тили знамени́тую певи́цу. Она́ дала́ небольшо́е интервью́, в кото́ром рассказа́ла о себе́ и о свое́й звёздной карье́ре.

Каку́ю певи́цу встре́тили журнали́сты в моско́вском аэропорту́ Шереме́тьево?

В про́шлом году́ Ма́лый теа́тр пригласи́л изве́стного францу́зского актёра Пье́ра Риша́ра в Москву́. Он уча́ствовал в но́вом спекта́кле, кото́рый состоя́лся в декабре́.

Како́го актёра пригласи́л Ма́лый теа́тр в про́шлом году́?

На фотогра́фии вы ви́дите са́мую ю́ную студе́нтку МГУ Юлию Шевцо́ву. Ей то́лько 14 лет, но она́ уже́ око́нчила сре́днюю шко́лу и поступи́ла на математи́ческий факульте́т МГУ.

Каку́ю студе́нтку вы ви́дите на фотогра́фии?

б) Задайте дополнительные вопросы по этим статьям, чтобы уточнить правильно ли вы поняли эту информацию.

в) Скажите, что вы узнали о каждом человеке.

8 Прочитайте объявления. Скажите, что вы узнали из этих объявлений? Какое объявление вас заинтересовало и почему?

отдавать I	отдать что? (4) кому? (3)
я отдаю́	я отда́м
ты отдаёшь	ты отда́шь
он отдаёт	он отда́ст
мы отдаём	мы отдади́м
вы отдаёте	вы отдади́те
они отдаю́т	они отдаду́т
отдава́л (-а, -и)	отда́л (-а́, -и)
Отдава́й(те)!	Отда́й(те)!

125 - 58 - 12

Отдам умную добрую собаку в хорошие руки. Позвоните по телефону 125 - 58 - 12.

ЦМО приглашает на работу опытного преподавателя русского языка...

Медицинская фирма приглашает на работу опытного врача-хирурга и медсестру.

Справки по телефону 772 - 14 -51

Завтра в 10.00 начнёт работу новый московский магазин на Кутузовском проспекте. Магазин ждёт своего первого покупателя. Коллектив магазина поздравит его и вручит ему необычный подарок. Спешите! Первый — это вы!

2. Винительный падеж (4): похож на кого? / на что?

Сын похо́ж на своего́ отца́.

Дочь похо́жа на свою́ мать.

Бра́тья похо́жи друг на дру́га.

9

а) Прослушайте диалог. Скажите, Наташа и её брат похожи друг на друга?

11

— Ната́ша, интере́сно, на кого́ ты похо́жа?
— Я о́чень похо́жа на своего́ отца́, у него́ то́же све́тлые во́лосы и больши́е голубы́е глаза́.
— А твой брат то́же похо́ж на него́?
— Нет, он похо́ж на ма́му. У бра́та о́чень симпати́чное лицо́. У него́ высо́кий лоб, прямо́й нос, тёмные во́лосы и ка́рие глаза́.
— Зна́чит, вы совсе́м не похо́жи друг на дру́га.

б) Опишите портрет Наташи и её брата; отца и матери Наташи.

10

а) Посмотрите на фотографии. Почему можно сказать, что сын похож на отца, дочь похожа на мать; братья похожи друг на друга? (Какие у них глаза, волосы, нос?)

б) Узнайте у своих друзей, на кого они похожи?

11 Посмотрите на рисунки. Опишите этих людей (данные слова помогут вам).

Во́лосы:
дли́нные / коро́ткие;
тёмные / све́тлые.
Глаза́:
чёрные, ка́рие, голубы́е, живы́е,
до́брые / злы́е.
Лицо́:
до́брое / зло́е; краси́вое / некраси́вое;
симпати́чное, откры́тое.
Нос:
прямо́й, курно́сый.
Хара́ктер:
си́льный / сла́бый; лёгкий / тру́дный;
весёлый; споко́йный.

12 Прослушайте диалог. Опишите артиста Евгения Миронова.

— Оле́г, ты ви́дел популя́рного моско́вского арти́ста
  Евге́ния Миро́нова?
— Ви́дел. Óчень прия́тный челове́к.
— А како́й он?
— Невысо́кий, спорти́вный. У него́ откры́тое живо́е
  лицо́ и весёлые глаза́.

13 **а) Прочитайте текст и объясните, почему Саша дружит с Антоном?**

Почему́ я дружу́ с Анто́ном? Потому́ что мы похо́жи. У нас о́бщие интере́сы. Мы лю́бим большо́й те́ннис, совреме́нную му́зыку, лю́бим шути́ть, да́же де́вушку мы лю́бим одну́ — Ната́шу. Она́ у́чится с на́ми на одно́м ку́рсе, она́ на́ша одноку́рсница. Мне нра́вится Анто́н, потому́ что он лю́бит юмор, у него́ хоро́ший, лёгкий хара́ктер. А ещё Анто́н о́чень надёжный челове́к. Он всегда́ гото́в помо́чь дру́гу.

б) Прочитайте текст и скажите, какой характер у этой девушки.

У мое́й сестры́ нет подру́ги. Говоря́т, что она́ не о́чень общи́тельная. Но я зна́ю, что она́ о́чень до́брый и серьёзный челове́к. Про́сто она́ лю́бит быть одна́, она́ лю́бит приро́ду, класси́ческую му́зыку, её лу́чший друг — кни́га.

в) Опишите своего друга, подругу, любимого артиста (артистку), спортсмена (спортсменку).

14 Посмотрите на вещи вокруг себя и скажите, что на что похоже (или что на что не похоже)?

Давайте поиграем!

Образец:

Каранда́ш похо́ж на ру́чку.
Журна́л похо́ж на кни́гу.
Стол не похо́ж на стул. ...

15 В тексте, который вы будете читать, вы встретите новые слова и выражения. Прочитайте их, проверьте в словаре, правильно ли вы поняли их.

1.

узнава́ть I	узна́ть I	кого? что? (4)
я узнаю́	я узна́ю	
ты узнаёшь	ты узна́ешь	
они узнаю́т	они узна́ют	
узнава́л (-ла, -ли)	узна́л (-ла, -ли)	
	Узна́й(те)!	

Через 10 лет я не **узна́л** свой го́род, так си́льно он измени́лся.

Я давно́ не ви́дел своего́ знако́мого, я до́лго смотре́л на него́ и не **узнава́л**.

2.

когда?		
до		уро́ка
во вре́мя	чего? (2)	полёта
по́сле		встре́чи

До полёта Гага́рин учи́лся в лётной шко́ле.
Во вре́мя полёта Гага́рин разгова́ривал с Землёй.
По́сле полёта Гага́рин е́здил в ра́зные стра́ны.

3.

зачем?

что́бы + что (с)де́лать?

Заче́м вы прие́хали в Росси́ю?
Я прие́хал в Росси́ю, **что́бы изуча́ть** ру́сский язы́к.

Заче́м вы изуча́ете ру́сский язы́к?
Я изуча́ю ру́сский язы́к, **что́бы поступи́ть** в Моско́вский университе́т.

Заче́м лю́ди лета́ют в ко́смос?
Лю́ди лета́ют в ко́смос, **что́бы изуча́ть** други́е плане́ты.

16 **а) Прочитайте текст. Скажите, что думает Юра о характере космонавта?**

Юрий Алексеевич Гагарин
(1934–1968)

Юра Гагарин

Внук Юрия Гагарина

Посмотри́те на э́ти фотогра́фии. Сле́ва вы ви́дите изве́стную фотогра́фию Ю́рия Алексе́евича Гага́рина. Э́ту фотогра́фию вы, коне́чно, узна́ли. А кто на второ́й фотогра́фии — спра́ва? Посмотри́те на э́того ма́льчика, э́тот ма́льчик удиви́тельно похо́ж на пе́рвого росси́йского космона́вта! У него́ то́же откры́тое ру́сское лицо́, живы́е глаза́. И, са́мое гла́вное, улы́бка ма́льчика похо́жа на до́брую и приве́тливую гага́ринскую улы́бку, кото́рую зна́ет весь мир. Э́тот симпати́чный ма́льчик — внук Гага́рина, и зову́т вну́ка Ю́рия Гага́рина то́же Ю́рий, и́ли Ю́ра. Он роди́лся в 1990 году́, че́рез 29 лет по́сле полёта Гага́рина. Он у́чится в обы́чной моско́вской шко́ле, ка́ждую неде́лю занима́ется те́ннисом, игра́ет в футбо́л, танцу́ет, лю́бит чита́ть фанта́стику. Его́ мать — дочь Ю́рия Гага́рина — преподаёт эконо́мику в моско́вском институ́те. Его́ оте́ц — де́тский врач, рабо́тает в де́тской больни́це. Юра тоже мечта́ет о профе́ссии врача́. Он хо́чет стать де́тским врачо́м, как его́ оте́ц.

Ю́ра никогда́ не ви́дел своего́ знамени́того де́душку, потому́ что он поги́б мно́го лет наза́д, в 1968 году́. Но ма́ма ча́сто расска́зывала Ю́ре о де́душке, поэ́тому он мно́го зна́ет о нём. «В 1961 году́ 12 апре́ля мой де́душка полете́л в ко́смос, — говори́т Ю́ра. — Он был там недо́лго, то́лько 108 мину́т. Но он был пе́рвым в э́том огро́мном ко́смосе». В ко́мнате ма́льчика есть фотогра́фии Гага́рина. Есть там и моде́ль самолёта «МИГ», на кото́ром лета́л пе́рвый космона́вт. Ю́ра уве́рен, что челове́к до́лжен лета́ть в ко́смос, что́бы изуча́ть други́е плане́ты. Ю́ра счита́ет, что то́лько о́чень у́мный, целеустремлённый, си́льный и сме́лый челове́к мо́жет стать космона́втом. У его́ де́да был и́менно тако́й хара́ктер. Э́то Ю́ра зна́ет то́чно. «Мы бы с ним подружи́лись!» — говори́т он.

б) Ответьте на вопросы:

1. Кто такóй Юрий Алексéевич Гагáрин? Что вы знáли о нём рáньше? Что вы узнáли нóвого об э́том человéке?
2. Почемý мáльчик на фотогрáфии похóж на Ю.А. Гагáрина?
3. Кто такóй Юра Гагáрин? Скóлько емý лет? Кто его́ родúтели? Кем он хóчет стать?
4. Почемý Юра никогдá не вúдел своего́ дéдушку?
5. Почемý мóжно сказáть, что внук знáет и пóмнит своего́ дéдушку?

в) Как вы думаете, зачем человек летает в космос? Какой характер должен быть у космонавта?

3. Винительный падеж (4). Время

Посмотрите таблицу 2. Дайте свои предложения с этими конструкциями (как часто? и когда?).

Таблица 2.

как часто? (4)		когда? (4)			
кáждый	год месяц день	год месяц 5 дней	назáд	через	год месяц день
кáждую	недéлю	недéлю	назáд	через	недéлю
работаю		работал		буду работать	
отдыхáю		отдыхáл		буду отдыхáть	
учýсь		учúлся		буду учúться	

17 Прослушайте диалоги и ответьте на вопросы.

13

а) Почему Виктор не звонит?

— Вúктор, я не вúдел тебя́ ужé цéлую недéлю! Почемý не звонúшь?
— Мне нéкогда. Я зáнят кáждый день. Кáждый понедéльник я занимáюсь в библиотéке, кáждую срéду плáваю в бассéйне, а кáждую пя́тницу игрáю в тéннис.

б) Когда Иван поедет в отпуск?

— Ива́н, каки́е у тебя́ пла́ны на ле́то?
— Через две́ неде́ли пое́ду в Крым, я уже́ купи́л биле́ты.
— А в како́м ме́сте ты бу́дешь отдыха́ть?
— В Коктебе́ле.
— Хоро́шее ме́сто, я был там год наза́д.

в) Что вы узнали о Викторе и об Иване?

г) Составьте аналогичные диалоги (используйте таблицу 2).

18 Восстановите сообщения (выберите правильный вариант и запишите его).

1. А́нна получи́ла посы́лку из до́ма ...
   Марк е́здил домо́й ...
   Том хо́чет поехать домой ...

   ме́сяц наза́д / через ме́сяц

2. Джон на́чал изуча́ть ру́сский язык ...
   Он око́нчит ку́рсы ру́сского языка́ ...
   ... он бу́дет поступа́ть в университе́т.

   год наза́д / через год

3. Урок ру́сского языка́ начался́ ...
   Уро́к ко́нчится ...
   Переры́в на обе́д бу́дет ...

   час наза́д / через ча́с

4. Библиоте́ка откро́ется ...
   Студе́нты мо́гут взять кни́ги ...
   Они́ пришли́ в библиоте́ку ...

   15 мину́т наза́д / через 15 мину́т

5. В э́том го́роде метро́ бу́дет ...
   ... в э́том го́роде не́ было метро́.
   Лю́ди не могли́ е́здить на метро́ ...

   5 лет наза́д / через 5 лет

6. Ле́том моя́ семья́... отдыха́ет на мо́ре.
   ... мы бы́ли в гора́х.
   ... мы хоти́м пое́хать на Байка́л.
   20 000 (ты́сяч) москвиче́й ... отдыха́ют
   на Чёрном мо́ре.
   ... в го́роде Со́чи постро́или но́вые
   гости́ницы и туристи́ческие ба́зы.

   ка́ждый год
   через го́д
   год наза́д

19 а) Попросите ваших друзей ответить на эти вопросы. Расскажите, что вы узнали.

1. Когда́ вы око́нчили шко́лу?
2. Когда́ вы прие́хали в Росси́ю?
3. Когда́ вы на́чали изуча́ть ру́сский язы́к?

4. Когда́ у вас бу́дут кани́кулы?

5. Когда́ вы пое́дете домо́й на кани́кулы?

6. Как ча́сто вы пи́шете пи́сьма домо́й?

7. Как ча́сто вы звони́те домо́й?

8. Как ча́сто вы занима́етесь спо́ртом?

9. Как ча́сто вы хо́дите в теа́тр?

10. Как ча́сто вы смо́трите телеви́зор и слу́шаете му́зыку?

11. Когда́ вы начнёте учи́ться в университе́те?

12. Когда́ вы пое́дете на экску́рсию в Петербу́рг?

б) Отве́тьте са́ми на э́ти вопро́сы.

Глаго́лы движе́ния:

пойти́ / пое́хать, прийти́ / прие́хать, уйти́ / уе́хать

пойти́ I (СВ)		пое́хать I (СВ)
я пойду́	куда́? (4)	я пое́ду
ты пойдёшь	отку́да? (2)	ты пое́дешь
они́ пойду́т	к кому́? (3)	они́ пое́дут
пошёл		пое́хал
пошла́		пое́хала
пошли́		пое́хали

Че́рез неде́лю Влади́мир Влади́мирович **пойдёт** в теа́тр, он уже́ купи́л биле́ты.

Че́рез ме́сяц А́нна **пое́дет** отдыха́ть на мо́ре.

прийти I (СВ)		приехать I (СВ)
я приду́	куда? (4)	я прие́ду
ты придёшь	откуда? (2)	ты прие́дешь
они приду́т	к кому? (3)	они прие́дут
пришёл		прие́хал
пришла́		прие́хала
пришли́		прие́хали

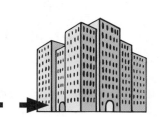

Сейча́с Анто́н в университе́те.
Он **придёт** домо́й по́здно.

Сейча́с А́нна отдыха́ет на мо́ре,
а о́сенью она́ **прие́дет** в Москву́.

уйти́ I (СВ)		уе́хать I (СВ)
я уйду́	откуда? (2)	я уе́ду
ты уйдёшь	куда? (4)	ты уе́дешь
они уйду́т	к кому? (3)	они уе́дут
ушёл, ушла́, ушли́		уе́хал, уе́хала, уе́хали

Ве́чером Анто́на не бу́дет
до́ма. Он **уйдёт** на футбо́л.

Сейча́с Анто́на нет до́ма.
Он **ушёл** на футбо́л.

Ле́том теа́тр не бу́дет рабо́тать.
Арти́сты **уе́дут** на гастро́ли.

Теа́тр не рабо́тает.

Сейча́с теа́тр не рабо́тает.
Арти́сты **уе́хали** на гастро́ли.

пришёл
Он здесь, до́ма.   ≠   ушёл
Был здесь, но сейча́с нет.

14

20 **Прослушайте диалоги.**

а) Скажите, куда пойдёт Джон и куда поедет Наташа?

— Джон, ты уже́ ходи́л в цирк?
— Ещё нет, я пойду́ туда́ в сле́дующую суббо́ту, через неде́лю.

    — Ната́ша, куда́ ты пое́дешь в кани́кулы?
    — В зи́мние кани́кулы я пое́ду на экску́рсию в Петербу́рг, а ле́том я пое́ду домо́й, в Ки́ев.

б) Скажите, когда приедет сестра Марии, приедет друг Виктора?

— Мари́я, твоя́ сестра́ уже́ прие́хала?
— Нет, она́ прие́дет то́лько через 2 ме́сяца.

    — Ви́ктор, ты куда́? Домо́й?
    — Нет, сейча́с я пое́ду на вокза́л встреча́ть дру́га. Он прие́дет в 3 часа́.

в) Скажите, почему Андрея и Лены нет дома?

— До́брый день! Позови́те, пожа́луйста, Андре́я.
— Его́ нет. Он ушёл в университе́т. У него́ сего́дня экза́мены.

    — Здра́вствуйте! Позови́те, пожа́луйста, Ле́ну.
    — А Ле́ны нет, она́ то́лько что ушла́.
    — Извини́те, а вы не зна́ете куда́?
    — В спортза́л. У неё сего́дня волейбо́л.

г) Скажите, где находятся эти люди? Почему вы так думаете?

— Скажи́те, пожа́луйста, могу́ я поговори́ть с дире́ктором?
— Бою́сь, что сейча́с э́то невозмо́жно. Он уе́хал в министе́рство.

    — А где Том и Майкл? Я не ви́жу их в аудито́рии.
    — Они́ уе́хали на экску́рсию в Петербу́рг.

21 Восстановите предложения, используйте глаголы **прийти / уйти** в нужной форме.

Образец:
Они ... и сде́лают зада́ние.

Они́ приду́т домо́й и сде́лают дома́шнее зада́ние.

1. Мы ... и посмо́трим но́вый фильм.
2. Он ... и пригото́вит у́жин.
3. Ты ... и отдохнёшь.
4. Она́ ... и позвони́т подру́ге.
5. Вы ... и мы поу́жинаем вме́сте.
6. Я ... и ля́гу спать.
7. Они́ ... и бу́дут игра́ть в ша́хматы.

Образец:
Ве́чером Ле́ны не бу́дет до́ма.
Она́ ... в теа́тр.

Ве́чером Ле́ны не бу́дет до́ма.
Она́ уйдёт в теа́тр.

8. Не звони́те мне ве́чером, я ... в клуб.
9. Дире́ктора в 3 часа́ не бу́дет, он ... на собра́ние.
10. В 5 часо́в вы ещё бу́дете на рабо́те или уже́ ... ?
11. Мы не смо́жем встре́титься с ни́ми, потому́ что в э́то вре́мя они́ уже́ ... домо́й.
12. Ле́том я не уви́жу своего́ дру́га, он ... на Кипр.

22 Восстановите предложения. Как вы скажете, если эти события произойдут в будущем?

1. Когда́ мы (прие́хать) в Петербу́рг, мы обяза́тельно (посмотре́ть) Эрмита́ж.
2. Когда́ я (прие́хать) на ро́дину, я обяза́тельно (позвони́ть) подру́ге и (рассказа́ть) ей о Москве́.
3. Когда́ он (прие́хать) на мо́ре, он (купа́ться, загора́ть).
4. Когда́ они́ (прие́хать) в го́ры, они́ (ката́ться) на лы́жах.
5. Когда́ ты (прие́хать) к ба́бушке в дере́вню, ты (уви́деть) настоя́щую ру́сскую приро́ду.
6. Когда́ вы (прие́хать) в Москву́, вы (изуча́ть) ру́сский язы́к.

23 а) Ответьте на вопросы:

1. Куда́ вы пойдёте по́сле уро́ка (в суббо́ту / в воскресе́нье)?
2. Когда вы пойдёте в теа́тр (в бассе́йн / в библиоте́ку / в цирк / в кино́)?
3. Куда́ вы пое́дете в зи́мние кани́кулы (в ле́тние кани́кулы / на Но́вый год)?
4. Когда́ вы пое́дете домо́й на ро́дину (на экску́рсию / отдыха́ть / путеше́ствовать)?

б) Узнайте у ваших друзей, куда и когда они пойдут / поедут.

Глаголы движения:

идти / ходить, ехать / ездить

идти I (НСВ)	куда? (4)	ходить II (НСВ)
я иду́	откуда? (2)	я хожу́ (д/ж)
ты идёшь	к кому? (3)	ты хо́дишь
они́ иду́т		они́ хо́дят
шёл, шла, шли		ходи́л (-а, -и)

Сейча́с Ива́н **идёт** на рабо́ту.

Он ка́ждый день **хо́дит / ходи́л** на рабо́ту.

У́тром, когда́ Ива́н **шёл** на рабо́ту, он встре́тил своего́ дру́га.

е́хать I (НСВ)	куда? (4)	е́здить II (НСВ)
я е́ду	откуда? (2)	я е́зжу
ты е́дешь	к кому? (3)	ты е́здишь
они́ е́дут		они́ е́здят
е́хал (-а, -и)		е́здил (-а, -и)

Сейча́с друзья́ **е́дут** за́ город.

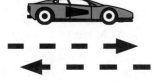

Они́ ка́ждое воскресе́нье **е́здят / е́здили** за́ город.

Когда́ они́ **е́хали** за́ город, пошёл си́льный дождь.

!		
		ка́ждый год, ме́сяц, день
ходи́ть / е́здить	ка́ждую неде́лю
		всегда́, иногда́, ча́сто, ре́дко

24 а) **Восстановите диалоги** (вставьте глаголы идти / ходить, ехать / ездить). Скажите, что вы узнали из этих диалогов?

— Привет, Антон! Ты куда ... ?
— Я ... в бассейн.
— Ты каждый день ... в бассейн?
— Нет, что ты, я ... в бассейн только 2 раза в неделю.

— Что вы делаете сегодня вечером?
— Мы ... в театр на мюзикл.
— Вы часто ... в театр?
— К сожалению, нет. Мы ... в театр раз в месяц.

— Вы ... в Волгоград первый раз?
— Да, мы очень рады. Мы ... туда на экскурсию. А вы уже были в Волгограде?
— Да. Я часто ... к дочери в Волгоград. Моя дочь живёт в Волгограде, а я — в Москве. И мы ... в гости друг к другу.

— Что вы делали в субботу?
— ... на машине в Плёс.
— Как поездка?
— Прекрасно! Когда мы ... , мы видели красивые живописные места.

б) **Скажите, куда вы ходите / ездите каждый день** (каждую неделю, часто, иногда, редко)?

 # Прямая / косвенная речь

1. **Антон:** — Том, куда **ты** идёшь?
   Том: — **Я** иду в столовую.

   Антон спросил Тома, куда **он** идёт.
   Том ответил, что **он** идёт в столовую.

2. **Олег:** — Йра, с кем **вы** были в театре?
   Ира: — **Я** ходила с братом.

   Олег спросил Йру, с кем **она** была в театре.
   Йра ответила, что **она** ходила в театр с братом.

3. **Экскурсовод:** — Скажите, пожалуйста, в какой гостинице **вы** живёте?
   Турист: — **Я** живу в гостинице «Космос».

   Экскурсовод спросил туриста, в какой гостинице **он** живёт.
   Он сказал, что **он** живёт в гостинице «Космос».

4. **Студенты:** — Скажите, пожалуйста, когда будет следующий урок?
   Преподаватель: — Следующий урок будет завтра.

   Студенты спросили преподавателя, когда будет следующий урок.
   Преподаватель ответил, что следующий урок будет завтра.

Антóн спросил Тóма,		Том сказáл (отвéтил) Антóну, что:

Антóн спросил Тóма,	Том сказáл (отвéтил) Антóну, что:
кто э́то?	э́то егó друг.
где он живёт?	он живёт в Москвé.
откýда он приéхал?	он приéхал из А́нглии.
кудá он поéдет лéтом?	лéтом он поéдет домóй.
когдá у негó день рождéния?	день рождéния у негó в сентябрé.
чем он лю́бит занимáться?	он лю́бит игрáть в тéннис.
как зовýт егó сестрý?	егó сестрý зовýт Джейн.
почемý он хóчет стать врачóм?	он хóчет стать врачóм, как егó отéц.

25 **Прочитáйте диалóги. Переведи́те их в кóсвенную речь.**

Образéц:

Антон: — Ви́ктор, я давнó хочý послýшать свою́ люби́мую певи́цу Варвáру. Где онá сейчáс выступáет?

Виктор: — Я не знáю, Антóн, спроси́ мою́ сестрý. Онá интересýется мýзыкой и тóже лю́бит э́ту певи́цу.

Ви́ктор сказáл Антóну, что он давнó хóчет послýшать свою́ люби́мую певи́цу Варвáру. Он спроси́л Антóна, где онá сейчáс выступáет.
Антóн сказáл, что он не знáет. Он посовéтовал Ви́ктору спроси́ть егó сестрý, потомý что онá интересýется мýзыкой и тóже лю́бит э́ту певи́цу.

1. **Олег:** — Как зовýт нóвую студéнтку?
   Ира: — Я не знáю, потомý что меня́ вчерá нé было на урóке. Спроси́ нáшего преподавáтеля, он дóлжен знать.

2. **Игорь:** — Вчерá я ви́дел по телеви́зору извéстную теннисúстку Елéну Веснинý.
   Наташа: — А у меня́ есть её автóграф.
   Игорь: — Когдá и где ты взялá такóй рéдкий автóграф?
   Наташа: — На стадиóне «Дрýжба» в Москвé.

3. **Андрей:** — Что ты лю́бишь читáть?
   Николай: — Обы́чно я читáю детекти́вы. Я люблю́ читáть кни́ги Бори́са Акýнина.
   Андрей: — Какóй послéдний ромáн Бори́са Акýнина ты читáл?
   Николай: — Недáвно я прочитáл егó ромáн «Внеклáссное чтéние».

4. **Джон:** — Когó ты ждёшь здесь?
   Том: — Своегó стáршего брáта.
   Джон: — Кудá вы идёте?
   Том: — Мы идём покупáть нóвую маши́ну. Мой брат согласи́лся помóчь мне.

5. **Мария:** — Скажи́те, пожáлуйста, в какóм годý Ломонóсов основáл Москóвский университéт?
   Ольга: — Я забы́ла. Спроси́ нáшего преподавáтеля, он всё знáет.

26 О чём вы хотите спросить этих людей? Задайте как можно больше вопросов. Дайте возможные варианты ответов.

Образец:

известный артист | Я хочу спросить этого известного артиста, в каком спектакле он сейчас играет.

известный спортсмен, знаменитый писатель, молодой учёный, новый знакомый, российский президент, русская спортсменка, любимая певица, новая знакомая, популярная артистка

27 Прочитайте микротексты. Восстановите диалоги между этими людьми.

1. Молодой человек спросил продавца, где он может выбрать мужской костюм. Продавец ответил, что мужские костюмы можно купить в этом магазине на втором этаже.

2. Студенты спросили преподавателя, сколько стоит проездной билет на все виды транспорта. Преподаватель ответил, что он не знает точно, сколько стоит проездной билет на все виды транспорта.

3. Преподаватель спросил студента, почему он не читает текст. Студент ответил, что он забыл свой учебник дома.

 Сложное предложение со словом «который» в винительном падеже (4)

Прочитайте предложения.
Объясните, почему меняется **форма слова** который, от чего это зависит?

Это русский **писатель**.   **Этого писателя** я очень люблю.

какой? (1)

Это русский **писатель, которого** я очень люблю.

кого? (4)

Мне понра́вился **рома́н**. **Э́тот рома́н** я прочита́л ле́том.

како́й? (1)

Мне понра́вился **рома́н, кото́рый** я прочита́л ле́том.

что? (4)

В э́том магази́не есть **кни́га**.   **Э́ту кни́гу** я хочу́ купи́ть.

кака́я? (1)

В э́том магази́не есть **кни́га, кото́рую** я хочу́ купи́ть.

что? (4)

28 **б) Сде́лайте сообще́ние коро́че. Из двух предложе́ний соста́вьте одно́ предложе́ние. (Испо́льзуйте слова́ кото́рый, кото́рое, кото́рого, кото́рую.)**

1. На вы́ставке я купи́л карти́ну. Э́ту карти́ну нарисова́л молодо́й худо́жник.
2. В це́нтре го́рода нахо́дится ста́рое зда́ние. Э́то зда́ние постро́ил изве́стный архите́ктор.
3. Официа́нт предложи́л мне блю́до. Э́то блю́до я ещё не про́бовал.
4. В аудито́рию вошёл преподава́тель. Э́того преподава́теля мы все лю́бим.
5. Я встре́тил шко́льную подру́гу. Э́ту де́вушку я давно́ не ви́дел.
6. Анто́н е́здит на автомоби́ле. Э́тот автомоби́ль ему́ подари́ли роди́тели.
7. В газе́те я прочита́ла статью́ изве́стного писа́теля. Э́того писа́теля мы пригласи́ли на ве́чер.
8. Я купи́л кни́гу. Э́ту кни́гу я до́лго иска́л.

29 **Восстанови́те предложе́ния.**
(Испо́льзуйте сло́во кото́рый в ну́жной фо́рме.)

1. Я пе́рвый раз ви́дел арти́ста, ... игра́л в э́том фи́льме.
2. Мне о́чень нра́вится арти́ст, ... я ви́дел в но́вом фи́льме.
3. Я услы́шала пе́сню, ... ма́ма пе́ла мне в де́тстве.
4. Мой друг купи́л фрукто́вое моро́женое, ... я о́чень люблю́.
5. У меня́ есть стари́нная карти́на, ... подари́л мне де́душка.
6. Мне не понра́вился фильм, ... я посмотре́л на фестива́ле.
7. Ты зна́ешь арти́ста, ... мы встре́тили в теа́тре?
8. Я познако́мился с сестро́й Анто́на, ... ра́ньше никогда́ не ви́дел.

кото́рый

кото́рое

кото́рого

кото́рую

30 **В тексте, который вы будете читать, вы встретите новые слова и выражения. Познакомьтесь с ними.**

1. Прочитайте объяснения. Постарайтесь понять новые слова и выражения.

1. **зарабáтывать — зарабóтать** дéньги (4) = получáть – получúть дéньги за рабóту.
• Молодóй писáтель **зарабáтывал** немнóго.

2. **С трудóм сводúть концы́ с концáми** = жить óчень бéдно.
• Молодóй писáтель зарабáтывал немнóго и **с трудóм сводúл концы́ с концáми.**

3. **представля́ть — предстáвить себé** когó? что? (4)
• Он **представля́л себé** молодýю и красúвую жéнщину. = Он не знал её, но дýмал, что онá молодáя и красúвая.
• Онá **представля́ла себé** свой лéтний óтдых. = Онá мечтáла о том, как онá бýдет отдыхáть лéтом, онá вúдела себя́ на пля́же, на мóре.
• Кáждый человéк мóжет **предстáвить себé** свой роднóй дом.

4. **брать примéр** с когó? (2)
Берúте примéр с меня́. = Дéлайте, как я.
• Всю жизнь он **брал примéр** с отцá. = Он хотéл всё дéлать так, как дéлал егó отéц.

2. Прочитайте предложения, постарайтесь понять значение выделенных (новых) слов. Посмотрите эти слова в словаре, чтобы проверить, правильно ли вы их поняли.

1. **обращáть — обратúть внимáние** на когó? на что? (4)
• Посмотрúте налéво. **Обратúте внимáние** на э́то стáрое здáние.
• Все **обратúли внимáние** на нóвую студéнтку, котóрая вошлá в аудитóрию.

2.

у когó? комý?	не хватúло не хватáет не хвáтит	чегó? (2)	дéнег знáний врéмени

• Он не купúл дорогóй костю́м, потомý что у негó **не хватúло** дéнег.

• Онá хотéла сдéлать э́ту рабóту, но не сдéлала, потомý что у неё **не хватúло** врéмени.

3. **предлагáть — предложúть** комý? (3) что? (4), что (с)дéлать?
• Официáнт **предложúл** нам свéжий салáт и ры́бу.
• Преподавáтель **предложúл** студéнту поéхать на экскýрсию.

3. а) Прочитайте слова. Поставьте вопросы к каждому слову, найдите общую часть родственных слов (корень).

читáть — чтéние — читáтель — **читáтельница**
шутúть — шýтка — шутнúк
болтáть — **болтлúвый**
полéзный — **полéзно** ≠ бесполéзный — бесполéзно

б) Составьте словосочетания или предложения с выделенными словами.

31 Прочитайте текст и ответьте на вопрос, как изменилась жизнь писателя Александра Орлова?

Зáвтрак

Молодóй писáтель Алексáндр Орлóв жил в прекрáсном стáром рýсском гóроде Ростóве, снимáл недорогýю мáленькую квартúру и писáл кнúги. Он зарабáтывал немнóго и с трудóм сводúл концы́ с концáми. Однáжды он получúл интерéсное письмó. Это письмó написáла читáтельница, котóрая прочитáла егó нóвую кнúгу. Алексáндр отвéтил ей и скóро получúл ещё однó письмó, в котóром онá писáла, что приéдет на три дня́ в Ростóв, хóчет встрéтиться с ним в однóм извéстном дорогóм ресторáне и поговорúть. У неё бýдет тóлько одúн свобóдный день — воскресéнье, потомý что в пя́тницу онá пойдёт в Ростóвский кремль, а в суббóту — на интерéсную вы́ставку и в музéй.

Алексáндр был óчень рад, что эта жéнщина обратúла внимáние на егó нóвую кнúгу и хóчет поговорúть о ней. Прáвда, у негó не было дéнег, чтóбы пойтú в дорогóй ресторáн, но всё-таки он хотéл встрéтиться с ней. Молодóй человéк решúл, что не бýдет покупáть дорогýю едý и дорогúе сигарéты. Тогдá, мóжет быть, у негó хвáтит дéнег на дорогóй ресторáн. В своём письмé он отвéтил, что бýдет ждать её в слéдующее воскресéнье в 11 часóв утрá óколо ресторáна.

В воскресéнье ýтром Алексáндр стоя́л óколо ресторáна и ждал свою прекрáсную незнакóмку. Он представля́л себé молодýю красúвую жéнщину, мечтáл, что вéчером онú вмéсте бýдут гуля́ть и он покáжет ей свой роднóй гóрод, свою любúмую ýлицу, свой любúмые местá. Когдá онá пришлá, он óчень удивúлся.

Онá былá немолодáя и некрасúвая. Её звáли Клáра. Онá началá говорúть. Онá говорúла бы́стро и мнóго. Алексáндр пóнял, что это óчень болтлúвая жéнщина. Но онá говорúла тóлько об Алексáндре и о егó нóвой кнúге, поэтому он был готóв внимáтельно слýшать эту неприя́тную жéнщину.

Онú вошлú в ресторáн и сéли за свобóдный стóлик. Когдá Алексáндр откры́л ресторáнное меню́, у негó потемнéло в глазáх — цéны бы́ли огрóмные. Клáра замéтила, как он посмотрел на цены, и решила успокоить молодого человека.

— Я никогда не ем много на завтрак, — сказала она, — только одно блюдо. По-моему, люди в наше время очень много едят. Я возьму свежую морскую рыбу. Интересно, у них есть свежая морская рыба?

Они позвали молодого внимательного официанта. Официант сказал, что, конечно, в ресторане есть свежая морская рыба, которую они получили только сегодня утром. Александр заказал эту морскую рыбу. Официант предложил Кларе взять ещё свежий салат.

— Нет, — ответила она, — я никогда не ем много на завтрак. Может быть, у вас есть чёрная икра? Я очень люблю чёрную икру.

Александр начал волноваться, он знал, что чёрная икра стоит очень дорого. Но что делать?! Он заказал чёрную икру. Себе молодой человек взял самое дешёвое блюдо — жареное мясо с картошкой.

— Зачем вы берёте жареное мясо с картошкой? — сказала Клара. — Это тяжёлая еда, потом вы не сможете работать. Берите пример с меня. Я всегда ем немного и чувствую себя прекрасно.

Александр молчал. Теперь надо было выбрать вино.

— Я никогда не пью вино утром, — сказала Клара.

— Я тоже, — быстро сказал Александр.

Но Клара не слушала молодого человека и продолжала говорить.

— Утром можно пить только белое вино, оно очень полезное.

Мой врач советует мне пить только французское шампанское.

— А мой врач советует никогда не пить вино.

— Что же вы будете пить?

— Воду!

Клара ела чёрную икру, дорогую рыбу и пила французское шампанское, потом заказала овощной салат и фрукты. Она весело болтала об искусстве, о литературе, о музыке. А несчастный писатель сидел, считал, сколько ему надо будет заплатить, и думал, что он будет делать, если денег не хватит.

— Кофе? — спросил Александр.

— Да, конечно. Я люблю сладкий чёрный кофе и шоколадное мороженое.

Наконец, официант дал Александру счёт. Молодой человек заплатил. У него больше не было ни копейки.

— Берите пример с меня, — весело сказала Клара, — никогда не ешьте много на завтрак.

— Я сделаю ещё лучше, — ответил писатель. — Я сегодня не буду обедать и ужинать.

— Вы шутите?! Конечно, вы шутите.

Александр понял, что больше никогда не хочет видеть эту женщину.

Прошло 20 лет. Однажды в театре Клара увидела известного, популярного писателя. Она поняла, что знает этого человека. Это был Александр Орлов. Она поздоровалась с ним. Он тоже поздоровался, но удивился, потому что не понял, кто это. Перед ним стояла пожилая, о́чень по́лная же́нщина. Он не узна́л свою́ ста́рую знако́мую. Но когда́ он услы́шал её и́мя, он сра́зу вспо́мнил её.

— Ско́лько лет, ско́лько зим! — улыбну́лась она́. — Как лети́т вре́мя! Вы по́мните на́шу пе́рвую встре́чу? Вы пригласи́ли меня́ поза́втракать.

Коне́чно, он по́мнил э́тот за́втрак и э́ту встре́чу. Ведь в то вре́мя он с трудо́м своди́л концы́ с конца́ми. А сейча́с, когда́ он стал изве́стным писа́телем и бога́тым челове́ком, он мог пригласи́ть её в любо́й рестора́н. Но тепе́рь ему́ бы́ло совсе́м не интере́сно, что она́ ду́мает о его́ кни́гах.

32   **Отве́тьте на вопро́сы:**

1. Кто тако́й Алекса́ндр Орло́в?
2. Почему́ Алекса́ндр Орло́в был о́чень рад, когда́ получи́л письмо́ от свое́й чита́тельницы?
3. О чём написа́ла ему́ чита́тельница в своём письме́?
4. Почему́ Алекса́ндр Орло́в согласи́лся встре́титься со свое́й чита́тельницей?
5. Каки́е пробле́мы бы́ли у молодо́го писа́теля?
6. Как Алекса́ндр Орло́в представля́л себе́ э́ту встре́чу? О чём он мечта́л пе́ред встре́чей?
7. Почему́ он о́чень удиви́лся, когда́ уви́дел свою́ чита́тельницу?
8. Почему́ у Алекса́ндра потемне́ло в глаза́х, когда́ он уви́дел меню́ в рестора́не?
9. Что заказа́ли на за́втрак Алекса́ндр и Кла́ра и почему́ ка́ждый из них вы́брал э́ти блю́да?
10. О чём ду́мал писа́тель, когда́ Кла́ра болта́ла об иску́сстве и литерату́ре?
11. Почему́ по́сле э́той встре́чи Алекса́ндр Орло́в не хоте́л бо́льше ви́деть э́ту же́нщину?
12. Когда́ и где они́ встре́тились ещё раз?

33   **Сравни́те пе́рвую и после́днюю встре́чу геро́ев. Что измени́лось в жи́зни э́тих люде́й?**

34   **Как вы ду́маете, как э́ту исто́рию расска́жет Алекса́ндр Орло́в и как э́ту исто́рию расска́жет Кла́ра?**

35   **Что вы ду́маете о хара́ктере геро́ев — Орло́ва и Кла́ры?**

Домашнее задание

1

а) Восстановите диалоги. Используйте глаголы прийти, приехать в нужной форме.

— Миша, как твои дела, как экзамены?
— Сдал отлично, и все мои друзья тоже сдали. Можно, мы сейчас ... к вам в гости?
— Конечно, можно! Когда вы ... ?
— Через полчаса.
— Хорошо, жду вас, будем пить чай с тортом.

А.: — Алло, это Сергей? Привет Сергей!
С.: — Привет, Андрей, ты в Москве?
А.: — Нет, я в Саратове, я здесь в командировке.
С.: — Когда ты ... в Москву? Мне нужно тебя увидеть и поговорить.
А.: — ... через неделю и сразу позвоню.
С.: — Договорились!

б) Запишите информацию, которую вы узнали из диалогов. Начните так:

Я узнал, что Миша и его друзья отлично сдали экзамены.
Миша позвонил другу, и он пригласил их в гости.
Друг Миши спросил его, когда они придут.
Миша сказал ему, что....

2

Запишите информацию в косвенной речи.

1. **Врач:** — Вы очень много курите.
   Пациент: — Почему я не должен курить?
   Врач: — Курение делает жизнь короче.
   Пациент: — Я так не думаю. Древние греки не курили, но все они умерли.

2. **Студент:** — Когда вечером я пишу стихи, я всю ночь не могу спать.
   Преподаватель: — Я советую вам читать стихи, которые вы написали.

3. Два друга возвращаются домой очень поздно.
   Игорь: — Что ты скажешь жене, когда придёшь домой?
   Павел: — Я скажу ей только «Добрый вечер!», а всё остальное она скажет сама.

3

Напишите упражнения:

№ 1 б), в);
№ 2;
№ 4 г);
№ 5 б), в);
№ 8;
№ 12 а), б), в);
№ 16 а), б), №17;

№ 18 б), № 19 а), б), в), г);
№ 20, 21;
№ 23;
№ 24;
№ 25, 26;
№ 27, № 28;
№ 31, № 33 а), б).

УРОК 3 третий

I. Фонетическая зарядка

Пойте!

а о у э ы и

1 Слушайте, повторяйте, читайте.

15

а) встре́тил ста́ршего бра́та
сфотографи́ровал ру́сскую арти́стку
пригласи́л изве́стного учёного-фи́зика
купи́л све́жую газе́ту
получи́л но́вый па́спорт
спел но́вую пе́сню

похо́ж на своего́ отца́
похо́ж на свою́ мать
похо́жи друг на дру́га
не похо́ж на ста́ршего бра́та

б) в како́м году́?
в како́м году́ роди́лся?
в како́м году́ прие́хал учи́ться?

ка́ждый день хожу́ в шко́лу
год наза́д е́здил в А́нглию
через год пое́ду в Евро́пу

в) в 1985 году́, в 1992 году́, в 1995 году́,
в 2000 году́, в 2001 году́, в 2002 году́,
в 2003 году́, в 2004 году́, в 2005 году́...

г) у сы́на све́тлые во́лосы
у отца́ тёмные глаза́
у Ната́ши зелёные глаза́
у Андре́я хоро́ший мя́гкий хара́ктер
у Мари́ны прекра́сный го́лос

д) сказа́л, что придёт ...
написа́ла, что прие́дет ...
сказа́л, когда́ пойдёт ...
сказа́л, что пое́дет ...
написа́л, что е́здил ...
сказа́л, что ходи́л ...

2 Слушайте и повторяйте. Запомните последнее предложение и запишите его. Продолжите высказывания.

16

... мы пойдём ... ⇨
... мы с дру́гом пойдём ... ⇨
Мы с дру́гом пойдём в клуб. ⇨
Мы с дру́гом пойдём в мо́дный клуб. ⇨
Через неде́лю мы с дру́гом пойдём в мо́дный клуб. ⇨
Через неде́лю мы с дру́гом пойдём в мо́дный ночно́й клуб. ⇨
Через неде́лю мы с дру́гом пойдём в мо́дный ночно́й клуб на конце́рт. ... ⇨

... я не узна́л ... ⇨
... я не сра́зу узна́л ... ⇨
Я не сра́зу узна́л дру́га. ⇨
Я не сра́зу узна́л своего́ дру́га. ⇨
Я не сра́зу узна́л своего́ шко́льного дру́га. ⇨
Вчера́ я не сра́зу узна́л своего́ шко́льного дру́га. ⇨
Вчера́ на у́лице я не сра́зу узна́л своего́ шко́льного дру́га. ⇨
Вчера́ на у́лице я не сра́зу узна́л своего́ шко́льного дру́га, потому́ что ви́дел его́ 10 лет
наза́д. ... ⇨

II. Поговорим

**Прослушайте диалоги, задайте аналогичные вопросы
своим друзьям.**

— Како́го писа́теля ты лю́бишь бо́льше всего́?
— Ру́сского писа́теля Пу́шкина.

— Скажи́те, когда́ вы прие́хали в Москву́?
— Неде́лю наза́д.

— Куда́ вы пое́дете на экску́рсию?
— Мы пое́дем в Я́сную Поля́ну, где жил Лев
Толсто́й.

— Вы ча́сто е́здите на метро́?
— Ка́ждый день.

— Каку́ю оде́жду вы покупа́ете?
— Я люблю́ удо́бную спорти́вную оде́жду.

— Когда́ у вас бу́дут кани́кулы?
— Че́рез 3 ме́сяца.

— Когда́ принима́ет дека́н?
— Ка́ждую неде́лю в понеде́льник и пя́тницу.

— Вы занима́етесь пла́ванием?
— Да, ка́ждую неде́лю хожу́ в бассе́йн.

— На кого́ ты похо́жа?
— Говоря́т, что я похо́жа на свою́ ба́бушку.

— Тебе́ нра́вится певи́ца Варва́ра?
— Да, у неё о́чень краси́вые глаза́.

2 Как вы ответите? (Возможны варианты.)

— Когда́ вы око́нчили шко́лу?
— ...

— На кого́ вы похо́жи?
— ...

— Како́го арти́ста журнали́сты встреча́ли вчера́ в аэропорту́?
— ...

— Как ча́сто вы хо́дите в бассе́йн?
— ...

— Куда́ уе́хали ва́ши друзья́?
— ...

— Каку́ю маши́ну ты хо́чешь купи́ть?
— ...

— Вы ча́сто хо́дите в теа́тр?
— ...

— Куда́ ты пое́дешь в кани́кулы?
— ...

3 Как вы спросите? (Возможны варианты.)

— ... ?
— Я око́нчу университе́т через 5 лет.

— ... ?
— Я хожу́ в теа́тр ка́ждый ме́сяц.

— ... ?
— Я жду свою́ подру́гу уже́ час.

— ... ?
— Мой друг о́чень похо́ж на своего́ отца́.

— ... ?
— Мне ну́жно купи́ть минера́льную во́ду.

— ... ?
— В авто́бусе я обрати́ла внима́ние на гру́стного молодо́го челове́ка.

— ... ?
— Я прие́хал в Росси́ю два ме́сяца наза́д.

— ... ?
— Я верну́сь в Москву́ через неде́лю.

— ... ?
— Я жду свою́ подру́гу.

— ... ?
— Я встре́тил дру́га, когда́ шёл в университе́т.

— ... ?
— Нет, я хожу́ в спортза́л раз в неде́лю.

— ... ?
— На за́втрак я ем ри́совую ка́шу и пью ко́фе.

Родительный падеж (2) имён существительных с местоимениями и прилагательными

1.

у кого?		кого? / чего?
у како́го? / у како́й?	нет	како́го? / како́й?

У приро́ды нет плохо́й пого́ды.

— У вас нет ли́шнего биле́тика?

2.

у кого́?	нет	кого? / чего?
когда́?	не́ было	како́го? /
где?	не бу́дет	како́й

3.

от како́го? / от како́й

отку́да?

от кого́?
от како́го? / от како́й

— Э́то откры́тка из Ю́жной Коре́и от моего́ люби́мого студе́нта.

4.

какой?

чей?

— Чья э́то карти́на?
— Э́то карти́на изве́стного худо́жника.

Худо́жник рису́ет портре́т мое́й подру́ги.

5.

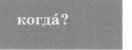

когда́?

Пе́рвого января́ во всём ми́ре лю́ди встреча́ют Но́вый год.

6.

сколько?

2, 3, 4 бра́та

2 (две), 3, 4 сестры́

5—20	
ско́лько	
мно́го	бра́тьев
ма́ло	сестёр
не́сколько	

1. Родительный падеж (2). Обладание

У э́той студе́нтки ещё нет но́вого уч́бника.

У э́того молодо́го спортсме́на ещё нет олимпи́йской меда́ли.

у кого́?		кого́? / чего́?
у како́го? / у како́й?	нет	како́го? / како́й?

Прочитайте таблицу и поставьте вопросы к выделенным словам. Дополните таблицу своими примерами.

Таблица 1.

у какого? / нет какого?	
У моего́ бли́зкого дру́га сего́дня день рожде́ния. У Ви́ктора нет **моби́льного** телефо́на. У э́того высо́кого челове́ка тёмные глаза́.	-ого/-его **-а/-я**
у какой? / нет какой?	
У мое́й бли́зкой подру́ги родила́сь дочь. У И́ры нет **тёплой** шу́бы. У мое́й мла́дшей сестры́ больши́е голубы́е глаза́.	-ой/-ей **-ы/-и**

1

**а) Прочитайте сообщения из газеты «Московские новости».
Какая информация вас заинтересовала?**

Образец: Мне было интересно прочитать о...

У популярного московского актёра Сергея Безрукова была мечта. Он мечтал сыграть роль А.С. Пушкина. Отец Сергея, режиссёр Виталий Безруков, помог сыну. Он поставил в своём театре спектакль «Александр Пушкин». Его сын Сергей Безруков сыграл главную роль в этом спектакле.

У модной московской фотохудожницы Екатерины Рождественской открылась новая фотовыставка «Частная коллекция». На эту выставку пришли известные люди: художники, артисты, режиссёры, телеведущие. Многие из них увидели свои портреты.

У самой известной российской певицы Аллы Пугачёвой **нет московской квартиры**, потому что в одной квартире певицы на Тверской улице живёт её дочь и её внуки. Там очень шумно. А в другой квартире певицы на Таганской улице находится её офис. Звезда не может жить в офисе. Поэтому, когда Алла Пугачёва приезжает в Москву, она живёт в гостинице «Балчуг».

б) Поставьте вопросы к выделенным словам.

в) Задайте вопросы к этим сообщениям, чтобы уточнить, правильно ли вы поняли эту информацию.

г) Расскажите, что вы узнали о каждом человеке.

2

С помощью вопросов уточните, каких вещей нет у человека.

Образец:

— У меня нет книги.
— Какой? (Какой книги у вас нет?)

У меня нет журнала (мобильника, шапки, компьютера, планшета, ручки, карандаша, газеты, пальто, словаря, учебника, гитары, кольца, галстука, квартиры, ключа, машины ...).

3

а) Посмотрите на рисунки. а) С помощью вопросов составьте портреты этих людей. (Используйте слова под рисунком.)

Образец:
— У како́го молодо́го челове́ка тёмные во́лосы?
— У э́того высо́кого молодо́го челове́ка тёмные во́лосы.

1) дли́нные / коро́ткие   во́лосы
   тёмные / све́тлые

2) ка́рие   глаза́
   голубы́е
   се́рые
   зелёные

3) стро́йная   фигу́ра
   спорти́вная
   хоро́шая/плоха́я

б) Уточните, какая одежда у этих людей?
(Есть ли эти вещи у вас?)

Образец:
У како́го челове́ка но́вая шля́па?

У э́того высо́кого молодо́го челове́ка но́вая шля́па.

си́няя ма́йка
спорти́вный костю́м
вече́рнее пла́тье
бе́лый костю́м
мо́дный га́лстук
коро́ткая ю́бка
высо́кие сапоги́
мо́дные ту́фли
лёгкая ку́ртка
но́вые кроссо́вки

4 а) Прослушайте диалог. Как вы думаете, сколько лет девочке, которая рисовала? Какой у неё был карандаш?

ломáться I
сломáться
сломáлся
(-лась, -лись)

18

— Дáша, что ты дéлаешь?
— Рисýю.
— А почемý у тебя́ зелёное сóлнце?
— Потомý что у меня́ нет жёлтого карандашá.
— А почемý у тебя́ зелёное нéбо?
— Потомý что у меня́ нет си́него карандашá.
— А почемý у тебя́ зелёные цветы́?
— Потомý что у меня́ нет крáсного карандашá.
— А каки́е карандаши́ у тебя́ есть?
— Тóлько зелёный, а други́е карандаши́ сломáлись.

б) Скажите, какого карандаша нет у этой маленькой девочки?

5 а) Посмотрите на рисунок и скажите, что продают в этом магазине в отделе «Бытовая техника?» Что можно здесь купить?

▶ **БЫТОВАЯ ТЕХНИКА:**

стиральные машины, электрические чайники, мультиварки, холодильники

б) Прослушайте диалог и скажите, что хотят купить эти люди и почему?

19

— Дóбрый день! Что вы хоти́те?
— Я хочý сдéлать женé хорóший подáрок, мы недáвно пожени́лись.
— Подáрки на вторóм этажé. Там вы мóжете вы́брать одéжду, óбувь, духи́.
— Нет, спаси́бо, мы хоти́м посмотрéть бытовýю тéхнику. У нас нóвая кварти́ра, но нет стирáльной маши́ны, электри́ческого чáйника, надёжной мультивáрки и большóго холоди́льника.
— Пожáлуйста, это на трéтьем этажé. У нас в магази́не есть бытовáя тéхника из Росси́и, Ю́жной Корéи и Зáпадной Еврóпы. Продавéц покáжет вам всё, что вы хоти́те.

в) Расскажите, что вы узнали об этих людях? Расскажите, что вы узнали о магазине, в который пришли эти люди?

6 **а) Пройдите по отделам магазина. Скажите, что вы хотите купить, кому и почему?**

Образец:

У мое́й мла́дшей сестры́ нет тёплой зи́мней ку́ртки. Я хочу́ купи́ть ей хоро́шую ку́ртку, потому́ что на у́лице о́чень хо́лодно.

Книги, канцеля́рские това́ры

то́лстая / то́нкая тетра́дь, просто́й / кра́сный / зелёный каранда́ш, си́няя/кра́сная ру́чка, большо́й / ма́ленький фотоальбо́м, большо́й / ма́ленький ру́сско-англи́йский слова́рь

Одежда

чёрный / све́тлый костю́м, тёплое пальто́, си́няя руба́шка, мо́дный га́лстук, ле́тняя шля́па, зи́мняя ку́ртка, сва́дебное пла́тье, больша́я / ма́ленькая ко́жаная су́мка

Бытовая техника

стира́льная маши́на, ку́хонный комба́йн, электри́ческая плита́, персона́льный компью́тер, ма́ленький телеви́зор, большо́й холоди́льник, музыка́льный центр, электри́ческий ча́йник, моби́льный телефо́н

Спортивные товары

спорти́вный костю́м, те́ннисная раке́тка, футбо́льный мяч, купа́льный костю́м (цветно́й купа́льник), купа́льная ша́почка, спорти́вный тренажёр, туристи́ческая пала́тка

б) Посове́туйте дру́гу пойти́ в э́тот магази́н, е́сли он хо́чет купи́ть пода́рок ма́ме, бра́ту, подру́ге, сестре́.

2. Родительный падеж (2). Отсутствие

у кого? когда? где?	нет не́ было не бу́дет	кого? / чего? како́го? / како́й

у кого́? где? когда́?	есть был (-а́, -о, -и) бу́дет		кто? / что? (1)

у кого́? где? когда́?	нет не́ было не бу́дет		кого́? / чего́? (2) како́го? / како́й?

У меня́	есть бу́дет	был была́	бли́зкий друг бли́зкая подру́га

У меня́	нет не́ было не бу́дет	бли́зкого дру́га бли́зкой подру́ги

В го́роде	есть бу́дет	был была́ бы́ло	откры́тый бассе́йн музыка́льная шко́ла назе́мное метро́

В го́роде	нет не́ было не бу́дет	откры́того бассе́йна музыка́льной шко́лы назе́много метро́

В э́том году́	бу́дет	был была́	молодёжный фестива́ль зи́мняя олимпиа́да

В э́том году́	не́ было не бу́дет	молодёжного фестива́ля зи́мней олимпиа́ды

7 Прочитайте сообщения, скажите, что вы узнали, какую информацию вы можете добавить. (Чего не было в XIX веке?)

Ещё совсем недавно в мире не было мобильного телефона, персонального компьютера и электронной почты.

На кинофестивале в Сочи не было известного режиссёра и молодой талантливой актрисы из Италии.

8 а) Ответьте на вопросы. Скажите, что у вас нет этих предметов. Задайте свои вопросы друзьям. Скажите, что вы узнали.

1. У вас есть лишний билет?
2. У вас есть красная ручка?
3. У тебя есть чистая тетрадь?
4. У тебя есть большой словарь?
5. У вас есть мобильный телефон?

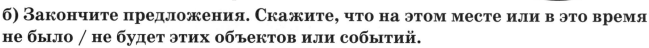

б) Закончите предложения. Скажите, что на этом месте или в это время не было / не будет этих объектов или событий.

Образец:

Сегодня я купил в киоске интересный журнал, а вчера в киоске не было этого журнала.

1. Сегодня весь день был сильный дождь, а вчера...
2. В этом году мои родители купили загородный дом, а в прошлом году...
3. Вечером в кинотеатре будет новый американский фильм, а вчера...
4. В понедельник в клубе будет интересная лекция, а в воскресенье...
5. Сейчас у моей подруги есть маленькая симпатичная собака, а раньше...
6. У моего друга есть отличная машина, а раньше...
7. Сейчас здесь большое красивое озеро, а раньше ...
8. Сейчас в Москве есть детский аквапарк, а раньше...
9. Сегодня на завтрак был яблочный пирог, а вчера...

Образец:

В этом доме будет продуктовый магазин?

▼

Нет, в этом доме не будет продуктового магазина.

1. На этом месте будет новый большой завод?
2. Завтра в кинотеатре будет американский фильм?
3. В субботу будет автобусная экскурсия?
4. После уроков будет студенческое собрание?
5. Вечером по телевизору будет спортивная передача?
6. Летом в МГУ будет математическая олимпиада?
7. Весной в Москве будет молодёжный фестиваль?
8. Вечером у тебя будет свободное время?
9. На будущей неделе у нас будет контрольная работа?

3. Родительный падеж (2). Место

откуда?

от кого?
от какого? / от какой?

Спортсмен прыгнул с высокой горы́ и полетел на дельтаплане.

С я́хты пришло́ сообще́ние от ру́сского путеше́ственника Фёдора Ко́нюхова.

Посмотрите таблицу 2, поставьте вопросы к выделенным словам. Дополните таблицу своими примерами.

Таблица 2.

откуда? из / с какого?	Джон прие́хал **из большо́го** го́рода.	-ого/-его
от кого? от какого?	А́нна получи́ла письмо́ **от своего́ но́вого** колле́ги.	-а/-я
откуда? из / с какой?	На́ша ба́бушка прие́хала **из ма́ленькой** дере́вни.	-ой/-ей
от кого? от какой?	Ива́н получи́л пи́сьма **от свое́й америка́нской** подру́ги и **от свое́й ста́ршей** сестры́.	-ы/-и

9 **С помощью вопросов уточните, откуда пришли эти люди?**

Образец: Друзья́ пришли́ из теа́тра. ▶ Из како́го теа́тра?

Друзья́ пришли́ из институ́та
(из рестора́на, из музе́я, из па́рка,
с факульте́та, со стадио́на, с вокза́ла,
с конце́рта, из кафе́, из посо́льства).

Друзья́ пришли́ из шко́лы
(из библиоте́ки, из апте́ки, с вы́ставки,
с по́чты, с экску́рсии, из столо́вой,
из поликли́ники, из парикма́херской).

Местоимение «свой» в родительном падеже (2)

Óльга — моя́ ста́ршая сестра́.
Михаи́л — её муж и мой хоро́ший друг.
Я получи́л письмо́ и фотогра́фии от **свое́й** сестры́ и её му́жа — **своего́** хоро́шего дру́га.

	от како́го дру́га?	от како́й подру́ги?
я получи́л письмо́ ты получи́л письмо́ мы получи́ли письмо́ вы получи́ли письмо́	от своего́ (моего́) от своего́ (твоего́) от своего́ (на́шего) от своего́ (ва́шего) дру́га	от свое́й (мое́й) от свое́й (твое́й) от свое́й (на́шей) от свое́й (ва́шей) подру́ги
он получи́л письмо́ она получи́ла письмо́ они получи́ли письмо́	от своего́ дру́га	от свое́й подру́ги

(от) своего́ (от) свое́й	≠	(от) его́ (от) её (от) их

 Обратите внимание!

~~свой~~

У **моего́** дру́га (2) есть хоро́шие музыка́льные за́писи.
Здесь нет **моего́** дру́га. (2)

Я взял э́тот но́вый планше́т у **своего́** дру́га (2).
Я покажу́ вам портре́т **свое́й** подру́ги.

10

а) Посмотрите на рисунки, прочитайте текст и ответьте на вопрос.

Вчера́ у Влади́мира и Ле́ны была́ сва́дьба. Роди́тели, ро́дственники и друзья́ подари́ли им хоро́шие пода́рки. Как вы ду́маете, от кого́ жени́х и неве́ста получи́ли э́ти пода́рки?

Образец:

У Влади́мира и Ле́ны не́ было но́вой мультива́рки. Они́ получи́ли но́вую мультива́рку от своего́ шко́льного дру́га.

старший брат

близкий друг

старый дедушка

лучшая подруга

дальний родственник

любимая бабушка

богатая тётя

младшая сестра

б) Спросите у своих друзей, какие подарки обычно дарят на свадьбу в их стране? Скажите, что вы узнали?

11

а) Прослушайте диалоги. Скажите, кто получил открытку, посылку, письмо, подарок?

20

— Здра́вствуйте, вам откры́тка.
— Отку́да?
— Из Ю́жной Аме́рики.
— А, э́то от моего́ студе́нта. Он всегда́ поздравля́ет меня́ с днём рожде́ния.

— Я так ра́да! Вчера́ я получи́ла посы́лку и письмо́ с Да́льнего Восто́ка.

— От кого́?

— От моего́ ста́ршего сы́на. Он офице́р и сейча́с слу́жит на Да́льнем Восто́ке.

— Что он пи́шет?

— Пи́шет, что у него́ всё в поря́дке, и приглаша́ет к себе́ на Да́льний Восто́к.

— Како́е краси́вое кольцо́! Это тебе́ жени́х подари́л?

— Нет, э́то стари́нное кольцо́. В день сва́дьбы моя́ ба́бушка получи́ла э́то кольцо́ в пода́рок от своего́ жениха́. А пото́м оно́ перешло́ ко мне́ от мое́й люби́мой ба́бушки.

б) Прослушайте диалоги ещё раз. Скажите, что вы узнали об этих людях?

в) От кого (откуда?) вы получаете письма, телеграммы, посылки, подарки? Спросите об этом своих друзей. Скажите, что вы узнали?

12 **а) Прочитайте статью из газеты и дайте ей своё название. Объясните, почему вы дали такое название?**

Всю свою́ жизнь лю́ди да́рят и получа́ют пода́рки: на день рожде́ния, на Но́вый год, на Рождество́, на 8 Ма́рта. Это прия́тная тради́ция. Мы да́рим друг дру́гу сувени́ры, кни́ги, цветы́, конфе́ты, откры́тки. А иногда́ быва́ют и дороги́е пода́рки наприме́р, маши́ны, бриллиа́нты, путеше́ствия…

Но ру́сские говоря́т: «Гла́вное — не пода́рок, а внима́ние».

Одна́жды популя́рная певи́ца Ири́на Салтыко́ва получи́ла от своего́ дру́га необы́чный пода́рок. Он подари́л ей настоя́щую звезду́, кото́рую неда́вно откры́ли учёные. Эту звезду́ молодо́й челове́к купи́л в Моско́вском планета́рии и дал ей и́мя Ири́на. Тепе́рь э́та звезда́ — со́бственность популя́рной моско́вской певи́цы.

Астроно́мы открыва́ют но́вые и но́вые звёзды. И е́сли вы хоти́те име́ть свою́ звезду́, вы то́же мо́жете купи́ть её в Моско́вском планета́рии и дать ей любо́е и́мя.

б) Ответьте на вопросы.

1. Како́й пода́рок получи́ла Ири́на Салтыко́ва? От кого́ она́ получи́ла э́тот пода́рок?
2. Как вы понима́ете выраже́ние «Гла́вное — не пода́рок, а внима́ние»?
3. А вы хоти́те получи́ть в пода́рок или подари́ть кому́-нибудь звезду́?

4. Родительный падеж (2). Характеристика. Принадлежность

Характеристика, качество, название

— Какóй это теáтр?
— Теáтр юного зрителя.

— Какáя это кáрта?
— Это кáрта Зáпадной Сиби́ри.

— Какóе это здáние?
— Здáние Большóго теáтра.

Принадлежность
(Кому принадлежит этот предмет?)

—Чей это расскáз?
— Это расскáз рýсского писáтеля А.П. Чéхова.

—Чья это маши́на?
— Это маши́на моегó стáршего брáта.

—Чьё это кольцó?
— Это кольцó моéй дорогóй бáбушки.

Обратите внимание!

Какóй это учéбник?
  Это учéбник (1) рýсского языкá (2).

Какóй учéбник ты купи́л?
  Я купи́л учéбник (4) рýсского языкá (2).

В какóм учéбнике этот тéкст?
  Этот текст в учéбнике (6) рýсского языкá (2).

Какóго учéбника у тебя нет?
  У меня нет учéбника (2) рýсского языкá (2).

①, ②, ③, ④, ⑤, ⑥   +   ②

---

13 **Прочитайте примеры. Напишите полные вопросы и ответы.**

1. Вот нóвая кни́га (какáя?)

2. У меня нет кни́ги (какóй?)

3. Я хочý купи́ть кни́гу (какýю?)

4. Этот расскáз есть в кни́ге (в какóй?)

5. Я ищý кни́гу (какýю?)

6. Я узнáл о нóвой кни́ге (о какóй?)

7. Мне нрáвится нóвая кни́га (какáя?)

известной рýсской писáтельницы.

14 Посмотрите на фотографии. Прочитайте подписи к ним. Поставьте вопросы к выделенным словам.

Библиоте́ка **иностра́нной литерату́ры.**

Зда́ние моско́вского Ма́лого теа́тра.

Дом мо́ды **изве́стного моделье́ра Вячесла́ва За́йцева.**

Семья́ **росси́йского режиссёра Ники́ты Михалко́ва.**

Студе́нты **Моско́вского университе́та.**

Музе́й **изобрази́тельного иску́сства** и́мени А.С. Пу́шкина.

Украше́ния ру́сской
императри́цы Екатери́ны II.

Письмо́ и рису́нки ру́сского
поэ́та А.С. Пу́шкина.

Са́мая больша́я река́ **За́падной Сиби́ри.**

Карти́на **изве́стного ру́сского
худо́жника** XVIII (восемна́дцатого) ве́ка.

15

Вы уже давно живёте в Москве. Скоро к вам приедут друзья или родители, они первый раз в Москве и хотят посмотреть город. Что вы покажете им в Москве, куда вы пойдёте, что посмотрите, что послушаете?

Образец:

зда́ние	▶	Большо́й теа́тр	▶	Я покажу́ им зда́ние Большо́го теа́тра.
конце́рт	▶	стари́нная му́зыка	▶	Мы послу́шаем конце́рт стари́нной му́зыки.

зда́ние ▶
Моско́вский госуда́рственный университе́т
Большо́й теа́тр
Росси́йская госуда́рственная библиоте́ка
Третьяко́вская галере́я

у́лицы
центр ▶
большо́й совреме́нный го́род
наш го́род
совреме́нная столи́ца

панора́ма ▶
совреме́нная Москва́
стари́нный го́род

музе́й	▶	ру́сское наро́дное иску́сство
вы́ставка	▶	совреме́нная фотогра́фия
презента́ция	▶	но́вый фильм
конце́рт	▶	популя́рная му́зыка
о́пера	▶	ру́сский компози́тор П.И. Чайко́вский
террито́рия	▶	Моско́вский Кремль
ста́нции	▶	моско́вское метро́

16 а) Прочитайте текст. Скажите, что вы узнали о возрасте счастья?

Совреме́нные психо́логи говоря́т, что в жи́зни ка́ждого челове́ка быва́ет два во́зраста сча́стья.

Пе́рвый — в 15 лет, когда́ жизнь молодо́го челове́ка то́лько начина́ется. Ю́ноши и де́вушки мечта́ют о бу́дущем, стро́ят пла́ны, ду́мают об учёбе и об интере́сной рабо́те. И́менно в э́то вре́мя к челове́ку прихо́дит любо́вь. Э́то во́зраст пе́рвой любви́.

Второ́й во́зраст сча́стья — в 70 лет. И́менно в э́том во́зрасте пожилы́е лю́ди начина́ют жить для себя́. Мно́гие уже́ на пе́нсии, у них доста́точно свобо́дного вре́мени, так как нет ежедне́вной рабо́ты. Де́ти уже́ взро́слые и живу́т самостоя́тельно.

Не́которые лю́ди путеше́ствуют, други́е увлека́ются иску́сством, теа́тром, му́зыкой, ведь ра́ньше у них не́ было тако́й возмо́жности, а сейча́с они́ реализу́ют свои́ ста́рые мечты́ де́тства и ю́ности. В э́том во́зрасте не́которые пожилы́е лю́ди да́же встреча́ют свою́ но́вую любо́вь, же́нятся и́ли выхо́дят за́муж.

б) Ответьте на вопросы:

1. Скажи́те, почему́ психо́логи счита́ют, что 15 лет — э́то пе́рвый во́зраст сча́стья? 70 лет — второ́й во́зраст сча́стья?
2. Согла́сны ли вы с мне́нием совреме́нных психо́логов? Почему́?
3. Что вы ду́маете о во́зрасте сча́стья?

17 а) Прослушайте диалоги. Скажите, что вы узнали.

21

— У меня́ нет студе́нческого биле́та. Вы не зна́ете, где я могу́ его получи́ть?
— Вам на́до пойти́ в декана́т к секретарю́.
— Спаси́бо.

проездно́й биле́т
чита́тельский биле́т
медици́нская спра́вка
зачётная кни́жка

— Вы не зна́ете, где нахо́дится Центр междунаро́дного образова́ния МГУ?
— Коне́чно, зна́ю. ЦМО МГУ нахо́дится на у́лице Кржижано́вского, дом 24.
— А где э́то? Э́то далеко́?
— Э́то недалеко́ от ста́нции метро́ «Профсою́зная», 5 мину́т пешко́м.

факульте́т журнали́стики МГУ, стадио́н моско́вского университе́та, Центра́льный дом худо́жника, Парк культу́ры, Большо́й теа́тр, Истори́ческий музе́й

— Кака́я краси́вая му́зыка! Ты не зна́ешь, чья?
— Э́то пе́рвый конце́рт Чайко́вского, изве́стного ру́сского компози́тора.

стихи́ Маяко́вского — росси́йский поэ́т, рома́н Л.Н. Толсто́го — знамени́тый ру́сский писа́тель, кни́га Б. Аку́нина — популя́рный совреме́нный писа́тель, карти́на Г. Серебряко́вой — изве́стная ру́сская худо́жница

— Скажи́те, пожа́луйста, как называ́ется э́та пло́щадь?
— Э́то пло́щадь Гага́рина.
— Спаси́бо.

проспе́кт Ми́ра, парк Побе́ды, пло́щадь Револю́ции, Теа́тр сати́ры, Теа́тр ю́ного зри́теля, Музе́й восто́чного иску́сства

б) Составьте аналогичные диалоги, используйте слова, данные справа.

5. Родительный падеж (2). Время

Посмотрите таблицу 4. Прочитайте примеры и дополните таблицу своими примерами.

Таблица 4.

когда?			
то́чная да́та (2)	(6) + (2)	в како́м году́? (6)	в како́м ме́сяце? (6)
роди́лся 10.12.1985 (деся́того декабря́ ты́сяча девятьсо́т во́семьдесят пя́того го́да)	в сентябре́ 2003 го́да (в сентябре́ две ты́сячи тре́тьего го́да) в нача́ле в середи́не в конце́ } XX ве́ка (двадца́того ве́ка)	в 2008 году́ (в две ты́сячи восьмо́м году́)	в а́вгусте в сентябре́ в октябре́ в про́шлом ме́сяце на про́шлой неде́ле

• Ви́ктор роди́лся **10 декабря́ 1985 го́да**. Он прие́хал в Москву́ **в сентябре́ 2003 го́да**. **В 2008 году́** Ви́ктор око́нчит университе́т. **В а́вгусте** у него́ бу́дут кани́кулы, и он пое́дет отдыха́ть.

• **В нача́ле XX ве́ка** появи́лось телеви́дение.

• **В середи́не XX ве́ка** появи́лся компью́тер, а **в конце́ XX ве́ка** — Интерне́т.

18 Прочитайте информацию. Скажите, что вы узнали?
(Знали ли вы раньше об этих событиях?)

19 апреля 1563 года Иван Фёдоров начал печатать первую в России книгу, которая называлась «Апостол».

6 июня 1799 года родился русский поэт, основатель новой русской литературы и современного русского языка Александр Пушкин.

5 мая 2000 года астрономы наблюдали Малый парад планет: Солнце, Марс, Луна, Венера, Юпитер, Сатурн и Меркурий находились на одной линии.

24 мая 1972 года Россия и США подписали документ о мирном использовании космоса.

26 мая 1883 года в Москве открыли храм Христа Спасителя.

30 мая 2003 года Санкт-Петербург праздновал своё трёхсотлетие.

19 Скажите, когда произошли эти события:

15.05.1935 г. — В Москве открыли первую линию метро.
1928 г. — В Москве появился первый Парк культуры и отдыха имени М. Горького.
1892 г. — В Москве появилась первая картинная галерея — Третьяковская галерея.
1703 г. — Пётр I основал новый город на Неве — Санкт-Петербург.
Январь 1755 г. — В Москве открылся первый университет (МГУ).
15.09.2002 г. — В Москве появилась новая площадь, которая называется площадь Европы.
Август 1980 г. — В Москве прошли Олимпийские игры.
Сентябрь 2002 г. — В Москве на территории ВВЦ (Всероссийского выставочного центра) прошла Международная книжная выставка.
09.10.2002 г. — В России прошла перепись населения.

20 а) Узнайте у своего друга даты важных событий его жизни и запишите их.

1. Когда он родился?
2. Когда он начал учиться в школе?
3. Когда он окончил школу и получил документ об образовании (аттестат)?
4. Когда он приехал в Россию?
5. Когда он начал изучать русский язык?
6. Когда он окончит университет?...

б) Расскажите, что вы узнали о вашем друге.

6. Родительный падеж (2). Количество (Сколько?)

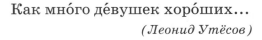

Как мно́го де́вушек хоро́ших...

(Леонид Утёсов)

Ско́лько книг, ско́лько слов, ско́лько букв...

1	(оди́н) друг — (одно́) я́блоко — (одна́) подру́га
2, 3, 4	(два, три, четы́ре) дру́га, я́блока (две, три, четы́ре) подру́ги

2, 3, 4	+ род. п. ед. ч.

ско́лько 5–20 мно́го ма́ло не́сколько	друзе́й подру́г я́блок

ско́лько 5–20 мно́го ма́ло не́сколько	+ род. п. мн. ч

Широка́ страна́ моя́ родна́я,
Мно́го в ней лесо́в, поле́й и рек.
Я друго́й та́кой страны́ не зна́ю,
Где так во́льно ды́шит челове́к...

В. Лебедев-Кумач

Посмотрите таблицу 5. Какое правило вы можете сформулировать? Объясните его своим друзьям и дайте свои примеры.

Таблица 5.

Сколько?

				петух	курица	яйцо
петух	стол_ студéнт_ [ ]	-ов		столóв студéнтов		
	музéй трамвáй [-й] герóй	-ев		музéев трамвáев герóев		
	словáрь [-ь] этáж [-ж] карандáш [-ш] врач [-ч] товáрищ [щ]	ь ж ш ч щ + -ей		словарéй этажéй карандашéй врачéй товáрищей		
яйцо	пóле мóре [-е]	-ей				полéй морéй
курица	тетрáдь ночь [-ь]	-ей			тетрáдей ночéй	
	кнúга кáрта [-а] библиотéка	[ ]			книг_ карт_ библиотéк_	
яйцо	я́блоко [-о] мéсто					я́блок_ мест_
	здáние [-ие] общежúтие	-ий				здáний_ общежúтий_
курица	аудитóрия [-ия]	-ий			аудитóрий_	

Запомните!

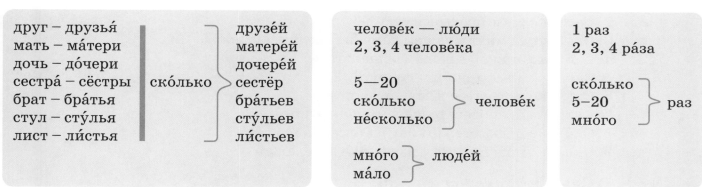

друг – друзья́
мать – мáтери
дочь – дóчери
сестрá – сёстры } скóлько {
брат – брáтья
стул – стýлья
лист – ли́стья

друзéй
матерéй
дочерéй
сестёр
брáтьев
стýльев
ли́стьев

человéк — лю́ди
2, 3, 4 человéка

5—20
скóлько } человéк
нéсколько

мнóго } людéй
мáло

1 раз
2, 3, 4 рáза

скóлько
5—20 } раз
мнóго

Запомните!

сумка — несколько сумок
студентка — несколько студенток
окно — несколько окон

ложка — несколько ложек
девушка — много девушек
ручка — мало ручек
письмо — несколько писем

статья — несколько статей
подарок — много подарков

21 **Заполните свою таблицу по образцу таблицы 4.**
(Используйте данные слова в своей таблице.)

1	2	3	4
учебник	преподаватель	лампа	озеро
город	площадь	библиотека	слово
дом	семья	картина	посольство
магазин	дверь	ручка	государство
океан	нож	сумка	дело
зонт	ключ	улица	предложение
театр	словарь	девушка	упражнение
подарок	врач	страница	задание
герой	этаж	школа	занятие
музей		почта	армия
трамвай			

22 **Узнайте о количестве объектов (предметов), которые вас интересуют. (Используйте слова из упр. 21.)**

Образец: Сколько книг вы взяли в библиотеке?
            Сколько магазинов на этой улице?
            Сколько государств в Западной Европе?

23 **а) Задайте вопросы своим друзьям.**

1. Сколько человек в вашей семье?
2. Сколько у вас братьев и сестёр?
3. Сколько комнат в вашем доме (в вашей квартире)?
4. Сколько этажей в вашем общежитии?
5. Сколько у вас друзей и подруг?
6. Сколько студентов в вашей группе?
7. Сколько преподавателей в вашей группе?
8. Сколько предметов вы изучаете сейчас?
9. Сколько предметов вы изучали в школе?

б) Скажите, что вы узнали.

24

а) Прочитайте интересную информацию. Ответьте на вопросы:

1. Ско́лько ученико́в в са́мой большо́й шко́ле в ми́ре?
2. Ско́лько слов запо́мнил молодо́й челове́к из Ерева́на? Ско́лько он сде́лал оши́бок в дикта́нте?
3. У како́го молодо́го челове́ка о́чень хоро́шая па́мять?
4. Кака́я интере́сная тради́ция существу́ет в Росси́и?

Са́мая больша́я шко́ла в ми́ре нахо́дится в И́ндии, в Калькутте. В э́той шко́ле у́чится 12 350 (двена́дцать ты́сяч триста́ пятьдеся́т) ученико́в.

В 1990 году́ в моско́вском изда́тельстве «Прогре́сс» проходи́л необы́чный экспериме́нт. Молодо́й челове́к из Ерева́на прочита́л и запо́мнил 1000 (ты́сячу) слов из 10 (десяти́) языко́в ми́ра. Зате́м он написа́л дикта́нт, в кото́ром сде́лал то́лько 40 оши́бок.

По сообще́нию кита́йского аге́нтства «Синьхуа́», молодо́й челове́к из Харби́на по́мнит 15 000 номеро́в телефо́нов.

В Росси́и есть ста́рая тради́ция — провожа́ть зи́му и встреча́ть весну́. В э́то вре́мя лю́ди гото́вят ру́сское национа́льное блю́до — блины́. В ма́рте 2002 го́да в це́нтре Москвы́ приго́то́вили са́мый большо́й блин — 150 м² (квадра́тных ме́тров). Для приготовле́ния э́того блина́ испо́льзовали мно́го проду́ктов: 2500 яи́ц, 150 килогра́ммов муки́, 300 ли́тров молока́, 60 килогра́ммов са́хара и 1,5 (полтора́) килогра́мма со́ли.

б) Найдите рецепт русских блинов. (Какие продукты нужно взять, чтобы приготовить русские блины?)

в) Какая информация вас заинтересовала? Почему?

г) А какие интересные факты знаете вы? Расскажите о них.

25

а) Прочитайте и восстановите текст. (Поставьте существительные в скобках в нужной форме.)

Ре́дкие музе́и

Зна́ете ли вы, что в ми́ре существу́ет мно́го (музе́й)? Есть необы́чные, ре́дкие и о́чень интере́сные музе́и. Наприме́р, в Москве́ на Ма́лой Дми́тровке нахо́дится уника́льный Музе́й (ку́кла). Хозя́йка э́того музе́я худо́жница Ю́лия Вишне́вская расска́зывает, что в её колле́кции 5 (ты́сяча) (экспона́т). Когда́ вы прихо́дите в э́тот музе́й, вы попада́ете в мир де́тства.

В Герма́нии, в Берли́не есть Музе́й (соба́ка). В (э́тот музе́й) мо́жно уви́деть мно́го (скульпту́ры) (соба́ка) из де́рева, мета́лла и кера́мики.

А в Голла́ндии, в Амстерда́ме нахо́дится Музе́й (ко́шка). Э́тот музе́й со́здал голла́ндец Ро́берт Ма́йер в 1990 году́, когда́ у́мер его́ люби́мый ры́жий кот. В Москве́ то́же есть Музе́й (ко́шка). Э́то и поня́тно, потому́ что лю́ди всегда́ люби́ли (ко́шка) и (соба́ка), но они́ никогда́ не люби́ли (мышь). Одна́ко в Росси́и на Во́лге есть стари́нный го́род Мы́шкин, и в э́том го́роде есть еди́нственный в ми́ре Музе́й (мышь). 48 стран подари́ли мно́го (мышь) э́тому музе́ю. Коне́чно, э́то бы́ли не живы́е (мышь), а игру́шки.

Осо́бенно лю́бят музе́и жи́тели Герма́нии. Куда́ мо́жно пойти́ в суббо́ту и́ли в воскресе́нье, е́сли на у́лице дождь? Коне́чно, лю́ди иду́т в музе́й. В Неме́цком музе́е те́хники в Берли́не мо́жно посмотре́ть интере́сные экспона́ты XVII–XX (век): здесь мно́го (велосипе́д, автомоби́ль, маши́на, ваго́н, парово́з) и да́же не́сколько (самолёт). В колле́кции музе́я есть ре́дкий экспона́т 1820 го́да — велосипе́д из де́рева. Его́ вес — 26 (килогра́мм).

В ми́ре постоя́нно растёт коли́чество (музе́й). Уже́ существу́ют музе́и (фотоаппара́т, зо́нтик, ча́йник, ру́чка, часы́, очки́, пода́рок).

б) Прочитайте текст ещё раз и ответьте на вопросы:

1. Объясни́те, почему́ текст так называ́ется?
2. Скажи́те, что вы узна́ли, каки́е музе́и существу́ют в ми́ре?
3. В како́й из э́тих музе́ев вы хоти́те пойти́? Почему́?
4. Каки́е музе́и существу́ют в ва́шей стране́?
5. В како́м музе́е Москвы́ вы уже́ бы́ли?
6. Зна́ете ли вы, что есть Музе́й са́хара? Вы хоти́те пойти́ в э́тот музе́й?
7. Как вы ду́маете, что там мо́жно уви́деть?

26 **а) Посмотрите на портреты. Прочитайте краткую информацию об этих людях.**

1. Мари́я Петро́вна — домохозя́йка. Всё свобо́дное вре́мя она́ отдаёт до́му, семье́. У неё о́чень тала́нтливые де́ти. Она́ наде́ется, что её ста́рший сын бу́дет худо́жником, а мла́дший — музыка́нтом.

2. Оле́г око́нчил биологи́ческий факульте́т МГУ. Сейча́с он у́чится в аспиранту́ре и серьёзно рабо́тает над диссерта́цией.

3. Мари́на — студе́нтка. Она́ у́чится в МГУ на факульте́те журнали́стики. Она́ лю́бит чита́ть, слу́шать му́зыку, изуча́ет иностра́нные языки́.
У неё соверше́нно нет свобо́дного вре́мени.

4. А́нна о́чень лю́бит совреме́нную му́зыку. Она́ ча́сто хо́дит в клу́бы на конце́рты популя́рной му́зыки. У А́нны есть друг. Они́ познако́мились в клу́бе на конце́рте гру́ппы «Пролета́рское та́нго».

5. И́горь — о́чень пунктуа́льный челове́к. Он всегда́ плани́рует своё вре́мя, поэ́тому он никогда́ не опа́здывает сам и не лю́бит, когда́ опа́здывают други́е.

6. О́льга Ива́новна — пенсионе́рка, но у неё нет свобо́дного вре́мени, потому́ что она́ о́чень лю́бит смотре́ть телеви́зор, слу́шать му́зыку, чита́ть газе́ты и журна́лы, а та́кже писа́ть пи́сьма в реда́кцию газе́ты «Моя́ семья́».

7. Михаи́л Ви́кторович — пенсионе́р. У него́ есть бли́зкий друг. Они́ дру́жат уже́ мно́го лет и ча́сто встреча́ются, потому́ что у них есть о́бщие интере́сы. Они́ о́ба коллекционе́ры.

8. Ната́ша и Анто́н пожени́лись в про́шлом году́. У них молода́я, но о́чень дру́жная семья́. Всё своё свобо́дное вре́мя они́ прово́дят вме́сте. Они́ лю́бят смотре́ть телеви́зор, быва́ть на конце́ртах и петь люби́мые пе́сни.

б) Прочитайте письма, которые написали эти люди в редакцию газеты «Моя семья». Скажите, какое письмо написал каждый из этих людей. Почему вы так думаете?

Письмо́ 1. У моего́ ста́рого дру́га о́чень интере́сное хо́бби. Он собира́ет откры́тки. В колле́кции моего́ дру́га есть ре́дкие откры́тки девятна́дцатого ве́ка. Пя́того декабря́ у моего́ дру́га день рожде́ния. Я хочу́ сде́лать ему́ хоро́ший пода́рок. Скажи́те, где я могу́ купи́ть стари́нные откры́тки?

Письмо́ 2. У мое́й но́вой подру́ги никогда́ нет свобо́дного вре́мени. Она́ мне о́чень нра́вится, но мы с ней ча́сто ссо́римся, потому́ что она́ всегда́ опа́здывает на свида́ния. В суббо́ту я ждал её о́коло Большо́го теа́тра це́лый час. Мо́жет быть, нам расста́ться? Как вы ду́маете?

Письмо́ 3. Я слы́шала, что у изве́стной музыка́льной гру́ппы «Отава Ё» вы́шел но́вый музыка́льный клип. «Отава Ё» — люби́мая гру́ппа моего́ дру́га. Скажи́те, пожа́луйста, где и когда́ бу́дет презента́ция но́вого музыка́льного кли́па э́той гру́ппы?

Письмо́ 4. У меня́ два сы́на. Мой ста́рший сын у́чится в худо́жественном учи́лище, кото́рое нахо́дится недалеко́ от на́шего до́ма. Все говоря́т, что у моего́ ста́ршего сы́на большо́й тала́нт. Он о́чень хорошо́ рису́ет. У моего́ мла́дшего сы́на о́чень хоро́ший го́лос и прекра́сный музыка́льный слух. Он о́чень лю́бит му́зыку. Все говоря́т, что ему́ на́до учи́ться в музыка́льной шко́ле. Но вот беда́, в на́шем райо́не нет музыка́льной шко́лы. Посове́туйте, что нам де́лать в э́той ситуа́ции?

Письмо 5. Мы с мýжем óчень любим певицу Диáну Арбéнину. У неё приятный голос. Нам нрáвится слýшать и петь её пéсни. Однáжды мы были на концéрте Диáны Арбéниной и дáже получили автóграф нáшей любимой певицы. Óчень хотим ещё раз увидеть и услышать Диáну. Мы с удовóльствием смóтрим все концéрты по телевизору, но, к сожалéнию, в послéднее врéмя онá нигдé не выступáет. Скажите, пожáлуйста, что случилось?

Письмо 6. Здáние Российской госудáрственной библиотéки закрыто на ремóнт. Скажите, пожáлуйста, когдá глáвная библиотéка нáшей страны начнёт рабóтать? Я пишý диссертáцию и óчень хочý занимáться в этой библиотéке, так как там мóжно получить всю необходимую мне нaýчную литератýру.

в) Газета «Моя семья» отвечает на письма своих читателей. Прочитайте эти письма и скажите, какой ответ на своё письмо получил каждый из этих людей?

А. Презентáция нóвого клипа популярной музыкáльной грýппы «Отава Ё» бýдет 8 декабря в Москóвском дворцé молодёжи на Комсомóльском проспéкте. Билéты мóжно купить в кáссе.

Б. У популярной российской певицы Диáны Арбéниной родились сын и дóчка. Редáкция нáшей газéты поздравляет Диáну с рождéнием сына и дóчки и желáет ей хорóшего здорóвья и большóго счáстья. Сейчáс Диáна чýвствует себя хорошó и скóро снóва выйдет на сцéну.

В. Старинные открытки XIX-ого вéка, открытки начáла и середины XX-ого вéка мóжно купить в любóм букинистическом магазине Москвы. Коллекционéры óчень любят букинистический магазин на Стáром Арбáте. Óпытные продавцы помóгут вам выбрать хорóший подáрок.

Г. Éсли ваш ребёнок хóчет занимáться мýзыкой, а в вáшем райóне нет музыкáльной шкóлы, совéтуем вам найти хорóшего преподавáтеля и брать чáстные урóки мýзыки для вáшего ребёнка.

Д. Éсли вы любите вáшу подрýгу, мы не совéтуем вам расставáться с ней. Все дéвушки опáздывают на свидáния!

Е. Действительно, здáние Российской госудáрственной библиотéки сейчáс на ремóнте. К сожалéнию, у нас нет информáции, когдá библиотéка начнёт рабóтать.

27 **Напишите письмо в газету «Моя семья».**
(О чём вы хотите спросить или узнать?
О чём вы хотите рассказать?)

1. Сложное предложение со словом «который» в родительном падеже (2)

Прочитайте предложения и объясните, почему меняется форма слова который, от чего это зависит?

Это **мой друг**. **Моего друга** сегодня не было на уроке.

▼

Это мой друг, **которого** сегодня не было на уроке.

Это **мой старший брат**. **У моего брата** большая семья.

▼

Это мой старший брат, **у которого** большая семья.

У моего друга есть **книга**. **Этой книги** нет в библиотеке.

▼

У моего друга есть **книга**, **которой** нет в библиотеке.

Я поеду к **подруге**. **У моей подруги** сегодня день рождения.

▼

Я поеду к **подруге**, **у которой** сегодня день рождения.

28 **Составьте свои предложения. (Возможны варианты.)**

Образец: Книга | ..., которой нет в нашей библиотеке.

Я ищу книгу, которой нет в нашей библиотеке.
Я купил книгу, которой нет в нашей библиотеке.
Мы говорим о книге, которой нет в нашей библиотеке.

1. Журнал   ..., которого не было в киоске.
2. Друг   ..., у которого есть хороший компьютер.
3. Город   ..., из которого приехали мои знакомые.
4. Брат   ..., от которого я получил отличный подарок.
5. Деревня   ..., которой нет на карте.
6. Подруга   ..., у которой есть две сестры.
7. Экскурсия   ..., с которой пришли мои родители.
8. Девушка   ..., от которой мой брат получает письма.

29 **Соедините предложения с помощью слова который.**

1. Утром я видел своего друга. **Моего друга** не было вчера в университете.
2. Я хочу купить сумку. **Этой сумки** нет в этом магазине.
3. Вот фотография моего друга. **От этого друга** я получил вчера письмо.
4. Антон ходил в кино с другом. **У него** был лишний билет.
5. Я хочу поздравить свою подругу. **У моей подруги** скоро будет свадьба.
6. Я ещё не смотрел этот спектакль. **С этого спектакля** сейчас вернулись мои друзья.
7. Иван напишет статью о выставке. **С этой выставки** он пришёл час назад.
8. Мне нужно поздравить свою младшую сестру. **От неё** я получил красивую открытку.

2. Сложное предложение. Выражение желания

«Я так хочу́, что́бы ле́то не конча́лось...»

(И. Резник)

> **S + хочу́ + что (с)де́лать?**

Я хочу́ поступи́ть в университе́т.
Я хоте́л получи́ть вы́сшее образова́ние.

> **S₁ + хочу́, что́бы S₂ + сде́лал (-а, -и)**

Я хочу́, что́бы мой **друг** поступи́л в университе́т.
Мой **оте́ц** хоте́л, что́бы **я** получи́л вы́сшее образова́ние.

30 **а) Как вы скажете, если хотите, чтобы ваш друг сделал то же, что и вы? (Объясните почему.)**

Образец:

Я хочу́ прие́хать в Москву́.

▼

Я хочу́, что́бы моя́ подру́га то́же прие́хала в Москву́, потому́ что она́ давно́ хоте́ла посмотре́ть э́тот го́род.

Я хочу́...
- посмотре́ть но́вый фильм.
- прочита́ть но́вый рома́н Татья́ны Толсто́й.
- пое́хать отдыха́ть на мо́ре.
- хорошо́ сдать экза́мены.
- купи́ть большо́й слова́рь.
- в суббо́ту пойти́ в теа́тр.
- пригласи́ть свою́ сестру́ на ве́чер.
- сфотографи́ровать интере́сные па́мятники в Москве́.

б) Скажите, чего вы не хотите. (Объясните почему.)

Образец:

Я не хочу́, что́бы моя́ подру́га уе́хала из Москвы́, потому́ что нам интере́сно вме́сте.

3. Сложное предложение. Цель

зачем? с какой целью? чтобы ...

Я приехал в Новгород, **чтобы посмотреть** город.

S + P, чтобы + что (с)делать?

Я приехал в Новгород к старому другу, **чтобы** он **показал** мне свой родной город.

$S_1 + P_1$, чтобы $S_2 + P_2$ (-л, -ла, -ли)

31 **Объясните цель действий этих людей. (Соедините части А и Б.)**

А

1. Николас едет в Россию,

2. Родные и друзья пришли на вокзал,

3. Мама подарила Николасу мобильный телефон,

4. Папа подарил своему сыну часы,

5. Бабушка принесла любимому внуку тёплый шарф,

6. Дедушка принёс свой старый фотоаппарат,

7. Любимая подруга подарила Николасу свою фотографию,

8. Друг принёс футбольный мяч,

Б

чтобы Николас занимался спортом.

чтобы внук сфотографировал интересные памятники в Москве.

чтобы он не забывал её в России.

чтобы проводить его.

чтобы он не болел в России.

чтобы он звонил домой каждую неделю.

чтобы он никогда не опаздывал на занятия.

чтобы изучать русский язык.

32 **a) Прочитайте предложения.**
На какие вопросы ответил этот человек?

Образец:

Заче́м (с како́й це́лью?) э́тот челове́к прие́хал в Росси́ю?

1. Я прие́хал в Росси́ю, **что́бы получи́ть** образова́ние.
2. Я хочу́ получи́ть образова́ние, **что́бы найти́** хоро́шую рабо́ту.
3. Я бу́ду мно́го рабо́тать, **что́бы зарабо́тать** мно́го де́нег.
4. Я хочу́ зарабо́тать мно́го де́нег, **что́бы путеше́ствовать.**
5. Я хочу́ путеше́ствовать, **что́бы уви́деть** весь мир.
6. Я хочу́ уви́деть весь мир, **что́бы бо́льше** знать.

33 **Восстанови́те предложения. Поставьте глагол в нужной форме.**

1. Оте́ц купи́л те́ннисную раке́тку,
чтóбы ... в те́ннис.   игра́ть

2. Оте́ц купи́л те́ннисную раке́тку,
чтóбы сын ... в те́ннис.

3. Йра взяла́ журна́л в библиоте́ке, чтóбы ...
но́вый расска́з.   прочита́ть

4. Йра дала́ журна́л свое́й подру́ге, чтóбы
она́ то́же ... э́тот расска́з.

5. Ната́ша купи́ла мя́со и о́вощи,
чтóбы ма́ма ... борщ.   пригото́вить

6. Ната́ша купи́ла ма́сло, муку́ и фру́кты,
чтóбы ... пиро́г.

7. Ни́колас позвони́л своему́ дру́гу Ива́ну,
чтóбы он ... его́ на вокза́ле.   встре́тить

8. Ива́н прие́хал на вокза́л, чтóбы ... Ни́коласа.

34 **а) Прослу́шайте текст и скажи́те, ско́лько лет сы́ну?**

22

Ночно́й звоно́к

Но́чью меня́ разбуди́л телефо́н. Я посмотре́л на часы́. Бы́ло ро́вно 3 часа́
но́чи. Телефо́н звони́л и звони́л.
«Кто э́то так по́здно?» — поду́мал я, взял тру́бку и услы́шал го́лос ма́мы.
— Сыно́к, э́то ты?

— Да, ма́ма, э́то я. Что случи́лось?

— Ничего́. Сего́дня у тебя́ день рожде́ния. Ты по́мнишь?

— Коне́чно, я по́мню. А почему́ ты звони́шь мне так по́здно?

— Я хочу́ поздра́вить тебя́ с днём рожде́ния.

— Ты звони́шь мне в 3 часа́ но́чи, бу́дишь меня́, что́бы поздра́вить с днём рожде́ния?!

— Да, потому́ что 30 лет наза́д ты то́же разбуди́л меня́ в 3 часа́ но́чи. Вот я и звоню́ тебе́, что́бы взять рева́нш.

б) Ответьте на вопросы:

1. С како́й це́лью мать позвони́ла сы́ну так по́здно?

2. Почему́ мать поздра́вила сы́на с днём рожде́ния в три часа́ но́чи?

4. Сложное предложение. Выражение необходимости действия.

> Что́бы + что (с)де́лать?, на́до / ну́жно + что (с)де́лать?

> Что́бы мно́го знать, на́до мно́го учи́ться.
> Что́бы быть здоро́вым, ну́жно занима́ться спо́ртом.

35 Восстановите предложения. (Соедините части А и Б.)

А

1. Что́бы хорошо́ рабо́тать, …

2. Что́бы знать иностра́нный язык, …

3. Что́бы получи́ть студе́нческий биле́т, …

4. Что́бы откры́ть дверь, …

5. Что́бы стать чемпио́ном, …

6. Что́бы узна́ть Москву́, …

7. Что́бы поня́ть нау́чную статью́, …

8. Что́бы име́ть ве́рного дру́га, …

Б

на́до найти́ ключ.

на́до уме́ть дружи́ть.

на́до принести́ фотогра́фию.

на́до уви́деть её свои́ми глаза́ми

на́до говори́ть на э́том языке́.

на́до хорошо́ отдыха́ть.

ну́жно прочита́ть её не́сколько раз.

на́до трениро́ваться ка́ждый день.

36 Скажите, что надо или не надо (с)делать, чтобы выполнить желаемые действия.

Образец:
Чтобы понимать радиопередачи, надо слушать их каждый день, не надо выключать радио.

1. Чтобы хорошо сдать экзамен, надо ...
2. Чтобы не опаздывать на занятия, надо ...
3. Чтобы перевести текст, надо ...
4. Чтобы не болеть, надо ...
5. Чтобы поехать на родину, надо ...
6. Чтобы полететь в космос, надо ...
7. Чтобы стать миллионером, надо ...
8. Чтобы путешествовать, надо ...

37 а) Попросите друга ответить на вопросы:

1. Зачем вы приехали в Россию?
2. С какой целью вы изучаете русский язык?
3. Как вы думаете, зачем нужно изучать иностранные языки?

б) Скажите, что вы узнали. Как вы ответите на эти вопросы. Совпадают ли ваши ответы и ответы вашего друга?

38 В тексте, который вы будете читать, вы встретите новые слова и выражения. Познакомьтесь с ними.

1. Прочитайте предложения. Постарайтесь понять значение выделенных слов. Посмотрите значение выделенных слов в словаре, чтобы проверить, правильно ли вы их поняли.

1. У кого (2) какое **настроение**.
• Сегодня Джон получил письмо от родителей, поэтому у него **прекрасное настроение**.

• Вчера у Анны было **плохое настроение**, потому что она не очень хорошо отвечала на экзамене.

2. соглашаться I —	согласиться II	что (с)делать?
я соглашаюсь	я соглашусь (с/ш)	помочь другу
ты соглашаешься	ты согласишься	написать статью
они соглашаются	они согласятся	
соглашался	согласился	
(-лась, -лись)	(-лась, -лись)	
Соглашайся!	Согласись!	
Соглашайтесь!	Согласитесь!	

согла́сен	был	бу́дет согла́сен
согла́сна	была́	бу́дет согла́сна
согла́сны	бы́ли	бу́дут согла́сны

— А́нна, пойдём сего́дня ве́чером в теа́тр.
— С удово́льствием, Анто́н. Я **согла́сна**.

• А́нна **согласи́лась** пойти́ с Анто́ном в теа́тр.

3. а)

собира́ть I	собра́ть I	что? (4)
я собира́ю	я соберу́	кни́ги
ты собира́ешь	ты соберёшь	ма́рки
они собира́ют	они соберу́т	
собира́л (-а, -и)	собра́л (-а, -и)	

• Коллекционе́ры **собира́ют** ма́рки, откры́тки, моне́ты.

б)

собира́ться	собра́ться	(где?) (6)
мы собира́емся	мы соберёмся	в клу́бе
вы собира́етесь	вы соберётесь	в па́рке
они собира́ются	они соберу́тся	
собира́лись	собрали́сь	

• В воскресе́нье молоды́е лю́ди **собира́ются** в клу́бе. Там они́ пою́т, танцу́ют, разгова́ривают.

4. а)

проводи́ть II	провести́ I	что? (4)
я провожу́ (д/ж)	я проведу́ (ст/д)	ко́нкурс
ты прово́дишь	ты проведёшь	собра́ние
они прово́дят	они проведу́т	экску́рсию
проводи́л (-а, -и)	провёл (-а́, -и́)	

• В нача́ле уче́бного го́да студе́нты и преподава́тели **прово́дят собра́ние**.
• Э́тот экскурсово́д хорошо́ **прово́дит экску́рсии** по Москве́.
• Журна́л «Но́вый мир» **прово́дит ко́нкурс** на лу́чший расска́з.

б)

проводи́ть	провести́	что? (4)
		вре́мя
		кани́кулы
		пра́здники
		ве́чер

• Вчера́ мы с дру́гом бы́ли в теа́тре и посмотре́ли но́вый спекта́кль. Мы прекра́сно **прове́ли вре́мя**.

• Как вы **прово́дите кани́кулы**?

5.

уча́ствовать I (ова/у)	в чём? (6)
я уча́ствую	в ко́нкурсе
ты уча́ствуешь	в ми́тинге
они уча́ствуют	в конфере́нции
уча́ствовал (-а, -и)	в конце́рте

• Студе́нты на́шего университе́та **уча́ствовали** в спорти́вном пра́зднике, кото́рый был на стадио́не «Лужники́». Они́ игра́ли в футбо́л, волейбо́л и те́ннис.
• Журна́л «Но́вый мир» прово́дит ко́нкурс на лу́чший расска́з. В э́том ко́нкурсе **уча́ствуют** молоды́е писа́тели Москвы́.
• Изве́стный ру́сский модель́ер Улья́на Сергие́нко **уча́ствовала** в ко́нкурсе «Мо́да–2017». Она́ показа́ла свою́ но́вую колле́кцию оде́жды.

6. игра́ть — вы́играть у кого? (2)
игра́ть — проигра́ть кому́? (3)
вы́играть ≠ проигра́ть

- В Япо́нии на чемпиона́те ми́ра по футбо́лу кома́нда Брази́лии **вы́играла** у кома́нды Герма́нии со счётом 2:0, а кома́нда Герма́нии **проигра́ла** кома́нде Брази́лии со счётом 0:2.
- Молодо́й писа́тель из Росто́ва **вы́играл** ко́нкурс на лу́чший расска́з.

7.

проси́ть II	попроси́ть II	кого? (4) что (с)де́лать?	
я прошу́ (с/ш)	я попрошу́	бра́та	позвони́ть
ты про́сишь	ты попро́сишь	Та́ню	прие́хать
они про́сят	они попро́сят		
проси́л (-а, -и)	попроси́л (-а, -и)		
	Попроси́(те)!		

Я **прошу́** вас **не опа́здывать** на уро́к.
На Кра́сной пло́щади незнако́мый челове́к **попроси́л** меня́ **сфотографи́ровать его́.**

Сравни́те:

спра́шивать — спроси́ть   кого? (4) / о чём? (6)
проси́ть — попроси́ть   кого? (4) что (с)де́лать?

Спроси́л меня́,
    кого́ я ви́жу?
    кто прие́хал?
    когда́ он прие́хал?
    где она́ жила́?

Попроси́л меня́
    сде́лать...
    купи́ть...
    написа́ть...
    прочита́ть...

- Преподава́тель вошёл в аудито́рию и **спроси́л:** «Кого́ сего́дня нет на уро́ке?»
- Роди́тели ча́сто **спра́шивают** меня́, как я живу́ в Москве́, кто мои́ друзья́, что я де́лаю в свобо́дное вре́мя? Они́ **про́сят** меня́ ча́ще **звони́ть** и **писа́ть** пи́сьма домо́й.

8.

начáться (СВ) ≠ ко́нчиться (СВ)
спекта́кль начался́ ≠ ко́нчился
экску́рсия начала́сь ≠ ко́нчилась
кино́ начало́сь ≠ ко́нчилось
кани́кулы начали́сь ≠ ко́нчились

24 января́ у студе́нтов **начали́сь** кани́кулы.
Кани́кулы **ко́нчились** 10 февраля́.
Фильм **начался́** в 11 часо́в ве́чера.
Фильм **ко́нчился** о́чень по́здно.

2. Прочитайте объяснения и постарайтесь понять новые слова и выражения.

1) **Покло́нная гора́** — э́то ме́сто в Москве́, где нахо́дится па́мятник геро́ям Вели́кой Оте́чественной войны́ (1941–1945 гг.), Музе́й Оте́чественной войны́, прекра́сный парк и фонта́ны.

2) Он **уе́хал на 2 неде́ли** на мо́ре. = Он уе́хал и 2 неде́ли бу́дет отдыха́ть на мо́ре.

а) Прочитайте текст. Скажите, как зовут девушку? Как она узнала телефон Гриши?

Позвони́ мне...

Бы́ло ле́то. У студе́нтов начали́сь кани́кулы. Гри́ша встал ра́но, у него́ бы́ло хоро́шее настрое́ние. Он поду́мал, что тепе́рь у него́ бу́дет мно́го свобо́дного вре́мени, ведь уже́ начали́сь кани́кулы. Гри́ша реши́л пое́хать на Покло́нную го́ру. Там всегда́ собира́лась молодёжь, чтобы́ поката́ться на ро́ликах, а Гри́ша неда́вно купи́л но́вые ро́ликовые коньки́.

В э́то вре́мя позвони́л его́ ста́рый друг и предложи́л ему́ немно́го порабо́тать в фотоателье́. Гри́ша учи́лся на четвёртом ку́рсе худо́жественного факульте́та одного́ моско́вского университе́та, поэ́тому прекра́сно фотографи́ровал.

Гри́ша согласи́лся. «Ла́дно, ро́лики подожду́т. Се́ссию я сдал, впереди́ дли́нные кани́кулы, поката́юсь пото́м!» — поду́мал Гри́ша.

Он пое́хал в центр Москвы́, на у́лицу, где находи́лось фотоателье́, в кото́ром рабо́тал его́ друг. Весь день Гри́ша рабо́тал и о́чень уста́л: ра́зные ли́ца, ста́рые и молоды́е, разгово́ры, вопро́сы, отве́ты. Гри́ша уже́ хоте́л зако́нчить рабо́ту и уйти́ из ма́ленькой ко́мнаты, но в э́то вре́мя пришёл ещё оди́н челове́к.

Э́то была́ де́вушка, ей бы́ло лет семна́дцать. Она́ попроси́ла сфотографи́ровать её для но́вого па́спорта. Гри́ша внима́тельно посмотре́л на де́вушку. Она́ была́ необыкнове́нная, удиви́тельно краси́вая. У неё бы́ло приве́тливое лицо́, больши́е зелёные глаза́ и дли́нные золоты́е во́лосы.

— Почему́ ты так стра́нно смо́тришь на меня́? — спроси́ла де́вушка.

— Потому́ что нельзя́ быть краси́вой тако́й! — Гри́ша спел стро́чку из изве́стной пе́сни. — Ты, наве́рное, фотомоде́ль?

— Нет, коне́чно, — улыбну́лась де́вушка. — Я вообще́ не люблю́ фотографи́роваться.

— А что ты лю́бишь?

— Я люблю́ ката́ться на ро́ликах. Сего́дня вот то́же хоте́ла пойти́ на Покло́нную го́ру. Я там ча́сто ката́юсь.

— Мо́жет быть, пойдём вме́сте?

— Да, коне́чно. Я позвоню́ тебе́...

Когда́ Гри́ша зако́нчил фотографи́ровать, де́вушка вста́ла и бы́стро ушла́.

Фотогра́фии прекра́сной незнако́мки бы́ли гото́вы через два дня́. Но де́вушка не пришла́. Где её иска́ть? Гри́ша не знал ни её и́мени, ни но́мера телефо́на, ни дома́шнего а́дреса. Прошла́ неде́ля, друга́я, де́вушки не́ бы́ло, пото́м фотоателье́ закры́лось на ремо́нт.

Гри́ша взял фотогра́фии де́вушки домо́й и уже́ до́ма сде́лал для себя́ несколько больши́х фотогра́фий. Ка́ждый день он е́здил на Покло́нную го́ру, иска́л де́вушку, чтобы отда́ть ей фотогра́фии, но её там не́ было.

Одна́жды Гри́ша прочита́л в газе́те, что кру́пная фи́рма прово́дит ко́нкурс на лу́чшую рекла́му моби́льного телефо́на. Гри́ша реши́л уча́ствовать в ко́нкурсе. Он сел за свой дома́шний компью́тер и рабо́тал всю ночь, но хоро́шей иде́и не́ было. На столе́ ря́дом с компью́тером лежа́ли фотогра́фии де́вушки. На одно́й фотогра́фии она́ была́ гру́стная, на друго́й весёлая, на тре́тьей — заду́мчивая...

Почему́ она́ не пришла́? И вдруг у него́ родила́сь иде́я — лицо́ де́вушки, моби́льный телефо́н и текст: «Позвони́ мне, позвони́ ...»

Гри́ша вы́играл ко́нкурс. Кру́пное рекла́мное аге́нтство пригласи́ло его́ на рабо́ту. Его́ рекла́му мо́жно бы́ло уви́деть везде́: на у́лице, в метро́, о́коло ста́нций метро́, в це́нтре Москвы́. На Покло́нной горе́ то́же стоя́л огро́мный щит с рекла́мой. Одна́жды поздно́ ве́чером Гри́ша пришёл на Покло́нную го́ру, влез на щит и кра́ской написа́л на рекла́ме но́мер своего́ телефо́на.

Де́сять дней он ждал. Она́ не позвони́ла. Гри́ша на две неде́ли уе́хал отдыха́ть на мо́ре.

Он верну́лся и сра́зу пое́хал в аге́нтство, кото́рое пригласи́ло его́, чтобы нача́ть рабо́тать. Когда́ Гри́ша вошёл, он не пове́рил свои́м глаза́м — незнако́мка была́ там. Она́ то́же уви́дела Гри́шу и подошла́ к нему́.

— Неде́лю наза́д я была́ на Покло́нной горе́, уви́дела свою́ фотогра́фию на рекла́ме и но́мер телефо́на, и вот звоню́ тебе́ с утра́ до́ ночи, а тебя́ нет до́ма, — сказа́ла де́вушка. — По́сле твое́й рекла́мы э́то аге́нтство пригласи́ло меня́ рабо́тать фотомоде́лью.

— Ка́тя! Нам на́до рабо́тать! — закрича́л фото́граф из сосе́дней ко́мнаты.

— Пока́! Я позвоню́ тебе́, — сказа́ла Ка́тя.

— Ну нет! — засмея́лся Гри́ша. — Я так до́лго ждал твоего́ звонка́! Тепе́рь мы бу́дем вме́сте!

40 **Прочита́йте предложе́ния из те́кста. Вы́берите пра́вильный вариа́нт и впиши́те бу́квы в кле́тку.**

А. Пра́вильно   Б. Непра́вильно   В. Э́того нет в те́ксте

1. Гри́ша – студе́нт 4-го ку́рса худо́жественного факульте́та моско́вского университе́та. ☐
2. У Гри́ши бы́ло хоро́шее настрое́ние, потому́ что он купи́л но́вые ро́ликовые коньки́. ☐
3. Гри́ша пое́хал на Покло́нную го́ру, чтобы поката́ться на ро́ликах. ☐
4. Друг Гри́ши то́же у́чится в моско́вском университе́те на худо́жественном факульте́те. ☐

5. Гри́ша о́чень уста́л, потому́ что весь день он рабо́тал в фотоателье́.

6. В фотоателье́ Гри́ша познако́мился с де́вушкой, кото́рая была́ фотомоде́лью.

7. Ве́чером Гри́ша встре́тился с де́вушкой на Покло́нной горе́.

8. На сле́дующий день Гри́ша сде́лал фотогра́фии де́вушки.

9. Де́вушка не пришла́ в фотоателье́, потому́ что она́ уе́хала за грани́цу.

10. Гри́ша уча́ствовал в ко́нкурсе на лу́чшую рекла́му моби́льного телефо́на.

11. В э́том ко́нкурсе уча́ствовали 100 челове́к.

12. На рекла́ме, кото́рую сде́лал Гри́ша, бы́ли три фотогра́фии де́вушки: на пе́рвой она́ была́ гру́стная, на второ́й — весёлая, на тре́тьей — заду́мчивая.

13. Гри́ша вы́играл ко́нкурс, потому́ что на его́ рекла́ме была́ краси́вая де́вушка.

14. Гри́шу пригласи́ли рабо́тать в рекла́мное аге́нтство, потому́ что он вы́играл ко́нкурс на лу́чшую рекла́му.

15. Когда́ Гри́ша пришёл в рекла́мное аге́нтство, что́бы нача́ть рабо́тать, он уви́дел там де́вушку, кото́рую так до́лго иска́л.

41 **а) Расскажите:**

1. Как познако́мились Гри́ша и Ка́тя?
2. Как и где Гри́ша иска́л Ка́тю и как он нашёл её?
3. Как вы ду́маете, что помогло́ Гри́ше сде́лать хоро́шую рекла́му?

б) Как эту историю расскажет Гриша?
Как эту историю расскажет Катя?

в) Какое название вы можете дать тексту? Объясните почему.

Домашнее задание

1

1. Вспомните упражнение 5 на стр. 80. Скажите, почему молодые люди пришли в магазин, чего у них не было?

2

а) Напишите ответы на вопросы по тексту (упр. 39).

1. Почему́ у Гри́ши бы́ло хоро́шее настрое́ние?
2. Почему́ Гри́ша реши́л пое́хать на Покло́нную го́ру?
3. Где учи́лся Гри́ша?
4. Почему́ друг Гри́ши предложи́л ему́ рабо́тать в фотоателье́?
5. Где находи́лось ста́рое фотоателье́?
6. Почему́ Гри́ша уста́л на рабо́те в конце́ дня?
7. Заче́м де́вушка пришла́ в фотоателье́?
8. Кака́я э́то была́ де́вушка?
9. Чем она́ люби́ла занима́ться в свобо́дное вре́мя?
10. О чём Гри́ша договори́лся с де́вушкой?
11. Почему́ Гри́ша не мог отда́ть де́вушке её фотогра́фии?
12. Как он иска́л её?
13. О чём Гри́ша прочита́л в газе́те?

14. Что он реши́л сде́лать?
15. Каку́ю рекла́му сде́лал Гри́ша?
16. Почему́ рекла́мное аге́нтство пригласи́ло Гри́шу на рабо́ту?
17. Где мо́жно бы́ло уви́деть рекла́му Гри́ши?
18. На чём он написа́л но́мер своего́ телефо́на?
19. Кого́ Гри́ша встре́тил в аге́нтстве?

б) Напишите, что вы думаете об этом тексте и его героях.

3   Напишите письма:

а) Вы хоти́те, что́бы ваш мла́дший брат (сестра́) изуча́л иностра́нный язы́к. Напиши́те ему́ (ей) письмо́ и объясни́те, заче́м э́то ну́жно, что э́то даёт челове́ку.

б) Вы хоти́те посове́товать дру́гу (подру́ге) пое́хать на кани́кулы посмотре́ть о́зеро Байка́л в Сиби́ри (на экску́рсию в Санкт-Петербу́рг). Напиши́те ему́ (ей) письмо́ и объясни́те, почему́ вы сове́туете ему́ (ей) пое́хать туда́.

4   Напишите упражнения:

№ 2;
№ 4 в), № 5;
№ 7, № 8;
№ 11 а), б);
№ 12 б), в);
№ 13;
№ 14 б);
№ 18;
№ 19;
№ 20, 21;

№ 22 б); № 23 б), в);
№ 24 а), б);
№ 26;
№ 27, № 28;
№ 29 а), б);
№ 30, 31, 32;
№ 34, 35;
№ 36 б);
№ 40 а), б).

УРОК 4 четвертый

I. Фонетическая зарядка

Пойте!

а о у э ы и

1 Слушайте, повторяйте, читайте.

23

а) нет моби́льного телефо́на
нет персона́льного компью́тера
не́ было большо́го аквапа́рка
не́ было косми́ческой раке́ты
не́ было цветно́го телеви́зора
не́ было свобо́дного вре́мени
не бу́дет откры́того бассе́йна
не бу́дет но́вого автомоби́ля
не бу́дет прести́жной рабо́ты

б) прие́хал из Се́верной А́фрики
пришёл из Большо́го теа́тра
уе́хал из Ю́жной Аме́рики
уе́хал из Се́верного Кита́я
прилете́л с Да́льнего Восто́ка
получи́л письмо́ от своего́ ста́ршего бра́та
получа́ю пи́сьма от свое́й мла́дшей сестры́
получа́ю де́ньги от роди́телей
получи́л эсэмэ́ску от шко́льного дру́га

в) Посмотри́те, вот зда́ние Большо́го теа́тра.
Слу́шайте! Э́то Пе́рвый конце́рт Чайко́вского.
Посмотри́те, э́то карти́на ру́сского худо́жника.
Вот кни́га изве́стной ру́сской писа́тельницы Татья́ны Толсто́й.

г) 11.05.1992 — роди́лся
01.09.1999 — поступи́л в шко́лу
30.05.2010 — око́нчил шко́лу
10.10.2011 — прие́хал в Росси́ю
25.06.2016 — е́здил на Олимпиа́ду
15.03.2017 — жени́лся
19.12.2017 — вы́шла за́муж

д) мно́го у́лиц
мно́го трамва́ев
мно́го школ
мно́го библиоте́к
ма́ло студе́нтов
ма́ло де́нег
ско́лько авто́бусов
ско́лько книг
ско́лько зда́ний
не́сколько музе́ев
не́сколько вопро́сов
не́сколько пи́сем

е) Вот дом, кото́рый был...
Вот дом, в кото́ром жил...
Вот дом, кото́рому мно́го лет.
Вот дом, кото́рого не́ было...
Вот дом, кото́рый мне нра́вится.

ж) прие́хал, чтобы учи́ться...
пришёл, чтобы сказа́ть...
пришёл, чтобы взять кни́ги...
пошёл в магази́н, чтобы купи́ть хлеб...
чтобы знать, ну́жно учи́ться...
чтобы по́мнить, ну́жно повторя́ть...

2 **Слушайте и повторяйте. Запомните последнее предложение и запишите его. Продолжите высказывание.**

...я получи́л... ⇨
Я получи́л откры́тку. ⇨
Я получи́л краси́вую откры́тку. ⇨
Я получи́л краси́вую поздрави́тельную откры́тку. ⇨
На день рожде́ния я получи́л краси́вую поздрави́тельную откры́тку. ⇨
На день рожде́ния я получи́л краси́вую поздрави́тельную откры́тку из Фра́нции. ⇨
На день рожде́ния я получи́л краси́вую поздрави́тельную откры́тку из Фра́нции от своего́ дру́га. ⇨
На день рожде́ния я получи́л краси́вую поздрави́тельную откры́тку из Фра́нции от своего́ ста́рого дру́га. ... ⇨

...на́ша гру́ппа е́здила... ⇨
На́ша гру́ппа е́здила на экску́рсию. ⇨
На про́шлой неде́ле на́ша гру́ппа е́здила на экску́рсию. ⇨
На про́шлой неде́ле на́ша гру́ппа е́здила на авто́бусную экску́рсию. ⇨
На про́шлой неде́ле на́ша гру́ппа е́здила на интере́сную авто́бусную экску́рсию. ⇨
На про́шлой неде́ле на́ша гру́ппа е́здила на интере́сную авто́бусную экску́рсию во Влади́мир. ⇨
На про́шлой неде́ле на́ша гру́ппа е́здила на интере́сную авто́бусную экску́рсию во Влади́мир, что́бы посмотре́ть го́род. ⇨
На про́шлой неде́ле на́ша гру́ппа е́здила на интере́сную авто́бусную экску́рсию во Влади́мир, что́бы посмотре́ть э́тот го́род. ⇨
На про́шлой неде́ле на́ша гру́ппа е́здила на интере́сную авто́бусную экску́рсию во Влади́мир, что́бы посмотре́ть э́тот стари́нный ру́сский го́род. ... ⇨

II. Поговорим

1 **Прослушайте диалоги, задайте аналогичные вопросы своим друзьям.**

— Где ты отдыха́л ле́том?
— У своего́ ста́ршего бра́та в Ки́еве.

— Отку́да вы прие́хали?
— Из Кита́я, из ма́ленького го́рода недалеко́ от столи́цы.

— Скажи́те, пожа́луйста, кака́я э́то пло́щадь?
— Э́то пло́щадь Пу́шкина.

— Ско́лько челове́к в ва́шей гру́ппе?
— 10 челове́к.

— Когда́ вы роди́лись?
— 12 ноября́ 1995 го́да.

— Вы не зна́ете, чей э́то уче́бник?
— Э́то уче́бник на́шего преподава́теля.

— Когда́ у нас бу́дут экза́мены?
— В середи́не ию́ня.

— Заче́м ты идёшь в посо́льство?
— Что́бы получи́ть ви́зу.

2 Как вы ответите? (Возможны варианты.)

— От кого́ ты вчера́ получи́л письмо́?
— ...

— Зачём ты у́чишь япо́нский язы́к?
— ...

— Почему́ ты хо́чешь уйти́ домо́й так ра́но?
— ...

— Отку́да ты вчера́ так по́здно верну́лся?
— ...

— Каки́е уче́бники тебе́ ну́жно взять в библиоте́ке?
— ...

— Когда́ у тебя́ день рожде́ния?
— ...

3 Как вы спросите? (Возможны варианты.)

— ...?
— Нет, у меня́ нет ли́шней ру́чки.

— ...?
— Это ве́щи моего́ дру́га.

— ...?
— Это фотогра́фия Моско́вского Кремля́.

— ...?
— Что́бы купи́ть проду́кты.

— ...?
— От своего́ ста́ршего бра́та.

— ...?
— Я взял э́ту кни́гу у дру́га.

Учиться всегда пригодится

Дательный падеж (3) имён существительных с местоимениями и прилагательными
(единственное число)

«...Го́споди, дай же ты ка́ждому, чего́ у него́ нет:
Глу́пому дай го́лову, трусли́вому дай коня́,
Дай же счастли́вому де́нег и не забу́дь про меня́».
Б. Окуджа́ва

1.

кому́?	како́му?
	како́й?

ПОЗВОНИТЕ
СВОЕМУ СТАРОМУ ДРУГУ

2.

кому́? (3)	на́до / ну́жно	что (с)де́лать?
кому́? (3)	ну́жен (-а́, -о, -ы́)	кто?/что? (1)

Э́тому челове́ку ну́жно бро́сить кури́ть.
Ему́ ну́жен спорт.

3. кому́? как?

Э́тому ма́льчику ве́село
и интере́сно.

4.

идти́ подойти́	куда́? к кому́?		к како́му?
		к чему́?	к како́й?

В кани́кулы Джон пое́дет в го́сти к своему́
ру́сскому дру́гу.

Тури́сты подошли́ к Большо́му теа́тру
и сфотографи́ровали его́.

5.

идти́ гуля́ть	где?	по како́му? / по како́й?

Иностра́нные тури́сты лю́бят гуля́ть по Тверско́й у́лице.

6. какой?/ кака́я?

В э́том журна́ле есть интере́сная статья́ по ру́сскому иску́сству.

В библиоте́ке вы мо́жете взять уче́бник по ру́сской литерату́ре.

1. Дательный падеж (3). Адресат

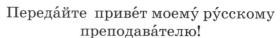

Переда́йте приве́т моему́ ру́сскому преподава́телю!

Ско́ро Но́вый год. Ну́жно купи́ть пода́рки моему́ ру́сскому дру́гу, мое́й люби́мой де́вушке, мое́й дорого́й ба́бушке, моему́ ста́рому де́душке, мое́й люби́мой тёте...

Посмотрите таблицу 1. Дополните таблицу своими примерами.
(Составьте свои предложения по данным образцам.)

Таблица 1.

какóй? (1)	какóму? (3)			ему
Это мой стáрый хорóший друг.	дал подари́л купи́л объясни́л	своемý стáрому хорóшему	дрýгу	-ому/-ему **-у/-ю**
какáя? (1)	**какóй? (3)**			**ей**
Это моя́ сáмая бли́зкая подрýга.	посовéтовал обещáл позвони́л помóг	своéй сáмой бли́зкой	подрýге	-ой/-ей **-е/-и**

1 **а) Прочитайте микротексты и быстро найдите ответы на следующие вопросы:**

1. Комý Мари́на Цветáева написáла мнóго пи́сем из Прáги?
2. Какóму режиссёру испóлнилось 60 лет?
3. Комý А.С. Пýшкин посвяти́л стихотворéние «Мадóнна?»

посвящáть I	посвяти́ть II что? (4) кому́? (3)
посвящáл (-а, -и)	посвяти́л стихи́ женé (-а, -и)

кому́? (3)	исполня́ется испóлнилось испóлнится	скóлько лет?

В октябрé 1830 гóда А.С. Пýшкин жени́лся на пéрвой красáвице Москвы́ Натáлье Гончарóвой. Он был счáстлив и посвяти́л своéй люби́мой женé мнóго стихóв. Однó из них называ́ется «Мадóнна».

В 1922 годý рýсский поэ́т Мари́на Цветáева уéхала из Росси́и. Нéсколько лет онá жилá в Прáге. Онá óчень люби́ла Прáгу, э́тот краси́вый европéйский гóрод. Но все её друзья́ жи́ли в Росси́и, и онá чáсто писáла им пи́сьма. Своемý хорóшему дрýгу извéстному поэ́ту Бори́су Пастернáку Мари́на Цветáева написáла из Прáги почти́ 100 пи́сем.

В москóвском Теáтре им. Вахтáнгова недáвно был прáздник. Извéстному росси́йскому режиссёру Ри́масу Тýминасу испóлнилось 60 лет. Арти́сты теáтра поздрáвили егó и пожелáли своемý люби́мому режиссёру здорóвья, счáстья и любви́.

б) Скажите, что вы узнали? Какую новую информацию вы получили?
Что вы знали раньше об этих людях?

2

а) Расширьте словосочетания, уточните информацию.
(Используйте слова справа.)

Образец: позвони́ть **сестре́**   ▶   позвоню́ ста́ршей сестре́

сказа́ть дру́гу пра́вду
написа́ть письмо́ ба́бушке
отда́ть кни́ги подру́ге
купи́ть пода́рок жене́
подари́ть цветы́ де́вушке
позвони́ть бра́ту
пригото́вить за́втрак му́жу
рассказа́ть ска́зку ребёнку
обеща́ть сестре́ позвони́ть

хоро́ший
ста́рший
мла́дший
дорого́й
люби́мый
бли́зкий
ма́ленький
большо́й
но́вый
ста́рый

б) Напишите предложения с этими словосочетаниями.

3   **Восстановите информацию в части А и найдите её продолжение**
в части Б. (Слова в скобках поставьте в нужной форме.)

А

1. Молодо́й челове́к помо́г
(пожила́я же́нщина) ...

2. Изве́стный режиссёр предложи́л
(молода́я актри́са) ...

3. Незнако́мый челове́к объясни́л
(иностра́нный тури́ст), ...

4. Сын обеща́л (...мать и ...оте́ц) ...

5. Изве́стный писа́тель посвяти́л но́вый
рома́н (ста́ршая сестра́), ...

6. Родны́е и друзья́ пожела́ли
(косми́ческий тури́ст) ...

7. Прави́тельство Москвы́ подари́ло
(молодёжный теа́тр) зда́ние, ...

8. Преподава́тель посове́товал
(но́вый студе́нт) ...

Б

кото́рую он о́чень люби́л.

звони́ть домо́й ка́ждую неде́лю.

занима́ться в лингафо́нном кабине́те.

кото́рое нахо́дится в це́нтре Москвы́.

как дое́хать до Мане́жной пло́щади.

нести́ тяжёлые ве́щи.

сыгра́ть но́вую роль в кино́.

уда́чного полёта и мя́гкой поса́дки.

Местоимение «свой» в дательном падеже (3)

	какому другу?	какой подруге?
Я подарил книгу	своему (моему)	своей (моей)
Ты подарил книгу	своему (твоему)	своей (твоей)
Мы подарили книгу	своему (нашему) другу	своей (нашей) подруге
Вы подарили книгу	своему (вашему)	своей (вашей)
Он подарил книгу Она подарила книгу Они подарили книгу	своему другу	своей подруге

своему своей	≠	его её их

— Дайте мне, пожалуйста, два букета.
— Кому вы покупаете эти цветы?
— Один букет я подарю своей любимой девушке, а другой — её матери.

! Обратите внимание!

~~СВОЙ~~

Моему другу (3) 20 лет.
Моему другу (3) нравится этот фильм.
Моему другу (3) надо заниматься спортом.

Я написал письмо своему (моему) другу (3).
Антон идёт в гости к своему другу (3).

4 Скоро праздники — Рождество и Новый год. Кому вы хотите послать письма, открытки, сообщения? Кому вы хотите позвонить? Что вы хотите пожелать этим людям?

Образец: Я хочу послать красивую открытку **своей** маме
и пожелать ей здоровья и хорошего настроения.

папа — мама
дедушка — бабушка
брат — сестра
дядя — тётя
жених — невеста
близкий друг (подруга)
дальний родственник
(родственница)
хороший знакомый (знакомая)
первый учитель
директор, декан

хорошее настроение
крепкое здоровье
большое счастье
большая любовь
успехи в работе (учёбе)

Я хочу, чтобы песни звучали,
Чтоб вином наполнялся бокал.
Чтоб друг другу мы все пожелали
То, что я вам сейчас пожелал...

Р. Гамзатов

желать I	пожелать I	чего? (2)	кому? (3)
я желаю	я пожелаю	здоровья	маме
ты желаешь	ты пожелаешь		
они желают	они пожелают		
желал (-а, -и)	пожелал (-а, -и)		

5 Что вы посоветуете сделать вашему другу / вашей подруге в следующих ситуациях? (Объясните почему.)

Образец: Моя подруга любит танцевать.   Я посоветую своей подруге пойти в школу танцев, потому что там можно научиться хорошо танцевать.

Мой друг/ моя подруга...

- любит путешествовать
- часто опаздывает
- любит футбол
- часто болеет
- много курит
- много работает и устаёт
- купил(а) лишний билет в кино
- плохо знает компьютер

> **советовать** I что (с)делать?
> **посоветовать** I кому? (3)
> я посоветую   пойти
> ты посоветуешь   купить
> они посоветуют   взять
> посоветовал (-а, -и)
> Посоветуй(те)!

6 **a) Прослушайте диалоги. Скажите, кому можно передать документы? Кому можно сдать деньги?**

26

— Я хочу получить студенческий билет. Скажите, кому я могу передать документы и фотографии?
— Передайте документы нашему секретарю, комната 3.
— Спасибо.

проездной
билет
виза

> **передавать**   что? (4)
> **передать**   кому? (3)

— Наша группа через неделю поедет на экскурсию в Тверь. Кому мы должны сдать деньги?
— Вы можете сдать деньги своему преподавателю.

пойти в театр
в музей
на выставку

> **сдавать**   что? (4)
> **сдать**   кому? (3)

б) Составьте аналогичные диалоги. (Используйте слова справа.)

7 **a) В тексте вы встретите новые слова. Посмотрите значение этих слов в словаре:** выразительный, горе, радость, икона, чудодейственная (икона), премия, очерк, выздоравливать / выздороветь, беречь / сберечь.

б) Прочитайте текст. Скажите, когда и с кем встретилась Анна Ахматова в Париже?

А́нна Ахма́това

Анна Ахматова
(1889–1966)

А́нна Ахма́това — я́ркая звезда́ ру́сской поэ́зии. Её стихи́ зна́ют и лю́бят все лю́ди в Росси́и.

Пе́рвая кни́га стихо́в А́нны Ахма́товой называ́лась «Ве́чер». Э́та кни́га появи́лась в Росси́и в 1912 году́, когда́ молодо́й поэте́ссе бы́ло то́лько 23 го́да. Э́то была́ молода́я, краси́вая, у́мная, тала́нтливая и уже́ изве́стная поэте́сса, кото́рая писа́ла о любви́. Тала́нтливые компози́торы сочиня́ли му́зыку на её стихи́. Лу́чшие поэ́ты посвяща́ли стихи́ э́той необыкнове́нной же́нщине.

У Ахма́товой бы́ло о́чень краси́вое, вырази́тельное лицо́. Мно́гие изве́стные худо́жники рисова́ли её портре́ты. В Москве́ в Литерату́рном музе́е нахо́дится 200 её портре́тов и фотогра́фий. А в Петербу́рге, где до́лгие го́ды жила́ А́нна Ахма́това, есть её музе́й.

А́нна Ахма́това прожила́ тру́дную, но интере́сную жизнь. У неё всегда́ бы́ло мно́го друзе́й, кото́рые бы́ли ря́дом с ней и в ра́дости, и в го́ре, кото́рые помога́ли ей в са́мые тру́дные мину́ты её жи́зни.

У неё бы́ли друзья́ не то́лько в Росси́и, но и за грани́цей. Наприме́р, знамени́тый италья́нский худо́жник Амаде́о Модилья́ни, кото́рый написа́л са́мый изве́стный портре́т Ахма́товой. А А́нна Ахма́това посвяти́ла своему́ италья́нскому дру́гу о́черк «Амаде́о Модилья́ни», в кото́ром она́ рассказа́ла о свое́й дру́жбе с ним.

*«... И е́сли я умру́, то кто́ же
Мой стихи́ напи́шет вам?...»*

Мно́го стихо́в она́ посвяти́ла своему́ му́жу и дру́гу, изве́стному ру́сскому поэ́ту Никола́ю Гумилёву; своему́ бли́зкому дру́гу, худо́жнику Бори́су Анре́пу; изве́стному англи́йскому учёному, филосо́фу Иса́йе Бе́рлину...

Ахма́това уме́ла люби́ть и дружи́ть. Она́ о́чень люби́ла де́лать пода́рки: она́ дари́ла свои́ стихи́, кни́ги, авто́графы, портре́ты, дороги́е ей ве́щи.

Вот исто́рия двух её пода́рков.

У А́нны Ахма́товой была́ стари́нная ру́сская ико́на, кото́рую ей подари́л муж, когда́ она́ до́лго боле́ла. Ико́на помогла́ А́нне Ахма́товой. Она́ сра́зу почу́вствовала себя́ лу́чше и о́чень ско́ро вы́здоровела. А́нна Ахма́това берегла́ э́ту чудоде́йственную ико́ну.

А когда́ тяжело́ заболе́ла её подру́га, писа́тельница Ири́на Тимоше́вская, А́нна Ахма́това подари́ла э́ту ико́ну свое́й бли́зкой подру́ге. И чудоде́йственная ико́на помогла́ больно́й же́нщине.

В 1914 году́ в Петербу́рге А́нна Ахма́това познако́милась с худо́жником Бори́сом Анре́пом. Они́ о́чень понра́вились друг дру́гу. Была́ зима́. Они́ гуля́ли по холо́дному зи́мнему Петербу́ргу, обе́дали в рестора́не, слу́шали му́зыку, чита́ли друг дру́гу свои́ стихи́... А когда́ Бори́с Анре́п до́лжен был уе́хать за грани́цу, А́нна Ахма́това подари́ла на па́мять своему́ бли́зкому дру́гу о́чень краси́вое кольцо́. Э́то кольцо́ А́нна получи́ла в подарок от своей бабушки. Это было старинное золотое кольцо с бриллиантом.

— Возьмите, — сказала она. — Это вам. Вы уедете. Мы больше не увидимся.

— Я приеду, — сказал он.

В 1916 году Борис Анреп уехал в Англию и больше не вернулся в Россию. Долгие годы он берёг кольцо, которое подарила ему Анна Ахматова. За границей он часто вспоминал о ней. В письме своему близкому другу Борис Анреп писал: «Для меня Анна Ахматова — это вся Россия».

Они встретились через 48 лет в Париже. В 1964 году Анна Ахматова поехала за границу. Известной русской поэтессе дали международную литературную премию в Италии и звание доктора литературы в Англии в Оксфорде, а потом она поехала в Париж, где в это время работал Борис Анреп. Он пришёл, чтобы увидеть Анну Ахматову. Они встретились, вспоминали свою молодость, говорили о литературе, о Петербурге, о друзьях... Это была их последняя встреча.

в) Найдите эту информацию в тексте и ответьте на вопросы:

1. Сколько лет было Анне Ахматовой, когда вышла её первая книга?
2. Как называлась первая книга Анны Ахматовой?
3. Сколько портретов и фотографий Анны Ахматовой находится в Литературном музее?
4. Кто написал самый известный портрет Ахматовой?
5. Когда и где Ахматова познакомилась с художником Борисом Анрепом?
6. В каком году Анна Ахматова поехала за границу?
7. Когда и где была их последняя встреча?

г) Расскажите, что вы узнали из текста:

1. Кому Анна Ахматова посвятила свои стихи, очерки?
2. Кому Анна Ахматова подарила старинную русскую икону и почему?
3. Кому Анна Ахматова подарила своё золотое кольцо и почему?
4. С какой целью Анна Андреевна Ахматова поехала в 1964 году за границу?
5. Почему у Анны Ахматовой было много друзей?

Для тех, кто любит стихи. **Прочитайте стихи А.А. Ахматовой.**

«... И мы сохраним тебя, русская речь,
Великое русское слово.
Свободным и чистым тебя пронесём.
И внукам дадим, и от плена спасём.
                              НАВЕКИ!..»

«...Не будем пить из одного стакана
Ни воду мы, ни сладкое вино,
Не поцелуемся мы утром рано,
А ввечеру не поглядим в окно...»

«...Я друзьям моим сказала:
Горя много, счастья мало, —
И ушла, закрыв лицо;
Потеряла я кольцо...»

«...Широк и жёлт вечерний свет.
Ясна апрельская прохлада.
Ты опоздал на много лет.
И всё-таки тебе я рада...»

2. Дательный падеж (3). Выражение необходимости

Посмотрите таблицу 2. Дополните таблицу своими примерами.
(Составьте свои предложения по данным образцам.)

Таблица 2.

кому? (3)			что (с)делать?
Мне, ему́, нам	на́до /ну́жно		взять уче́бники в библиоте́ке.
Э́тому студе́нту	на́до / ну́жно бы́ло		позвони́ть домо́й.
Э́той студе́нтке	на́до / ну́жно бу́дет		пойти́ к врачу́.

8 **Скажите, что надо / нужно (с)делать этим людям.**
(Соедините части А и Б.)

Образец: Серьёзный студент   сдать экзамен

Э́тому серьёзному студе́нту ну́жно досро́чно сдать экза́мен.

А

иностра́нный тури́ст
ю́ная теннисси́стка
молодо́й журнали́ст
изве́стная фотомоде́ль
безрабо́тный
популя́рная арти́стка
лени́вый студе́нт
больно́й челове́к

Б

пить лека́рства
написа́ть статью́ в газе́ту
пое́хать на гастро́ли
уви́деть Москву́ свои́ми глаза́ми
приня́ть уча́стие в ко́нкурсе красоты́
занима́ться ка́ждый день
мно́го тренирова́ться
найти́ рабо́ту

9 **Скажите, что надо (нужно) (с)делать людям в этой ситуации?**

Образец:

Моя́ подру́га забы́ла до́ма свой уче́бник.

Мое́й подру́ге ну́жно взять э́тот уче́бник в библиоте́ке.

1. У э́той молодо́й хозя́йки нет в до́ме хле́ба.
2. Э́тот студе́нт забы́л до́ма ключи́.
3. У э́того пожило́го челове́ка боли́т нога́.
4. Э́та пожила́я же́нщина о́чень уста́ла.
5. Э́тот иностра́нный студе́нт потеря́л па́спорт.
6. У э́той краси́вой де́вушки слома́лась маши́на.
7. Ваш друг поссо́рился с де́вушкой.
8. Э́та ма́ленькая де́вочка потеря́ла зо́нтик.
9. Мой друг хо́чет пое́хать отдыха́ть, но у него́ нет биле́та.

10 Скажите, что нужно сделать вашему другу (подруге, брату, сестре)? Посоветуйте ему (ей), как это сделать. (Составьте диалоги.)

Образец:

Заказа́ть такси́ ▶ слу́жба такси́
Моему́ дру́гу ну́жно заказа́ть такси́.
Я сове́тую своему́ дру́гу позвони́ть в слу́жбу такси́.
Что́бы заказа́ть такси́, ну́жно позвони́ть в слу́жбу такси́.

1) узна́ть ▶ **позвони́ть**
Когда́ прилета́ет самолёт? справочная «Аэрофло́та»
Как снять кварти́ру? аге́нтство неди́жимости
Когда́ прихо́дит по́езд? железнодоро́жная спра́вочная
телефо́н физи́ческого факульте́та МГУ спра́вочная МГУ 9391000
телефо́н магази́на ГУМ спра́вочная слу́жба Москвы́ 09

2) найти́ ▶ **купи́ть**
рабо́ту газе́ту «Из рук в ру́ки»
програ́мму телеви́дения журна́л «7 дней»
репертуа́р теа́тров журна́л «Досу́г»

3) посла́ть эсэмэ́ску ▶ **включить мобильник, выбрать в меню «Написать сообщение», написать текст и отправить**

Выражение необходимости (нужен, нужна, нужно, нужны)

Сравните:

Мне	ну́жен словарь нужна́ кни́га ну́жно фо́то нужны́ уче́бники		Мне	ну́жно	купи́ть взять получи́ть найти́	слова́рь кни́гу фо́то уче́бники

Посмотрите таблицу 3. Дополните таблицу своими примерами.

Таблица 3.

кому? (3)		кто? / что?(1)
Мое́й подру́ге	ну́жен (был, бу́дет)	преподава́тель му́зыки
Моему́ дру́гу	нужна́ (была́, бу́дет)	но́вая маши́на
Э́тому челове́ку	ну́жно (бы́ло, бу́дет)	тёплое пальто́
На́шему факульте́ту	нужны́ (бы́ли, бу́дут)	совреме́нные компью́теры

Мое́й подру́ге **ну́жен** о́пытный преподава́тель, что́бы научи́ться игра́ть на гита́ре.

На́шему факульте́ту **нужны́** совреме́нные компью́теры, что́бы студе́нты могли́ на них рабо́тать.

11 Восстановите информацию. (Соедините части А и Б.)

Образец:

Ната́ша пло́хо игра́ет в те́ннис, ей ну́жен хоро́ший тре́нер.

А

1. Моя́ сестра́ хо́чет занима́ться му́зыкой ...

2. Джон забы́л, как писа́ть э́то сло́во по-англи́йски ...

3. Когда́ Анто́н заболе́л и у него́ была́ температу́ра, ...

4. Мой брат опа́здывает в аэропо́рт…

5. Моя́ подру́га бу́дет де́лать сала́т ...

6. Мои́ роди́тели хотя́т купи́ть но́вую маши́ну ...

7. Моя́ тётя выхо́дит за́муж ...

8. Когда́ мои́ друзья́ пожени́лись, ...

Б

... бе́лое пла́тье и бе́лые ту́фли

... а́нгло-ру́сский слова́рь

... де́ньги

... маши́на

... преподава́тель му́зыки

... расти́тельное ма́сло

... кварти́ра

... хоро́шее лека́рство

12 Скажите, чего нет у э́тих люде́й? Что им ну́жно? И что им для э́того ну́жно сде́лать?

Образец:

Ви́ктор   но́вый уче́бник   взять

▶ У Ви́ктора нет но́вого уче́бника. Ви́ктору ну́жен э́тот но́вый уче́бник. Ви́ктору ну́жно взять в библиоте́ке э́тот но́вый уче́бник.

1. Анто́н — спорти́вный костю́м — купи́ть
2. Ната́ша — краси́вая ва́за — купи́ть
3. О́льга — большо́й зонт — купи́ть
4. Джон — те́ннисная раке́тка — купи́ть
5. Марк — футбо́льный мяч — взять у дру́га
6. И́горь — шенге́нская ви́за — получи́ть
7. Но́вый студе́нт — студе́нческий биле́т — принести́ фо́то
8. Но́вая студе́нтка — ма́ленькое фо́то — сде́лать

3. Дательный падеж (3). Выражение состояния, чувства

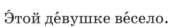

Э́той де́вушке ве́село.

Э́той арти́стке прия́тно получа́ть цветы́.

Посмотрите таблицу 4. Дополните таблицу своими примерами.

Таблица 4.

кому́? (3)			как?	что (с) де́лать?
мне, тебе́, ему́	—		интере́сно	занима́ться
э́тому ребёнку	бы́ло		ве́село	игра́ть в мяч
э́той студе́нтке	бу́дет		легко́	учи́ть слова́

Сравните:

Э́тот тала́нтливый программи́ст создаёт но́вые компью́терные програ́ммы. Ему́ **интере́сно**.	⬌	Э́тому тала́нтливому программи́сту **интере́сно создава́ть** но́вые компью́терные програ́ммы.
Студе́нт реша́л зада́чи на экза́мене. Ему́ **бы́ло тру́дно**.	⬌	На экза́мене э́тому студе́нту **бы́ло тру́дно реша́ть** зада́чи.

13 **Посмотрите на рисунки. Скажите, как чувствуют себя эти люди? Почему? (Используйте подписи к рисункам.)**

скучно

холодно

Образец:

Этому пожило́му челове́ку хо́лодно, потому́ что он до́лго стои́т на остано́вке и ждёт свой авто́бус.

бо́льно

гру́стно

жа́рко

тру́дно

интере́сно

оби́дно

14

а) Найдите антонимы (слова, противоположные по значению).

легко́, хо́лодно, интере́сно, гру́стно, бо́льно,
ве́село, пло́хо, хорошо́, тру́дно, жа́рко, ску́чно, небо́льно

б) В каких ситуациях вы можете использовать данные слова?
(Соедините части А и Б.)

Образец:

Мне интере́сно чита́ть журна́лы о спо́рте.
Моему́ дру́гу ску́чно игра́ть в ша́хматы с компью́тером.

А
кому́? как?

Б
что де́лать?

легко́

изуча́ть иностра́нный язы́к

ве́село

смотре́ть фо́то в Инстагра́ме

води́ть маши́ну

интере́сно

писа́ть стихи́

ску́чно

ката́ться на лы́жах

ката́ться на ро́ликах

жа́рко

сочиня́ть му́зыку

хо́лодно

смотре́ть фи́льмы о любви́

неинтере́сно

встреча́ться с дру́гом

слу́шать о́перу

гру́стно

тру́дно

гуля́ть зимо́й

понима́ть, что говоря́т лю́ди на у́лице

загора́ть на пля́же

провожа́ть дру́га

4. Глаголы движения.
Направление (куда? (4) к кому? (3))

— Ты к како́му врачу́ идёшь?
— К глазно́му.
— А я к зубно́му.

Посмотрите таблицу 5, прочитайте примеры.
(Дополните таблицу своими примерами.)

Таблица 5.

	куда? (4) ➡ 🏠	к кому? (3) ➡ 🧍
1) идти́ – е́хать пойти́ – пое́хать прийти́ – прие́хать	в декана́т	к на́шему дека́ну
	в общежи́тие	к ста́рому дру́гу
	в поликли́нику	к зубно́му врачу́
	куда́? (4) / к чему́? (3)	к кому́? (3)
2) подойти́ – подъе́хать	к Большо́му теа́тру	к свое́й люби́мой арти́стке
	к ста́рому зда́нию	к у́личному худо́жнику
	к но́вой шко́ле	к свое́й пе́рвой учи́тельнице

подойти́ (СВ)	куда́? (4)	подъе́хать (СВ)
я подойду́	к кому́? (3)	я подъе́ду
ты подойдёшь	к чему́? (3)	ты подъе́дешь
они подойду́т		они подъе́дут
подошёл (-а́, -и́)		подъе́хал (-а, -и)
Подойди́(-те)!		Но: подъезжа́й(-те)!

➡ ☐

- На Арба́те моя́ подру́га подошла́ **к у́личному худо́жнику** и попроси́ла сде́лать её портре́т.

- На кинофестива́ле я подошёл **к свое́й люби́мой арти́стке** и взял у неё авто́граф.

- Когда́ мы подъе́хали **к Ки́евскому вокза́лу**, мы по́няли, что опозда́ли и наш по́езд уже́ ушёл.

- Когда́ тури́сты подъе́хали **к Третьяко́вской галере́е**, экскурсово́д ждал их о́коло вхо́да.

Сравните:

Антóн **подошёл** к врачý.
(Антóн стои́т óколо врачá.)

Антóн **пришёл** к врачý.
(Антóн нахóдится в кабинéте врачá.)

Друзья́ **подъéхали** к гóроду.
(Друзья́ нахóдятся недалекó от гóрода.)

Друзья́ **приéхали** в гóрод.
(Друзья́ нахóдятся в гóроде.)

15

Закончите предложения. Опишите эту ситуацию.
(Поставьте словосочетания в скобках в нужной форме.
Используйте глаголы справа.)

Образец: Молодóй человéк подошёл к цветóчному кискý и купи́л
большóй букéт своéй дéвушке.

1. На ýлице иностранец подошёл к (незнакóмый человéк) и ...
2. Мы подошли́ к (наш преподавáтель) и ...
3. В бóулинге Ивáн подошёл к (незнакóмая дéвушка) и ...
4. Я подошёл к (ýличный музыкáнт) и ...
5. Óльга подошлá к (театрáльная кáсса) и ...
6. Тури́сты подошли́ к (Москóвский Кремль) и ...
7. Автóбус подъéхал к (автóбусная останóвка) и ...
8. Студéнты подошли́ к (железнодорóжная кáсса) и ...

пригласи́ть
спроси́ть
попроси́ть
купи́ть
прочитáть
сфотографи́ровать
останови́ться
узнáть

16 **а) Прослушайте диалог. Скажите, Роберт нравится Алёне? Почему вы так думаете?**

Роберт: — Привéт, Алёна! Я так давнó не вúдел тебя́. Мóжно мне прийтú к тебé сегóдня вéчером?

Алёна: — Нет, Рóберт, извинú, но сегóдня вéчером я óчень занята́. Я пойду́ к зубнóму врачу́.

Роберт: — Как жаль, что ты занята́ сегóдня вéчером! А мóжно я приду́ к тебé за́втра?

Алёна: — Нет-нéт, Рóберт, за́втра я ника́к не могу́. За́втра я пойду́ к своéй шкóльной подру́ге в гóсти. Мы ужé давнó договорúлись встрéтиться.

Роберт: — А в суббóту? Ты свобóдна в суббóту?

Алёна: — Нет, Рóберт, в суббóту у меня́ совсéм нет врéмени. В суббóту я поéду в Ростóв к своéй ста́ршей сестрé, у неё родúлся сын.

Роберт: — А как на слéдующей недéле? Мóжно прийтú к тебé в срéду?

Алёна: — Нет, Рóберт. Как раз в срéду я должна́ пойтú к моему́ дорогóму дя́де в больнúцу. Ему́ 90 лет, и он óчень плóхо себя́ чу́вствует.

Роберт: — Мóжет быть, ты найдёшь врéмя в слéдующем мéсяце в понедéльник?

Алёна: — Нет, Рóберт. В слéдующем мéсяце в понедéльник я должна́ пойтú к своему́ ста́рому учúтелю на день рождéния. Мне обяза́тельно на́до поздра́вить егó.

Роберт: — А веснóй?! Дава́й встрéтимся с тобóй веснóй.

Алёна: — Веснóй? Это невозмóжно! Веснóй я ужé вы́йду за́муж.

б) Почему Алёна не хочет встречаться с Робертом:

сегóдня вéчером, за́втра вéчером, в суббóту, на слéдующей недéле в срéду, в слéдующем мéсяце в понедéльник, веснóй?

в) Как вы думаете, Алёна говорит правду?

Сравните:

ходил / ездил	куда? (4)		был	где? (6)
	к кому? (3)			у когó? (2)

- Журналúсты éздили в за́городный дом (4) к россúйскому писа́телю А. Солженúцыну (3) в день егó рождéния и взя́ли у негó интервью́.
- Журналúсты бы́ли в за́городном дóме (6) у россúйского писа́теля А. Солженúцына (2) в день егó рождéния и взя́ли у негó интервью́.

17 **а) Прослушайте информацию и скажите, куда и к кому ходили эти люди? Объясните, почему, зачем эти люди туда ходили?**

1. Был в поликлúнике у зубнóго врача́.
2. Бы́ли на да́че у своéй подру́ги.
3. Была́ в Петербу́рге у ста́ршего бра́та.
4. Был на рабóте у своегó отца́.

5. Была́ в гостя́х у хоро́шего знако́мого.
6. Бы́ли в институ́те у ста́рого профе́ссора.

7. Был на вы́ставке у знако́мого худо́жника.
8. Была́ на консульта́ции у о́пытного юри́ста.

б) Спроси́те у свои́х друзе́й, где они́ бы́ли, куда́ и к кому́ они́ ходи́ли / е́здили в суббо́ту и в воскресе́нье? Как они́ провели́ вре́мя?

Образец:

— Приве́т, Ви́ктор, где ты был в воскресе́нье?
— Я ходи́л в го́сти к своему́ ста́рому дру́гу. Мы игра́ли на компью́тере.

НСВ		
ходи́ть		е́здить
	куда́? (4)	
приходи́ть	к кому́? (3)	приезжа́ть
подходи́ть	к чему́? (3)	подъезжа́ть

приходи́ть II   **приезжа́ть I**

я прихожу́ (д/ж)   я приезжа́ю
ты прихо́дишь   ты приезжа́ешь
они прихо́дят   они приезжа́ют
приходи́л (-а, -и)   приезжа́л (-а, -и)

- Когда́ я **прихожу́** в го́сти к свое́й шко́льной подру́ге, она́ всегда́ мне о́чень ра́да.

- Когда́ я **приезжа́ю** на маши́не к своему́ ста́ршему бра́ту, мы е́здим ката́ться по го́роду.

- На Арба́те моя́ подру́га всегда́ **подхо́дит** к у́личному худо́жнику и смо́трит, как он рабо́тает.

- Экскурсово́д сказа́л, что наш авто́бус уже́ **подъезжа́ет** к Петербу́ргу.

подходи́ть II   **подъезжа́ть I**

я подхожу́ (д/ж)   я подъезжа́ю
ты подхо́дишь   ты подъезжа́ешь
они подхо́дят   они подъезжа́ют
подходи́л (-а, -и)   подъезжа́л (-а, -и)

Сравни́те:

СВ	НСВ	
прийти́	приходи́ть	... пришёл и сказа́л...
прие́хать	приезжа́ть	... прихожу́ и говорю́ ...
подойти́	подходи́ть	... приходи́л и говори́л ...
подъе́хать	подъезжа́ть	... подошёл и купи́л ...
		... подхожу́ и покупа́ю ...
		... подходи́л и покупа́л ...

- Ка́ждое у́тро он **прихо́дит** в э́то кафе́ и **пьёт** ко́фе, а сего́дня **не пришёл**.
- Ра́ньше ка́ждое ле́то он **приезжа́л** в дере́вню к свое́й ба́бушке и **помога́л** ей, а в э́то ле́то он **не прие́хал**.

18 **Восстановите предложения.** (Вставьте нужные глаголы. Объясните ваш выбор.)

1. Вчера́ я не́сколько раз ... к на́шему дире́ктору, чтобы поговори́ть с ним, но он был за́нят.

а) подхожу́
б) подходи́ла
в) подошла́

2. Обы́чно Андре́й ... к свое́й подру́ге и да́рит ей цветы́.

а) прихо́дит
б) пришёл
в) приходи́л

3. Ка́ждый раз, когда́ мой брат ... из А́нглии, он мно́го расска́зывал об э́той стране́.

а) приезжа́л
б) приезжа́ет
в) прие́хал

4. Когда́ я ... к свое́й шко́ле, я всегда́ вспомина́ю шко́льные го́ды.

а) подхожу́
б) подойду́
в) подошёл

5. Когда́ тури́сты ... в Петербу́рг, они́ всегда́ хо́дят в Эрмита́ж.

а) прие́хали
б) приезжа́ют
в) приезжа́ли

6. Джон ... в Росси́ю в про́шлом году́ и на́чал изуча́ть ру́сский язы́к.

а) прие́дет
б) прие́хал
в) приезжа́ет

7. Когда́ я гуля́ю, я всегда́ ... к театра́льной афи́ше и выбира́ю, како́й спекта́кль посмотре́ть.

а) подхожу́
б) подошёл
в) подойду́

8. Маши́на ... к центра́льной гости́нице го́рода и останови́лась.

а) подъезжа́ет
б) подъе́хала
в) подъе́дет

9. Ка́ждое у́тро студе́нты ... к газе́тному кио́ску и покупа́ют газе́ты и журна́лы.

а) подошли́
б) подходи́ли
в) подхо́дят

10. Преподава́тель ... и сказа́л, что за́втра мы пое́дем на экску́рсию в Петербу́рг.

а) прихо́дят
б) приходи́л
в) пришёл

5. Глаголы движения.
Место движения (3)
(где? по какому? по какой?)

— Я пе́рвый раз в Петербу́рге, хочу́ уви́деть центр го́рода.
— Тогда́ пойдём по Не́вскому проспе́кту.

	где? (3)	
идти́ – е́хать	по го́роду	по родно́му го́роду
ходи́ть – е́здить	по Петербу́ргу	по зи́мнему Петербу́ргу
гуля́ть	по Москве́	по вече́рней Москве́
ката́ться	по у́лице	по центра́льной у́лице

• Зимо́й студе́нты **бы́ли в Петербу́рге (6)**. Они́ до́лго **гуля́ли по зи́мнему го́роду (3)**.
• **Я живу́ в Москве́ (6)** уже́ 2 го́да и о́чень люблю́ э́тот го́род.
• Мы с дру́гом ча́сто **ката́емся** на маши́не **по вече́рней Москве́ (3)**.

Сравни́те:

	где?	
	(6)	(3)

жить		ходи́ть	
быть	в го́роде	е́здить	по го́роду
быва́ть	на у́лице	гуля́ть	по у́лице
рабо́тать		ката́ться	
учи́ться		броди́ть	

19 а) **Восстановите текст. Используйте следующие глаголы:**
идти́, вы́йти, пойти́, подойти́, уйти́, прийти́, прие́хать.

На берегу́ мо́ря стоя́ла де́вушка и смотре́ла на кора́бль, кото́рый ... к бе́регу. Матро́сы ... с корабля́ на бе́рег и ... в го́род. Оди́н из них ... к де́вушке, и они́ познако́мились. Не́сколько дней они́ провели́ вме́сте: гуля́ли по вече́рнему го́роду, броди́ли по бе́регу мо́ря. Пото́м кора́бль ... в мо́ре, и они́ ста́ли писа́ть друг дру́гу пи́сьма. Два го́да они́ перепи́сывались и по́няли, что лю́бят друг дру́га.

И вот одна́жды моря́к написа́л де́вушке, что он ... к ней на Рождество́. Де́вушка была́ о́чень ра́да. Она́ реши́ла пригото́вить на Рождество́ гуся́ и я́блочный пиро́г. Но жила́ она́ небога́то.

Тогда́ де́вушка ... в ювели́рный магази́н и продала́ своё ма́ленькое золото́е кольцо́, кото́рое она́ получи́ла в пода́рок от ма́мы. Кольцо́ бы́ло недорого́е. Де́нег хвати́ло то́лько на гуся́ и на я́блоки.

И вот моря́к ... в го́род, в кото́ром жила́ э́та де́вушка. Он ... по шу́мной торго́вой у́лице, уви́дел небольшо́й ювели́рный магази́н и поду́мал, что он ничего́ не купи́л свое́й люби́мой де́вушке на Рождество́, что он ... к ней с пусты́ми рука́ми. Он ... к витри́не магази́на и уви́дел то са́мое ма́ленькое золото́е коле́чко. Он купи́л его́.

Когда́ моря́к ... к свое́й люби́мой де́вушке и подари́л ей кольцо́, она́ о́чень удиви́лась.

— Где ты взял э́то кольцо́? — спроси́ла она́.

— Я купи́л э́то кольцо́ для тебя́, — отве́тил моря́к.

б) **Прочитайте эту историю ещё раз и ответьте на вопросы:**

1. Где и как познако́мились моря́к и де́вушка?
2. Ско́лько вре́мени они́ не ви́дели друг дру́га и почему́?
3. Заче́м де́вушка продала́ своё золото́е кольцо́?
4. Когда́ и где они́ сно́ва встре́тились?
5. Что моря́к подари́л де́вушке на Рождество́?

в) **Как вы думаете, о чём эта история?**

О золото́м кольце́ ☐

О любви́ ☐

О Рождестве́ ☐

г) **Расскажите эту историю от лица девушки, от лица моряка.**
Как вы думаете, чем она закончилась?

20 **а) Прослушайте диалоги. Скажите, где они происходят?**

29

— Скажи́те, пожа́луйста, где здесь метро́?
— Метро́ недалеко́. Иди́те пря́мо, **по Тверско́й у́лице**, ста́нция метро́ бу́дет спра́ва.
— Спаси́бо.

проспе́кт Ми́ра
Сире́невый бульва́р
Молодёжная у́лица
Не́вский проспе́кт

— Здра́вствуйте, куда́ е́дем?
— Мне ну́жно в центр.
— Как мы пое́дем?
— Пое́дем **по Ле́нинскому проспе́кту.**
— Хорошо́, пое́дем по Ле́нинскому.

Ломоно́совский проспе́кт
Ленингра́дский проспе́кт
Профсою́зная у́лица
Тага́нская у́лица

— Извини́те, мне ну́жно поговори́ть с дире́ктором. Где я могу́ его́ найти́?
— Иди́те **по коридо́ру нале́во**, ко́мната 10.
— Спаси́бо.

— Я никогда́ не́ был в моско́вском метро́. Мне нужна́ ста́нция «Октя́брьская».
— Вам ну́жно сде́лать переса́дку на Кольцеву́ю ли́нию.
— А где перехо́д?
— **Вверх по эскала́тору.**
— Спаси́бо.

вверх по ле́стнице
вниз по эскала́тору
нале́во по коридо́ру
напра́во
пря́мо

б) Составьте аналогичные диалоги. Узнайте, где находится интересующий вас человек или объект и как туда добраться. (Используйте слова справа.)

6. Дательный падеж (3). Определение объекта

Како́й э́то экза́мен? — Э́то экза́мен **по о́бщей фи́зике.**
Кака́я э́то ле́кция? — Э́то ле́кция **по ру́сскому иску́сству.**
Како́е э́то упражне́ние? — Э́то упражне́ние **по ру́сской грамма́тике.**
Каки́е э́то те́сты? — Э́то те́сты **по ру́сскому языку́.**

21 **а) Скажите, какие это учебники и тетради?**

б) Посмотрите, какие учебники и тетради есть у вас?

22 **Познакомьтесь с новыми словами и выражениями.**

1. — За́втра бу́дет дождь.
   — **Отку́да ты э́то зна́ешь?**
   — Я слы́шал по ра́дио.

   Отку́да ты э́то зна́ешь? = Как ты э́то узна́л?
   Как ты получи́л э́ту информа́цию?

2. **знако́м (-а, -ы) с кем? (5) = зна́ю кого́? (4)**   Я знако́м с Ива́ном. = Я зна́ю Ива́на.

3. **дога́дываться — догада́ться**   Я догада́лась, кто вы и заче́м вы пришли́. =
   = Я поняла́, я зна́ю, кто вы и заче́м вы пришли́.

4. **чужо́й (-а́я, -о́е, -и́е)**   — Э́то ва́ши ве́щи?
   — Нет, э́то не мои́ ве́щи. Э́то **чужи́е** ве́щи. Чужи́е = не мои́.

Е́сли в авто́бусе вы уви́дите забы́тые **чужи́е** ве́щи, скажи́те об э́том води́телю.

23 **а) Прочитайте вопросы, на которые вы должны будете ответить после прослушивания диалога:**

1. Ско́лько лет му́жу О́льги Ники́тиной?
2. Где он рабо́тает?
3. Как зову́т его́ нача́льника?
4. Како́й торт пригото́вила О́льга Ники́тина?
5. Ско́лько лет её мла́дшей до́чери?
6. Кто она́?
7. Ско́лько лет её ста́ршей до́чери?
8. Кем рабо́тает шко́льная подру́га О́льги Ники́тиной?
9. Ско́лько челове́к в э́той семье́?
10. Ско́лько вре́мени е́хали в одно́м авто́бусе О́льга и незнако́мый мужчи́на?

б) Прослушайте диалог и запишите в тетрадь краткие ответы на эти вопросы.

Образец: 1. Как зовут женщину? — *Ольга.*
                 2. ...

30

На автобусной остановке к женщине подошёл незнакомый человек и начал разговор.

— Здравствуйте!

— Добрый день! Но я вас не знаю.

— Я вас тоже не знаю, но я знаю совершенно точно, что вас зовут Ольга Ивановна. А фамилия ваша — Никитина.

— А откуда вы это знаете, если не секрет?

— Я много о вас знаю. Ну, например, я знаю, что вы замужем. Вашему мужу 45 лет. Он работает в банке. Это так?

— Да, это так.

— У вашего мужа есть начальник. Его зовут Иван Иванович. И вчера вечером Иван Иванович и его молодая жена пришли к вам в гости. А вы приготовили лимонный торт, который очень понравился и Ивану Ивановичу, и его молодой жене, и вашему мужу, конечно, тоже.

— А... я догадалась, откуда вы всё это знаете. Вы знакомы с Иваном Ивановичем или с его женой.

— Нет, я их не знаю. Я не знаю Ивана Ивановича и его жену. Но я знаю больше! Я знаю, что у вас две дочери. Вашей младшей дочери 19 лет. Она студентка. Сейчас вашей младшей дочери нужно много заниматься, потому что скоро у неё будут экзамены. А вашей старшей дочери 23 года. Она уже замужем. Они с мужем снимают квартиру. И её мужу, вашему зятю, нужно много работать, чтобы платить за квартиру. А вашей старшей дочери нужно больше гулять и отдыхать, потому что она ждёт ребёнка.

— Вы что — шпион?

— Нет, что вы?! Я математик. Но я могу сказать, что сейчас вы едете к вашей старой школьной подруге. Она врач. И вы хотите, чтобы ваша подруга приехала к вашей старшей дочери, чтобы ...

— Достаточно! Хватит! Вы что — телепат? Читаете чужие мысли?

— Нет, что вы?! Просто я ехал с вами в одном автобусе двадцать минут. И вы всё это время разговаривали с вашей соседкой.

в) Скажите, откуда незнакомый человек так много знает об Ольге Никитиной и её семье?

г) Прослушайте диалог ещё раз и расскажите:

1. Что вы узнали об Ольге Никитиной и её семье?
2. Какие проблемы есть в этой семье?
3. Расскажите эту историю. Начните свой рассказ так:
   На автобусной остановке к молодой женщине подошёл незнакомый мужчина. Он поздоровался и сказал, что...

24 **В тексте, который вы будете читать, вы встретите новые слова. Познакомьтесь с ними.**

1. Прочитайте предложения, постарайтесь понять значение выделенных слов. Чтобы проверить, правильно ли вы их поняли, посмотрите значения этих слов в словаре.

готóвить II подготóвить II	когó? (4) к чему́? (3)
	космонáвта к полёту студéнта к экзáмену спортсмéна к олимпиáде

- Э́тот молодóй учи́тель прекрáсно **подготóвил** свой класс к математи́ческой олимпиáде.
- Росси́йские специали́сты полгóда **готóвили** вторóго косми́ческого тури́ста к полёту в кóсмос.
- Тури́ст полгóда готóвился к косми́ческому полёту.

проводи́ть II — провести́ II		что? (4)
я провожу́ (д/ж)	я проведу́ (ст/д)	экспериме́нт
ты провóдишь	ты проведёшь	экзáмен
они́ провóдят	они́ проведу́т	
проводи́л (-а, -и)	провёл (-á, -и́)	

- Во врéмя полёта космонáвты обязáтельно **провóдят** научные экспериме́нты.

2. а) Прочитайте слова. Поставьте вопросы к каждому слову, найдите общую часть родственных слов.

- знать, знáние, знакóмый, познакóмиться, **знакóмая**, **незнакóмец**, незнакóмка

- готóвить, приготóвить, **подготóвить**, **подготóвка**, подготови́тельный

б) Составьте словосочетания с выделенными словами.

3. Прочитайте примеры и постарайтесь понять значение выделенных слов.

давáть – дать возмóжность кому́? (3) что (с)дéлать?

- Роди́тели **дáли мне возмóжность** получи́ть образовáние в Росси́и. = Роди́тели дéлают всё, чтобы я мог получи́ть образовáние в Росси́и.
- Специáльная прогрáмма **даёт возмóжность** обы́чному человéку полетéть в кóсмос. = Специáльная прогрáмма готóвит обы́чного человéка к полёту в кóсмос.

потому́ что = так как

- Марк мнóго занимáлся, **так как** хотéл полетéть в кóсмос. = Марк мнóго занимáлся, потому́ что хотéл полетéть в кóсмос.

а) Прочитайте текст. Скажите, с какой целью Марк Шаттелворс летал в космос?

20 миллио́нов до́лларов за мечту́

В апре́ле 2002-ого го́да в ко́смос полете́л росси́йский косми́ческий кора́бль «Сою́з ТМ-34». На корабле́ находи́лись росси́йские космона́вты и второ́й косми́ческий тури́ст — миллионе́р из Ю́жной А́фрики Марк Ша́ттелворс.

Э́тому молодо́му челове́ку бы́ло 28 лет. Он с де́тства хоте́л стать космона́втом и мечта́л полете́ть в ко́смос. Марк прие́хал в Росси́ю о́сенью 2001-ого го́да.

5 ме́сяцев он жил в Звёздном горо́дке, и росси́йские специали́сты гото́вили Ма́рка к его́ пе́рвому косми́ческому полёту.

Ка́ждый день шла подгото́вка к нелёгкой рабо́те в ко́смосе. Марк встава́л в 6 часо́в утра́, де́лал специа́льную заря́дку, занима́лся на тренажёре, бе́гал по большо́му холо́дному стадио́ну Звёздного городка́ в шо́ртах и футбо́лке, с часа́ми на ка́ждой руке́. Одни́ часы́ пока́зывали вре́мя, други́е – пульс и уда́ры се́рдца. С девяти́ утра́ до шести́ ве́чера Марк изуча́л ру́сский язы́к, так как зна́ние ру́сского языка́ — обяза́тельное усло́вие полёта на росси́йском косми́ческом корабле́.

Пе́ред полётом Марк дал интервью́ популя́рной росси́йской газе́те «Аргуме́нты и фа́кты». Он рассказа́л моско́вскому журнали́сту, почему́ он реши́л полете́ть в ко́смос на росси́йском косми́ческом корабле́. В Росси́и есть специа́льная програ́мма, кото́рая даёт возмо́жность обы́чному челове́ку полете́ть в ко́смос, а в Аме́рике тако́й програ́ммы нет.

За свой полёт в ко́смос Марк заплати́л росси́йскому госуда́рству 20 миллио́нов до́лларов. Э́ти де́ньги он зарабо́тал сам. Молодо́му южно-африка́нскому бизнесме́ну о́чень повезло́. Снача́ла он на́чал занима́ться компью́терами, пото́м со́здал свою́ интерне́т-фи́рму, а в 1999 году́ уда́чно про́дал э́ту фи́рму и зарабо́тал больши́е де́ньги.

Марк Ша́ттелворс сказа́л, что он заплати́л таки́е больши́е де́ньги не то́лько за мечту́. Нау́чные институ́ты Ю́жно-Африка́нской Респу́блики да́ли зада́ние второ́му косми́ческому тури́сту провести́ нау́чные экспериме́нты во вре́мя полёта. Э́ти экспериме́нты Марк Ша́ттелворс провёл успе́шно и получи́л отли́чные результа́ты.

б) Отве́тьте на вопро́сы:

1. Когда́ полете́л в ко́смос росси́йский кора́бль «Сою́з ТМ-34»?
2. Что вы узна́ли о второ́м косми́ческом тури́сте? Кто он и отку́да?
3. Как Марк Ша́ттелворс гото́вился к своему́ пе́рвому полёту?
4. Почему́ Марк Ша́ттелворс реши́л лете́ть в ко́смос на росси́йском корабле́?
5. Как второ́й косми́ческий тури́ст зарабо́тал 20 миллио́нов до́лларов?
6. Чем занима́лся Марк Ша́ттелворс в ко́смосе?

в) Прочитайте план. Скажите, соответствует ли план содержанию текста? Составьте правильный план.

План

1. Интервью́ газе́те «Аргуме́нты и фа́кты».
2. Полёт корабля́ «Сою́з ТМ-34».
3. Нау́чные экспериме́нты.
4. Марк Ша́ттелворс — бизнесме́н.
5. Подгото́вка к полёту.
6. Второ́й косми́ческий тури́ст.

г) Кратко сформулируйте содержание каждого пункта плана (1−2 предложения). Используйте следующие словосочетания:

1. апре́ль 2002 г.
косми́ческий кора́бль
полете́ть в ко́смос
росси́йские космона́вты
второ́й косми́ческий тури́ст

2. 28 лет
мечта́ть полете́ть
жить в Звёздном городке́
гото́вить к полёту

3. подгото́вка к рабо́те
встава́ть в 6 часо́в
занима́ться на тренажёре
бе́гать по стадио́ну
изуча́ть ру́сский язы́к
обяза́тельное усло́вие

4. дать интервью́
специа́льная програ́мма
дать возмо́жность

5. заплати́ть 20 миллио́нов до́лларов
зарабо́тать де́ньги
созда́ть фи́рму
прода́ть фи́рму

6. нау́чные институ́ты
поручи́ть провести́
нау́чные экспериме́нты
получи́ть результа́ты

 # Прямая / косвенная речь (продолжение, см. урок 2, стр. 63)

Посмотрите таблицу 6. Прочитайте примеры.

Таблица 6.

прямая речь	косвенная речь
Роди́тели сказа́ли сы́ну: «Звони́ **нам**!» «Не боле́й!» «Учи́сь хорошо́!»	Роди́тели сказа́ли сы́ну, чтобы он звони́л **им**. чтобы он не боле́л. чтобы он хорошо́ учи́лся.
Сын сказа́л свои́м ма́тери и отцу́: «Не скуча́йте!» «Пиши́те **мне** пи́сьма!» «Жди́те **меня́** на Рождество́!»	Сын сказа́л свои́м ма́тери и отцу́, чтобы они́ не скуча́ли. чтобы писа́ли **ему́** пи́сьма. чтобы они́ жда́ли **его́** на Рождество́.

26 **Прочитайте три записки, которые Елена написала своему мужу, своему сыну и своей дочери, и скажите, кому какую записку она написала.** (Что должны или не должны делать члены этой семьи?)

Образец:　«Не игра́й до́лго на компью́тере!» ▶
　　　　　Ма́ма написа́ла своему́ сы́ну, чтобы он не игра́л до́лго на компью́тере.

Купи хлеб, молоко и сыр!
Приготовь ужин!
Вымой посуду!
Не болтай по телефону!

Не ждите меня к ужину!
Встречай меня в 23.00 около метро!
Помоги Васе сделать математику!
Позвони своей и моей маме!
Не кури в комнате!

Погуляй с собакой!
Сделай уроки!
Убери свою комнату!
Не смотри долго телевизор!
Не забудь позвонить бабушке!

27 **а) Прочитайте шутки и ответьте на вопросы.**

1. Как вы думаете, этот студент хорошо говорит по-русски?
Когда́ оди́н студе́нт око́нчил институ́т, он пришёл к своему́ преподава́телю ру́сского языка́, чтобы поблагодари́ть его́:
— Большо́е спаси́бо вам за то, что вы научи́ли меня́ говори́ть и понима́ть по-ру́сски. Скажи́те, пожа́луйста, что я могу́ для вас сде́лать?
— Никому́ не говори́те, что э́то я учи́л вас ру́сскому языку́.

2. Как вы думаете, мужу и жене нужно вернуться домой?
Муж и жена́ опа́здывают в теа́тр. Вдруг жена́ говори́т своему́ му́жу:
— Верни́сь домо́й: я забы́ла вы́ключить утю́г!
— Нет, не пойду́!
— Но ведь бу́дет пожа́р!
— Не бу́дет. Я забы́л закры́ть кран в ва́нной.

включи́ть ≠ вы́ключить что? (4)

3. Как вы думаете, кто прав — художник или богач?

Оди́н бога́тый челове́к пришёл к изве́стному худо́жнику и сказа́л: «Нарису́йте мой портре́т!» Худо́жник бы́стро, за 5 мину́т, нарисова́л портре́т и попроси́л за рабо́ту ты́сячу рубле́й.
— Как! Вы рисова́ли то́лько 5 мину́т, а про́сите 1000 рубле́й?! Почему́? — спроси́л бога́ч.
— Потому́ что, что́бы сде́лать тако́й рису́нок за 5 мину́т, я учи́лся 25 лет, — отве́тил худо́жник э́тому бога́тому челове́ку.

прав	был прав	бу́дет прав
права́	была́ права́	бу́дет права́
пра́вы	бы́ли пра́вы	бу́дут пра́вы

б) Расскажите эти шутки. (Замените прямую речь косвенной.)

Сложное предложение со словом «который» в дательном падеже (3)

Прочитайте предложения в таблице 7. Объясните, почему меняется форма слова который, от чего это зависит?

Таблица 7.

Это мой но́вый **друг**. **Моему́ но́вому дру́гу** нра́вится чита́ть но́вости в Фейсбу́ке.

Это мой но́вый друг, **кото́рому** нра́вится чита́ть но́вости в Фейсбу́ке.

Это на́ша но́вая **студе́нтка**. **Этой студе́нтке** я помога́ю занима́ться исто́рией.

Это на́ша но́вая студе́нтка, **кото́рой** я помога́ю занима́ться исто́рией.

Неда́вно я отдыха́л **на о́зере**. **Этому о́зеру** уже́ 1000 лет.

Неда́вно я отдыха́л на о́зере, **кото́рому** уже́ 1000 лет.

Вот фотогра́фия моего́ **дя́ди**. **К моему́ дя́де** мы пое́дем ле́том.

Вот фотогра́фия моего́ дя́ди, **к кото́рому** мы пое́дем ле́том.

28   **Прочитайте предложения. Из двух предложений сделайте одно, используйте слово кото́рому или кото́рой.**

1. Я до́лго разгова́ривал по телефо́ну с дру́гом. **Моему́ дру́гу** ну́жно бы́ло со мно́й посове́товаться.
2. За́втра день рожде́ния у мое́й ста́ршей сестры́. **Мое́й сестре́** испо́лнится 25 лет.
3. Я не зна́ю э́того челове́ка. **Этому челове́ку** я объясни́л доро́гу.
4. Ната́ша купи́ла пода́рок подру́ге. **К э́той подру́ге** она́ идёт в го́сти.
5. Как зову́т э́того студе́нта? **Этому студе́нту** ты помога́ешь реша́ть зада́чи.
6. О́льга живёт в ко́мнате с сосе́дкой. **Этой сосе́дке** нра́вится слу́шать гро́мкую му́зыку.
7. Ба́бушка подари́ла свое́й вну́чке кольцо́. **Этому кольцу́** уже́ 150 лет.

29   **Восстановите предложения.** (Вместо точек вставьте слова кото́рому или кото́рой.)

1. Расскажи́ мне о де́вушке, ... ты пи́шешь письмо́.
2. Анто́н занима́лся с дру́гом, ... на́до бы́ло сдать экза́мен.
3. Это моя́ мла́дшая сестра́, ... испо́лнилось 10 лет.
4. Я давно́ не ви́дел дру́га, ... сего́дня звони́л.
5. Студе́нт, ... я дал свой уче́бник, сего́дня не пришёл на уро́к.
6. Где живёт ба́бушка, ... ты обеща́л купи́ть проду́кты?

30

а) В тексте вы встретите новые слова. Посмотрите значение этих слов в словаре: ла́сковый, бу́рный, пусты́нный (пляж), принц.

б) Прочитайте текст. Скажите, почему девушка на картине была похожа на Машу?

Ма́ша Но́викова — студе́нтка истори́ческого факульте́та МГУ — прекра́сно сдала́ ле́тнюю се́ссию и ста́ла ду́мать, куда́ мо́жно пое́хать отдохну́ть. Де́вушке о́чень нра́вилось мо́ре. Ба́бушка Ма́ши — О́льга Петро́вна — посове́товала свое́й вну́чке пое́хать в Крым, в Я́лту на Чёрное мо́ре. Ма́ша не хоте́ла е́хать одна́, поэ́тому она́ позвони́ла свое́й подру́ге Ле́не и предложи́ла ей отдохну́ть на ю́ге вме́сте. Ле́на согласи́лась. Де́вушки никогда́ не́ были в Крыму́ и реши́ли поговори́ть с ба́бушкой Ма́ши. Когда́ подру́ги пришли́ к О́льге Петро́вне, она́ дала́ им хоро́ший сове́т, куда́ лу́чше пое́хать и где останови́ться. Ра́ньше, в мо́лодости, О́льга Петро́вна ча́сто быва́ла на ю́ге. Ей нра́вилась Я́лта — го́род, кото́рый нахо́дится на берегу́ мо́ря. Она́ люби́ла прекра́сную ю́жную приро́ду, живопи́сные кры́мские го́ры, жа́ркое со́лнце и тёплое мо́ре.

Наконе́ц, де́вушки реши́ли: «Пое́дем в Я́лту!» Они́ купи́ли биле́ты на по́езд, бы́стро собра́ли ве́щи и уже́ через два дня́ бы́ли в Крыму́. В го́роде, на вокза́ле, Ма́ша и Ле́на встре́тили пожилу́ю же́нщину, кото́рая предложи́ла им снять небольшу́ю ко́мнату в симпати́чном до́мике на берегу́ мо́ря. Ко́мната была́ недорога́я, и де́вушки согласи́лись.

Ка́ждый день они́ бе́гали на пляж, загора́ли и купа́лись. Через неде́лю Ле́на сказа́ла свое́й подру́ге: «Мне ску́чно, на́до что́-то де́лать! Мо́жет быть, в го́род пое́дем?» Тогда́ Ма́ша вспо́мнила, что ба́бушка расска́зывала ей о я́лтинском городско́м музе́е, в кото́ром мо́жно посмотре́ть ста́рые и совреме́нные карти́ны и узна́ть об исто́рии го́рода. Де́вушки пое́хали в музе́й.

В са́мом большо́м за́ле Ма́ша и Ле́на до́лго и внима́тельно рассма́тривали прекра́сные карти́ны изве́стного ру́сского худо́жника И.К. Айвазо́вского.

На них бы́ло мо́ре: ти́хое, споко́йное, ла́сковое и́ли бу́рное, тёмное и зло́е.

В после́днем за́ле Ма́ша подошла́ к одно́й карти́не, кото́рая ей о́чень понра́вилась: о́коло мо́ря на большо́м ка́мне сиде́ла де́вушка. Она́ смотре́ла на споко́йное у́треннее мо́ре, на ти́хую голубу́ю во́ду и о чём-то мечта́ла. Ма́ша стоя́ла и ду́мала: «Наве́рное, она́ мечта́ет о любви́ и ждёт своего́ прекра́сного при́нца, кото́рый ско́ро прие́дет к ней...» «Ой, Ма́ша, посмотри́, э́то же ты на карти́не! Э́та де́вушка о́чень похо́жа на тебя́! — закрича́ла Ле́на. — То́лько у тебя́ во́лосы све́тлые и коро́ткие, а у неё тёмные дли́нные ко́сы!» Действи́тельно, де́вушка на карти́не была́ похо́жа на Ма́шу как две ка́пли воды́. Как? Почему́? Непоня́тно! Ведь карти́на была́ ста́рая. Худо́жник написа́л э́ту карти́ну о́чень давно́, 40 лет наза́д. Чей э́то портре́т? Кто э́та де́вушка, на кото́рую так похо́жа Ма́ша? Здесь была́ кака́я-то та́йна!

Когда́ подру́ги верну́лись домо́й в Москву́, Ма́ша, коне́чно, рассказа́ла свое́й ба́бушке об э́той стра́нной карти́не и о зага́дочной де́вушке на ней.

«Нет здесь никако́й та́йны, — сказа́ла О́льга Петро́вна. — Э́то я на карти́не, э́то мой портре́т». И О́льга Петро́вна начала́ расска́зывать удивлённой вну́чке исто́рию карти́ны — свою́ исто́рию.

— О́чень давно́, когда́ мне бы́ло 24 го́да, мы с сестро́й пое́хали на неде́лю на мо́ре в Я́лту, как вы. Мы отдыха́ли, загора́ли, купа́лись, а ве́чером гуля́ли по пусты́нному пля́жу. Недалеко́ от нас на берегу́ рабо́тал немолодо́й худо́жник. Он приходи́л на бе́рег ка́ждый день и рисова́л мо́ре и го́ры. Иногда́ мы подходи́ли к э́тому худо́жнику и смотре́ли, как он рабо́тает. Нам бы́ло о́чень интере́сно. Ско́ро мы познако́мились с ним. Он расска́зывал нам о себе́, о свое́й семье́, о свое́й рабо́те. Одна́жды он сказа́л, что хо́чет меня́ нарисова́ть. Так появи́лась э́та карти́на.

— Ба́бушка, е́сли не секре́т, а о чём ты ду́мала, когда́ худо́жник рисова́л тебя́? О любви́?

— Да, о любви́. В Москве́ меня́ ждал мой муж и мой ма́ленький сын — твой па́па. Я о́чень люби́ла их, скуча́ла и хоте́ла скоре́е верну́ться в Москву́.

— Интере́сно, а почему́ твой портре́т не у тебя́, а в музе́е?

— Потому́ что я уе́хала домо́й в Москву́, когда́ портре́т ещё не́ был гото́в. Я никогда́ не писа́ла э́тому худо́жнику, бо́льше никогда́ не ви́дела его́ и не зна́ла, где нахо́дится карти́на. Тепе́рь ты нашла́ её. Когда́ у тебя́ бу́дут де́ти, ты смо́жешь пое́хать с ни́ми в Я́лту, показа́ть им мой портре́т и рассказа́ть своему́ сы́ну и́ли свое́й до́чери э́ту исто́рию.

б) Дайте название этому тексту. Объясните, почему вы дали это название?

в) Расскажите, что вы узнали из текста?

1. Кто така́я Ма́ша Но́викова? Что вы о ней узна́ли?
2. Как Ма́ша и её подру́га проводи́ли вре́мя в Я́лте?
3. Как и когда́ Ма́ша узна́ла та́йну карти́ны?

г) Расскажите фрагмент из биографии бабушки о её поездке в Крым.

1. Ско́лько лет бы́ло ба́бушке?
2. Как она́ вы́глядела?
3. Чем она́ занима́лась? Учи́лась и́ли рабо́тала?
4. Кака́я у неё была́ семья́?

5. Почему́ она́ пое́хала в Крым?
6. Что она́ де́лала там?
7. Где она́ встре́тилась с худо́жником?
8. О чём они́ разгова́ривали?
9. Почему́ худо́жник реши́л нарисова́ть её портре́т?

д) Восстановите диалоги.

1. Како́й разгово́р был ме́жду Ма́шей и ба́бушкой перед пое́здкой на мо́ре?
2. Како́й разгово́р был ме́жду Ма́шей и Лёной в Я́лтинском городско́м музе́е?
3. Како́й разгово́р был ме́жду Ма́шей и ба́бушкой по́сле пое́здки на мо́ре?

е) Переведите прямую речь в косвенную.

1. — Ма́ша, поезжа́й отдыха́ть в Крым, в Я́лту, — сказа́ла ба́бушка.
2. — На мо́ре отдыха́йте, купа́йтесь, загора́йте! — посове́товала ба́бушка Ма́ше и Лёне.
3. — Де́вочки! Обяза́тельно посмотри́те Я́лтинский городско́й музе́й, — сказа́ла ба́бушка Ма́ше и Лёне.
4. — Ма́ша! Посмотри́ внима́тельно на э́ту карти́ну! — сказа́ла Лёна.
5. — Ба́бушка! Расскажи́ мне об э́той карти́не, — попроси́ла Ма́ша.
6. — Приходи́те за́втра у́тром, я нарису́ю ваш портре́т, — сказа́л худо́жник О́льге.

ж) Расскажите эту историю. Как эту историю расскажет:

Ма́ша, Лёна, ба́бушка?

Домашнее задание

1   **Ответьте на вопросы по тексту (см. упр. 30 на стр. 146).**

1. Кто така́я Ма́ша Но́викова?
2. Каки́е у неё пла́ны на ле́то?
3. Что посове́товала ба́бушка свое́й вну́чке?
4. Заче́м Ма́ша позвони́ла свое́й подру́ге Лёне?
5. Почему́ О́льга Петро́вна посове́товала свое́й вну́чке и её подру́ге пое́хать в Я́лту?
6. Почему́ де́вушки пое́хали в Крым?
7. Где они́ жи́ли в Я́лте и почему́?
8. Как они́ отдыха́ли?
9. Куда́ они́ реши́ли пое́хать и почему́?
10. Что они́ уви́дели в музе́е?
11. Кака́я карти́на понра́вилась Ма́ше и почему́?
12. Что заме́тила Лёна? На что она́ обрати́ла внима́ние?
13. Кака́я та́йна была́ в э́той карти́не?
14. Что Ма́ша рассказа́ла свое́й ба́бушке об э́той карти́не?
15. Каку́ю исто́рию рассказа́ла ба́бушка?

16. О чём ду́мала О́льга Петро́вна, когда́ худо́жник рисова́л её портре́т?
17. Почему́ худо́жник не отда́л портре́т О́льге Петро́вне?
18. Почему́ э́та карти́на нахо́дится в музе́е?

 Напиши́те письмо́:

1. Вы хоти́те полете́ть в ко́смос как тури́ст. Объясни́те почему́.
2. Когда́ вы хоти́те полете́ть?
3. Ско́лько вре́мени вы хоти́те быть в ко́смосе?
4. Вы зна́ете, что э́то о́чень до́рого. Напиши́те, где вы возьмёте де́ньги.
5. Чем вы хоти́те занима́ться в ко́смосе?
6. Узна́йте, как и где вы мо́жете подгото́виться к косми́ческому полёту.

 Прочита́йте шу́тки и запиши́те их содержа́ние в ко́свенной ре́чи. Кра́тко отве́тьте на вопро́с.

1) Скажи́те, кто нра́вится и кто не нра́вится О́льге Петро́вне и почему́?

> кому́? (3) (не) повезло́

— О́льга Петро́вна, как дела́ у ва́шей до́чери?
— О́чень хорошо́! Мое́й дорого́й до́чери о́чень повезло́. Она́ вы́шла за́муж. Её муж помога́ет ей гото́вить, мыть посу́ду, убира́ть кварти́ру...
— А как дела́ у ва́шего сы́на?
— О! Моему́ бе́дному сы́ну не повезло́! Он жени́лся и тепе́рь гото́вит, мо́ет посу́ду, убира́ет кварти́ру...

2) Как вы ду́маете, кого́ успока́ивал молодо́й оте́ц и почему́?

Молодо́й оте́ц пришёл с сы́ном к де́тскому врачу́.
Ребёнок всё вре́мя пла́кал, а оте́ц ти́хо повторя́л:

> успока́ивать — успоко́ить кого́? (4)

— Успоко́йся, Серге́й. Споко́йно, Серге́й, споко́йно...
Врач сказа́л молодо́му челове́ку:
— Вы о́чень хоро́ший оте́ц. Ва́шего сы́на зову́т Серге́й?
— Нет, его́ зову́т Анто́н, э́то меня́ зову́т Серге́й, — отве́тил оте́ц.

Напиши́те упражне́ния:

№ 1 б);	№ 9;	№ 16 б), в);
№ 2 б);	№ 10;	№ 18;
№ 3;	№ 11;	№ 23 а), б), в), г);
№ 4;	№ 12;	№ 25 б), в), г);
№ 5;	№ 13;	№ 27 а);
№ 7 в), г);	№ 14 б);	№ 28;
№ 8;	№ 15;	№ 29 г), е).

УРОК 5

I. Фонетическая зарядка

ПОЙТЕ!

а о у э ы и

1 Слушайте, повторяйте, читайте.

а) позвони́л своему́ отцу́
позвоню́ свое́й сестре́
отда́л докуме́нты секретарю́
переда́ст приве́т на́шему дру́гу
не меша́йте ей занима́ться
не меша́йте мне рабо́тать
объясни́те э́тому челове́ку
помоги́те э́той же́нщине

б) Моему́ ста́ршему бра́ту 25 лет.
Моему́ мла́дшему бра́ту 17 лет.
Мое́й подру́ге 18 лет.
Мое́й люби́мой ба́бушке уже́ 92 го́да.

31

в) Э́тому молодо́му челове́ку ну́жно позвони́ть.
Э́той но́вой студе́нтке ну́жно сдать тест.
Э́тому ма́льчику ве́село.
Э́той де́вушке гру́стно.
Ма́ленькой де́вочке бы́ло хо́лодно.
Молодо́му челове́ку бы́ло жа́рко.

г) пошёл к зубно́му врачу́
пришёл к на́шему дека́ну
прие́хал к свое́й ма́тери
подошёл к но́вому па́мятнику
гуля́ли по Не́вскому проспе́кту

д) прихо́дим в го́сти и пьём чай
приезжа́ет на кани́кулы и отдыха́ет
подхожу́ к витри́не и смотрю́
прихожу́ на дискоте́ку и танцу́ю

> «Чтобы тело и душа были молоды,
> Ты не бойся ни жары и ни холода —
> Закаляйся как сталь...»
>
> *В. Лебедев-Кумач*

2 Слушайте и повторяйте. Запомните последнее предложение и запишите его. Продолжите высказывание.

Я пойду́... ⇨
Я пойду́ на де́нь рожде́ния... ⇨
Я пойду́ на де́нь рожде́ния к бра́ту. ⇨
Я пойду́ на де́нь рожде́ния к своему́ бра́ту. ⇨
Я пойду́ на де́нь рожде́ния к своему́ ста́ршему бра́ту. ⇨
Я пойду́ на де́нь рожде́ния к своему́ ста́ршему бра́ту. Ему́ испо́лнилось 30 лет. ... ⇨

32

Моему́ дру́гу... ⇨
Моему́ дру́гу легко́... ⇨
Моему́ дру́гу легко́ изуча́ть ру́сский язы́к. ⇨
Моему́ дру́гу легко́ изуча́ть ру́сский язы́к, потому́ что друзья́ говоря́т с ним то́лько по-ру́сски. ... ⇨

Мы подари́ли... ⇨
Мы подари́ли ба́бушке... ⇨
Мы подари́ли свое́й ба́бушке... ⇨
Мы подари́ли свое́й люби́мой ба́бушке... ⇨
Мы подари́ли свое́й люби́мой ба́бушке чёрную мультива́рку. ⇨
Мы подари́ли свое́й люби́мой ба́бушке но́вую чёрную мультива́рку. ⇨
Мы подари́ли свое́й люби́мой ба́бушке но́вую ку́хонную чёрную мультива́рку и объясни́ли ей, как она́ рабо́тает. ... ⇨

II. Поговорим

1 Прослу́шайте диало́ги, зада́йте аналоги́чные вопро́сы свои́м друзья́м.

33

— Кому́ ты хо́чешь отда́ть э́тот ста́рый фотоаппара́т?
— Своему́ мла́дшему бра́ту. Он хо́чет научи́ться фотографи́ровать.

— Скажи́те, пожа́луйста, ско́лько лет э́тому стари́нному зда́нию?
— Э́тому зда́нию уже́ 200 лет.

— Как вы провели́ воскресе́нье?
— Отли́чно! Мы ката́лись по Москве́, а пото́м пое́хали в центр.

— Почему́ Ната́ша смеётся?
— Анто́н рассказа́л ей но́вый анекдо́т.

— Мой друг хо́чет быть футболи́стом. Что ему́ на́до де́лать?
— Твоему́ дру́гу ну́жно мно́го занима́ться спо́ртом.

— Где вы бы́ли? Я звони́ла вам весь ве́чер.
— Мы гуля́ли по вече́рней Москве́.

— Вы не зна́ете, каки́е заня́тия у нас бу́дут за́втра?
— К сожале́нию, не зна́ю. Вам на́до подойти́ к на́шему расписа́нию и посмотре́ть.

— Ты ча́сто быва́ешь в бассе́йне?
— Я хожу́ туда́ ка́ждую неде́лю.

2 Как вы отве́тите? (Возмо́жны вариа́нты.)

— Кому́ ты купи́л э́ти цветы́?
— ...

— Кому́ ты отдала́ мой планше́т?
— ...

— Как, по како́й у́лице мы пое́дем?
— ...

— Почему́ ты сего́дня без ша́пки?
— ...

— Сколько лет твоему́ отцу́ и твое́й ма́тери?
— ...

— Где и когда́ мы встре́тимся?
— ...

— Ты не зна́ешь, како́й уче́бник нам на́до взять в библиоте́ке?
— ...

— Кому́ ты рассказа́л об э́том?
— ...

3 **Как вы спросите? (Возможны варианты.)**

— ...?
— Я иду́ к своему́ знако́мому.

— ...?
— Хлеб я купи́л себе́, а са́хар — своему́ дру́гу.

— ...?
— Твоему́ бра́ту обяза́тельно ну́жно посмотре́ть э́тот но́вый фильм.

— ...?
— Мы купи́ли уче́бники по ру́сскому языку́ и по зарубе́жной литерату́ре.

— ...?
— Я посове́тую твое́й подру́ге пое́хать в Са́нкт-Петербу́рг.

— ...?
— Моему́ де́душке то́лько 70 лет.

— ...?
— Иди́те пря́мо по коридо́ру, ко́мната № 7.

— ...?
— Тебе́ ну́жно подойти́ к па́мятнику Пу́шкину. Мы бу́дем ждать тебя́ там.

Учиться всегда пригодится

Творительный падеж (5) имён существительных с местоимениями и прилагательным (единственное число)

1.

с кем?	с каким? / с какой?

Анто́н танцева́л на ве́чере с са́мой краси́вой де́вушкой.

Эта спортсме́нка занима́ется худо́жественной гимна́стикой с о́пытным тре́нером.

2.

быть, стать, работать увлека́ться, занима́ться	кем? каки́м? / како́й? чем? каки́м? / како́й?

Он занима́ется подво́дным пла́ванием.

Я рабо́таю в поликли́нике де́тским врачо́м.
Ты бу́дешь здоро́вым и си́льным.

Он хо́чет быть са́мым си́льным.

3.

быть, стать	каки́м? / како́й?

4.

како́й? / како́е? / кака́я? / каки́е?

— Каки́е часы́ вы вы́брали?
— Мне нра́вятся часы́ с куку́шкой.

— Како́й твой са́мый люби́мый расска́з Че́хова?
— «Да́ма с соба́чкой».

5.

чем?	каким? какой?

Алекса́ндр Серге́евич Пу́шкин писа́л свои́ стихи́ гуси́ным перо́м.

6.

| где? | под, над, пе́ред, за, ме́жду, ря́дом с | чем? |

Пе́ред Ма́лым теа́тром стои́т па́мятник
ру́сскому писа́телю А.Н. Остро́вскому.

7.

| когда? | перед | чем? |

Пе́ред Но́вым го́дом де́ти украша́ют ёлку.

1. Твори́тельный паде́ж (5)
в значе́нии совме́стности

Посмотри́те табли́цу 1. Допо́лните табли́цу свои́ми приме́рами.
(Соста́вьте свои́ предложе́ния по да́нным образца́м.)

Табли́ца 1.

какой? (1)		с каким?	
мой ста́рый друг	говори́л гуля́л сове́товался	со свои́м ста́рым дру́гом	с ним -ым/-им **-ом/-ем**
какая? (1)		**с какой?**	
моя́ люби́мая подру́га	встреча́лся спо́рил бесе́довал	со свое́й люби́мой подру́гой	с ней -ой/-ей **-ой/-ей**

1

**а) Прочита́йте кра́ткие сообще́ния из газе́т. В како́м из э́тих
сообще́ний мо́жно найти́ отве́ты на вопро́сы:**

1. С кем и почему́ хо́чет встре́титься изве́стный шахмати́ст?
2. Почему́ олимпи́йская чемпио́нка сейча́с не занима́ется спо́ртом?
3. Как мо́гут росси́йские гра́ждане поговори́ть со свои́м президе́нтом?

А Ка́ждый год гра́ждане Росси́и име́ют возмо́жность
поговори́ть с росси́йским президе́нтом, зада́ть ему́
вопро́сы и обсуди́ть с ним свои́ пробле́мы. Связь с главо́й
госуда́рства осуществля́ется че́рез компью́тер. В э́том году́
с росси́йским президе́нтом обща́лось не́сколько ты́сяч
челове́к.

Б В 1997 году́ чемпио́н ми́ра по ша́хматам Га́рри Каспа́ров игра́л с са́мым совреме́нным компью́тером. К сожале́нию, чемпио́н ми́ра проигра́л. В 2003 году́ Га́рри Каспа́ров реши́л ещё раз встре́титься с у́мной маши́ной, что́бы вы́играть. Не́которые учёные счита́ют, что вы́играть у компью́тера невозмо́жно, и то́лько Каспа́ров выи́грывал.

В Изве́стная фигури́стка Татья́на Волосожа́р вы́шла за́муж. Она́ выступа́ла со свои́м бу́дущим му́жем, то́же спортсме́ном, Макси́мом Транько́вым с 2010 го́да. Сейча́с Татья́на вре́менно не занима́ется фигу́рным ката́нием, так как всё свобо́дное вре́мя прово́дит со свое́й ма́ленькой до́черью.

б) На какие ещё вопросы может ответить человек, который прочитал сообщения А, Б, В?

в) Скажите:

1. Гра́ждане ва́шей страны́ име́ют возмо́жность обща́ться с главо́й госуда́рства?
2. Как вы ду́маете, кто умне́е — челове́к и́ли компью́тер? Вы лю́бите игра́ть в ша́хматы и́ли в други́е и́гры со свои́м компью́тером? Кто обы́чно выи́грывает?
3. Каки́м ви́дом спо́рта вы занима́етесь? Каки́м ви́дом спо́рта лю́бят занима́ться в ва́шей стране́?

2 **а) Посмотрите на рисунки. Опишите день Антона. С кем и когда он встречался и общался в течение дня? Для рассказа используйте данные глаголы:**

говори́ть по телефо́ну, догова́риваться — договори́ться, гуля́ть — погуля́ть, встреча́ться — встре́титься, проводи́ть — провести́ вре́мя, бесе́довать — побесе́довать, обсужда́ть — обсуди́ть, ссо́риться — поссо́риться, мири́ться — помири́ться, целова́ться — поцелова́ться

Анто́н   7 часо́в   7.45

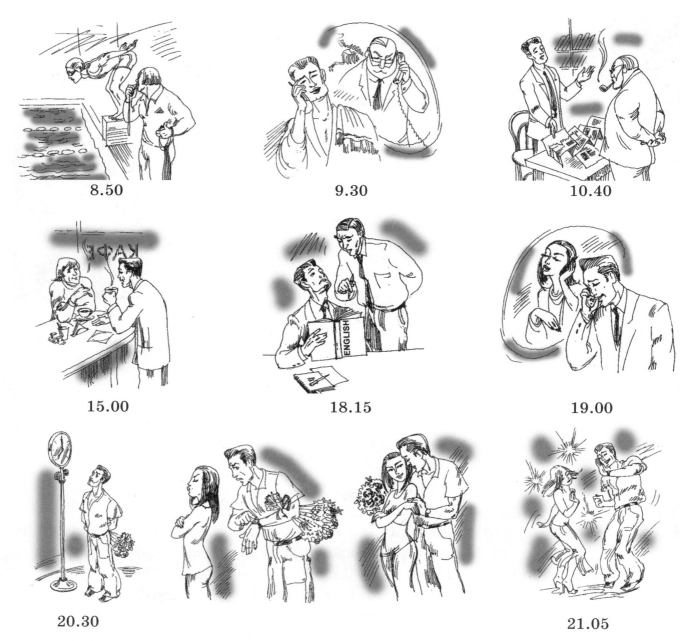

8.50   9.30   10.40

15.00   18.15   19.00

20.30   21.05

б) Что расскажет Антон об этом дне?

3   **а) Ответьте на вопросы:**

1. С кем вы прово́дите своё свобо́дное вре́мя?
2. С кем вы мо́жете посове́товаться, е́сли у вас есть пробле́мы?
3. С кем вы лю́бите обсужда́ть после́дние но́вости (интере́сную кни́гу, спекта́кль, фильм, футбо́л)?
4. С кем вы лю́бите говори́ть по телефо́ну?
5. С кем вы познако́мились, когда́ прие́хали в Москву́?

б) Задайте эти вопросы своим друзьям. Скажите, что вы узнали?

в) Опишите свой день (обычный и воскресенье).

4 **Восстановите предложения. Используйте глаголы:**

а) встреча́ть — встре́тить кого? (4)
встреча́ть**ся** — встре́тить**ся с кем?** (5)

друг с дру́гом

1. Ка́ждый ве́чер Анто́н ... со свое́й подру́гой.
2. Сейча́с Анто́на нет на заня́тии, потому́ что он ... в аэропорту́ своего́ отца́.
3. Два го́да наза́д Анто́н око́нчил шко́лу, но он регуля́рно ... со свои́м кла́ссом.
4. Анто́н ... свою́ подру́гу о́коло метро́, и они́ реши́ли пойти́ домо́й пешко́м.
5. Студе́нты ... с дека́ном экономи́ческого факульте́та и обсуди́ли с ним свои́ пробле́мы.
6. Неда́вно Анто́н был в Большо́м теа́тре. Там он ... своего́ дру́га, кото́рого давно́ не ви́дел.

б) сове́товать — посове́товать кому? (3) что де́лать / сде́лать?
сове́товать**ся** — посове́товать**ся с кем?** (5)

друг с дру́гом

1. Когда́ у меня́ есть пробле́мы, я ... со свои́м отцо́м.
2. Пе́ред экза́меном преподава́тель ... нам повтори́ть грамма́тику.
3. Врач ... больно́му бо́льше гуля́ть на све́жем во́здухе.
4. Роди́тели ... и реши́ли подари́ть сы́ну но́вый компью́тер.
5. Е́сли у вас ча́сто боли́т голова́, вам ну́жно ... с врачо́м.
6. Ната́ша ... со свои́м преподава́телем и реши́ла поступа́ть на факульте́т журнали́стики.

в) знако́мить — познако́мить кого? (4) с кем? (5)
знако́мить**ся** — познако́мить**ся с кем?** (5)

друг с дру́гом

1. А́нна и И́горь ... ле́том на ю́ге.
2. На конце́рте в консервато́рии А́нна встре́тила своего́ дру́га И́горя и ... его́ со свое́й семьёй: — И́горь, я хочу́ ... тебя́ со свои́ми роди́телями.
   — Ма́ма, ... , э́то мой друг И́горь.
3. И́горь с удово́льствием ... с семьёй А́нны.
4. Студе́нты бы́ли на ве́чере в литерату́рном клу́бе и ... с молоды́м поэ́том и его́ но́вой кни́гой.
5. Преподава́тель ... но́вого студе́нта с гру́ппой, в кото́рой он бу́дет учи́ться.
6. В те́ксте, кото́рый вы бу́дете чита́ть, вы встре́тите но́вые слова́, ... с ни́ми.

5 **Прослу́шайте диало́ги (1, 2, 3).**
   а) Опиши́те ситуа́цию. Скажи́те, что вы узна́ли?

34

1.
— У меня́ ско́ро *экза́мен* по матема́тике, а я не всё понима́ю.
— Тебе́ обяза́тельно ну́жно позанима́ться со *свои́м преподава́телем*. Он объясни́т тебе́ тру́дные зада́чи.

ката́ться на лы́жах — о́пытный тре́нер,
боли́т голова́ — хоро́ший врач,
купи́ть компью́тер — хоро́ший специали́ст,
сде́лать причёску — изве́стный парикма́хер

2.

— Ви́ктор, посмотри́, с *како́й симпати́чной де́вушкой* танцу́ет Андре́й. Ты не зна́ешь, кто э́то?
— Зна́ю, э́то *моя́ мла́дшая сестра́*.
— Познако́мь меня́ со свое́й мла́дшей сестро́й. Она́ мне о́чень понра́вилась.

краси́вая де́вушка — шко́льная подру́га, ста́рая знако́мая, молодо́й челове́к — ста́рый друг,
мла́дший / ста́рший брат

3.

— Здра́вствуйте, что вы хоти́те?
— Я хочу́ поменя́ть *общежи́тие*, так как оно́ нахо́дится о́чень далеко́ от факульте́та. *С кем я могу́ поговори́ть?*
— Вы мо́жете поговори́ть с *замести́телем дека́на* Никола́ем Ива́новичем Но́виковым.
— А где я могу́ его́ найти́?
— На второ́м этаже́, в ко́мнате №12.
— Спаси́бо.

ко́мната — коменда́нт общежи́тия, аудито́рия — инспе́ктор по уче́бной рабо́те,
гру́ппа / специа́льность — замести́тель дека́на,
биле́т на матч — ста́рший касси́р

б) Составьте свои диалоги по образцу диалогов (1, 2, 3).
(Используйте слова и словосочетания справа).

в) Прослушайте диалоги своих товарищей и скажите, что вы узнали.

 # 2. Творительный падеж (5). Профессии, занятия, увлечения

Посмотрите таблицу 2. Дополните таблицу своими примерами.
(Составьте свои предложения по данным образцам.)
Таблица 2.

		кем? (5)
Мой друг	хо́чет быть / хо́чет стать был / стал бу́дет / ста́нет	де́тским врачо́м.
Моя́ подру́га	рабо́тает (рабо́тала, бу́дет рабо́тать)	медици́нской сестро́й.
		чем? (5)
Мои́ друзья́	занима́ются интересу́ются увлека́ются	лы́жным спо́ртом. совреме́нным иску́сством. популя́рной му́зыкой.

Сравните:

стать (СВ) ⟷ быть (НСВ)

Пётр I **стал** пе́рвым росси́йским импера́тором в 1721 году́.

Пётр I **был** пе́рвым росси́йским импера́тором 4 года.

стать I (СВ) кем? (5)

я ста́ну
ты ста́нешь
они ста́нут
стал (-а, -и)

6

а) Прочитайте фрагменты статей из молодёжной газеты. Какая статья вас заинтересовала и почему?

Меня зовут Игорь. Я учусь на факультете журналистики МГУ, интересуюсь международной политикой. Моя мечта — стать политическим обозревателем и работать в газете или на телевидении.

Меня зовут Марина. Я учусь на историческом факультете Гуманитарного университета. Я много читаю, интересуюсь русской историей и культурой, потому что хочу быть образованным человеком и хорошим экскурсоводом. Моя мечта — работать в Историческом музее в Москве.

Познакомьтесь с новой телевизионной программой, которая называется «Синяя птица». В этой программе участвуют молодые талантливые мальчики и девочки. Они занимаются современной и классической музыкой и народным танцем и балетом. Каждый из них мечтает стать звездой.
Например, Юля из Саратова мечтает стать известным композитором. Она сочиняет музыку и пишет стихи.
А Михаил из Екатеринбурга, общительный, энергичный, обаятельный молодой человек, мечтает стать телевизионным ведущим.

Меня зовут Даша. Мне 19 лет. Я ещё не выбрала свою профессию. В свободное время я занимаюсь спортом, потому что я хочу всегда быть стройной и красивой. Скоро я выйду замуж. Я знаю, что стану хорошей женой и хозяйкой.

б) Скажите, что вы узнали о Марине, Даше, Михаиле, Юле, Игоре? Чем они занимаются, кем они хотят стать?

в) Скажите, что вы узнали о новой телевизионной программе «Фабрика звёзд»?

7

а) Расскажите, чем занимаются, интересуются, увлекаются ваши друзья? Кем они хотят стать? (Используйте данные ниже существительные, подберите к ним подходящие по смыслу прилагательные.)

Образец: Мой друг увлекается русской историей.
                Он хочет стать хорошим специалистом.

Занятия, увлечения: медицина, экономика, компьютер, техника, социология, литература, искусство, наука, театр, кино.

Профессии: врач, экономист, программист, инженер, социолог, писатель, искусствовед, учёный, артист, режиссёр.

Современный, русский, зарубежный, молодёжный, детский; хороший, опытный, известный.

б) Напишите краткую статью об одном из ваших друзей, его интересах, увлечениях, о том, кем и почему он хочет стать.

8 **а) Прочитайте текст, восстановите его** (поставьте слова в скобках в нужную форму). **Скажите, что представляет собой гуманитарный колледж.**

Вот уже́ почти́ 20 лет Викто́рия Па́влова явля́ется (дире́ктор) гумани́тарного ко́лледжа, кото́рый нахо́дится в небольшо́м го́роде на се́вере Росси́и. Как Викто́рия Па́влова нашла́ своё призва́ние? Как она́ шла к своему́ успе́ху? Как скла́дывалась её карье́ра?

Когда́ Викто́рия учи́лась в шко́ле, она́ ста́ла (чемпио́нка) го́рода по гимна́стике. Роди́тели говори́ли, что она́ ста́нет (изве́стная спортсме́нка). Но Викто́рия реши́ла стать (хи́мик). Она́ хорошо́ учи́лась и серьёзно увлека́лась (хи́мия и фи́зика). Когда́ де́вушка око́нчила шко́лу, она́ поступи́ла в университе́т (хими́ческий факульте́т). По́сле университе́та Викто́рия рабо́тала в хими́ческой лаборато́рии. Но рабо́та ей не нра́вилась, поэ́тому она́ ушла́ из лаборато́рии и начала́ рабо́тать в шко́ле, преподава́ла в институ́те, дава́ла ча́стные уро́ки по (хи́мия и фи́зика). Викто́рия Па́влова была́ о́чень (хоро́ший преподава́тель), поэ́тому студе́нты и шко́льники с удово́льствием бра́ли у неё ча́стные уро́ки. Ка́ждый год у неё бы́ло мно́го (ученики́).

Но са́мое гла́вное для же́нщины — э́то семья́. Поэ́тому, когда́ роди́лись дети — снача́ла сын, а пото́м дочь — Викто́рия ста́ла занима́ться их (воспита́ние и образова́ние). Она́ ста́ла реша́ть вопро́сы, ва́жные для ка́ждого челове́ка. Куда́ пойти́ учи́ться? Где получи́ть хоро́шее образова́ние? Как найти́ своё ме́сто в жи́зни?

Её ста́рший сын Алексе́й о́чень люби́л рисова́ть и хоте́л быть (худо́жник). А мла́дшая дочь Да́рья хорошо́ танцева́ла и увлека́лась (му́зыка). Тогда́ Па́влова откры́ла (шко́ла жи́вописи), где на́чал учи́ться её ста́рший сын, шко́лу та́нцев и музыка́льную шко́лу, где ста́ла занима́ться Да́рья и други́е тала́нтливые де́ти. И э́то бы́ло то́лько нача́ло.

Викто́рия Па́влова мечта́ла созда́ть одну́ большу́ю ШКО́ЛУ, в кото́рой бу́дет и де́тский сад, и общеобразова́тельная шко́ла, и ко́лледж, и мно́гое друго́е.

Сейча́с у (Викто́рия Па́влова) есть гуманита́рный ко́лледж. Э́то не одно́ зда́ние, а це́лый городо́к. Там есть де́тский сад, шко́ла, ко́лледж, музыка́льная шко́ла, шко́ла та́нцев, шко́ла иску́сств, бассе́йн и небольшо́й стадио́н. Ка́ждый ребёнок не то́лько у́чится, но и занима́ется тем, что ему́ нра́вится.

б) Прочитайте текст ещё раз, расскажите, что вы узнали о биографии Виктории Павловой. Что вы думаете об этой женщине и её жизни?

9 a) **Прочитайте текст, восстановите его с помощью глаголов справа** (дайте правильную форму глаголов).

В Москве́ есть больша́я фи́рма — сеть апте́к, кото́рая называ́ется «36,6». Анастаси́я Вави́лова до́лгое вре́мя рабо́тала в э́той фи́рме.

Анастаси́я око́нчила социологи́ческий факульте́т МГУ, но ей бы́ло неинтере́сно ... просты́м социо́логом. Она́ хоте́ла ... интере́сным и поле́зным де́лом. В э́то вре́мя хоро́ший знако́мый Анастаси́и пригласи́л её на рабо́ту в свою́ компа́нию, кото́рая создава́ла но́вые апте́ки. Апте́ки, лека́рства — Анастаси́я никогда́ не ... лека́рствами, ничего́ не зна́ла об э́том. Но она́ всегда́ ... оптими́сткой, поэ́тому реши́ла попро́бовать и ... рабо́тать вме́сте со свои́м дру́гом. Она́ ... ... о́чень тру́дным, но интере́сным де́лом — созда́нием большо́й фи́рмы «36,6». После́дние 15 лет Анастаси́я Вави́лова ... генера́льным дире́ктором э́той фи́рмы. «Я сча́стлива, — сказа́ла Анастаси́я, — что ... ну́жным и поле́зным де́лом — помога́ю лю́дям».

Свобо́дное вре́мя Анастаси́я ... со свое́й семьёй. Они́ ... спо́ртом и тури́змом — ката́ются на лы́жах, ... се́рфингом. Анастаси́я говори́т, что семья́ ... для неё са́мым ва́жным в жи́зни.

увлека́ться

рабо́тать

занима́ться

интересова́ться

явля́ться

проводи́ть (вре́мя)

быть

согласи́ться

нача́ть

познако́миться

б) **Прочитайте текст ещё раз. Скажите, что вы узнали об Анастасии Вавиловой. Как Анастасия нашла своё призвание?**

в) **Напишите предложения с данными глаголами:**
познако́миться (с кем?), сове́товаться (с кем?), интересова́ться (чем?), увлека́ться (чем?), занима́ться (чем?), явля́ться (кем?/чем?), быть / стать (кем?)

10 Какие вопросы можно задать по текстам (упр. 8, 9), если вас интересует дополнительная информация о Виктории Павловой и Анастасии Вавиловой?

3. Творительный падеж (5). Характеристика человека

> Не родись красивой, а родись счастливой.

	какой? / какая? (1)	
Мой друг — Моя подруга —	—	са́мый си́льный и сме́лый. са́мая краси́вая.
		каким? / какой? (5)
Мой друг Моя подру́га	хо́чет быть / стать бу́дет / ста́нет был(а) / стал(а)	са́мым си́льным и сме́лым. са́мой краси́вой.

11

а) Посмотрите на рисунки. Скажите, что делают эти люди и почему? Какими они хотят стать?

си́льный
большо́й, высо́кий

у́мный

здоро́вый, си́льный

изве́стный, популя́рный

стро́йная, краси́вая

мо́дная, краси́вая

высо́кая

б) Запишите краткую информацию об этих людях. Какую дополнительную информацию вы можете сообщить о них?

12 а) Закончите предложения:

1. Ка́ждый ма́льчик хо́чет быть ...
2. Ка́ждая де́вочка мечта́ет быть ...
3. Ка́ждая де́вушка хо́чет стать ...
4. Ка́ждый молодо́й челове́к мечта́ет стать ...
5. Ка́ждый молодо́й арти́ст мечта́ет стать ...

б) Составьте 2—3 своих предложения по аналогии с а).

4. Творительный падеж (5). Определение

	какой?
Молодо́й челове́к	с больши́м портфе́лем. с моби́льным телефо́ном. с большо́й бородо́й.
	какая?
Мне нра́вится де́вушка	с краси́вой улы́бкой. с больши́м буке́том. с дли́нной косо́й.

13 Посмотрите на рисунки, прочитайте подписи к ним.
Задайте аналогичные вопросы своим друзьям.

— **Каки́е** фи́льмы вы лю́бите?
— Фи́льмы **со счастли́вым концо́м.**

(кни́ги, спекта́кли)

— **Како́й** но́мер вы хоти́те?
— Но́мер **с краси́вым ви́дом на мо́ре.**

(ко́мната, кварти́ра)

— **Како́е** моро́женое ты хо́чешь?
— Моро́женое **со све́жей клубни́кой.**

(пиро́г с капу́стой, бутербро́д с кра́сной икро́й, с бе́лой ры́бой)

а) Посмотрите на рисунки, найдите указанных людей:

1) пожило́го челове́ка с большо́й бородо́й; 2) молоду́ю де́вушку с те́ннисной раке́ткой; 3) молодо́го челове́ка с больши́м буке́том цвето́в; 4) же́нщину с большо́й су́мкой; 5) ма́льчика с большо́й краси́вой соба́кой; 6) краси́вую де́вушку с дли́нной косо́й; 7) ма́ленькую де́вочку с больши́м котёнком; 8) де́вушку с музыка́льным инструме́нтом.

Скажите, кто эти люди, что они делают, чем занимаются?

15

а) Прочитайте микротекст.

Скажите, какие часы создала американская фирма «Apple»?

Часы́ с фотока́мерой

Америка́нская фи́рма «Apple» (эпл) создала́ но́вые часы́ с цветно́й цифрово́й фотока́мерой. В па́мяти часо́в нахо́дятся 100 фотогра́фий, кото́рые мо́жно посмотре́ть на том же диспле́е, где и вре́мя.

Часы́ запомина́ют да́ту и вре́мя, когда́ вы сде́лали ка́ждый сни́мок. Мо́жно увели́чить фотогра́фии в 2 ра́за, мо́жно переда́ть их в компью́тер и́ли на други́е таки́е же часы́. Есть вы́ход в Интерне́т через Wi-Fi (вай-фай).

б) Какие у вас часы? Какие часы вы хотите купить?

в) Какой у вас телефон и почему вы его выбрали? Какой телефон вы хотите купить? (Для ответа используйте данные слова и словосочетания. Спросите об этом у своих друзей.)

что? с чем? (5)	телефо́н **с** буди́льник**ом**

что? без чего? (2)	телефо́н **без** буди́льник**а**

- ☐ вы́ход в Интерне́т
- ☐ буди́льник
- ☐ калькуля́тор
- ☐ электро́нные и́гры
- ☐ навига́тор
- ☐ гро́мкая свя́зь
- ☐ диктофо́н
- ☐ орга́на́йзер
- ☐ прое́ктор
- ☐ экра́н-трансфо́рмер

 5. Творительный падеж (5). Инструмент

*Что напи́сано перо́м,
не вы́рубишь топоро́м.*

16

а) Прочитайте микротекст. Скажите, когда и где появилась шариковая ручка, кто её изобрёл?

Давны́м-давно́ лю́ди писа́ли деревя́нной па́лочкой на восково́й доске́. Во времена́ А.С. Пу́шкина писа́ли гуси́ным перо́м. В музе́е А.С. Пу́шкина вы мо́жете уви́деть гуси́ное перо́, кото́рым писа́л свои́ стихи́ вели́кий поэ́т.

На́ши ба́бушки и де́душки писа́ли деревя́нной ру́чкой с металли́ческим перо́м, ма́мы и па́пы — авторучкой. А мы с ва́ми пишем ша́риковой ру́чкой, кото́рая появи́лась в 1945 году́ в Аргенти́не. Её а́втором был изобрета́тель Ла́сло Би́ро. И́менно э́тот челове́к приду́мал и сде́лал обыкнове́нную ша́риковую ру́чку, кото́рой мы с ва́ми пи́шем.

б) Скажите, чем люди писали раньше и чем мы пишем сейчас?

17 **Посмотрите на рисунки и скажите, что делают эти люди?** (Используйте подписи под рисунками и слова слева.)

мел,
краска,
топор,
ложка,
нож,
вилка,
палочки,
градусник

кра́сить   руби́ть дрова́

измеря́ть температу́ру

 6. Твори́тельный паде́ж (5). Ме́сто. Где? (под, над, перед, за, между, рядом с)

18 **а) Прочитайте описание дома, о котором мечтает Маша. Нарисуйте этот дом и всё, что находится в нём.**

Э́то наш но́вый дом, о кото́ром мечта́ет вся на́ша семья́. Ма́ма хо́чет, что́бы пе́ред на́шим но́вым до́мом был большо́й бассе́йн, что́бы пла́вать. Ба́бушка мечта́ет, что́бы за на́шим до́мом был фрукто́вый сад, в кото́ром бу́дут расти́ я́блоки и гру́ши. Де́душка хо́чет, что́бы за на́шим но́вым до́мом был лес, что́бы дыша́ть све́жим во́здухом и собира́ть в лесу́ грибы́ и я́годы. Па́па мечта́ет, что́бы под на́шим до́мом был гара́ж, в кото́ром бу́дет стоя́ть на́ша маши́на. Он хо́чет, что́бы ме́жду до́мом и ле́сом шла доро́га, по кото́рой он бу́дет е́здить в го́род. А я хочу́, что́бы над на́шим до́мом всегда́ свети́ло со́лнце.

б) Опишите дом, о котором вы мечтаете. (Используйте предлоги: перед, за, над, под, между, рядом с.)

19 **Посмотрите на рисунки и опишите их.** (Используйте предлоги: перед, за, над, под, между, рядом с.)

 7. Творительный падеж (5). Время

Посмотрите схему, дайте свои примеры.

| перед чем? (5)
перед уро́ком
перед экза́меном
перед пое́здкой
перед едо́й | ← **Когда?** → | по́сле чего? (2)
по́сле уро́ка
по́сле экза́мена
по́сле пое́здки
по́сле еды́ |

20 **Скажите, когда это нужно делать.**
(Используйте существительные, данные справа, с предлогами перед и после.)

1. Мо́йте ру́ки ...

2. Не волну́йтесь ...

3. Собира́йте чемода́н ...

4. Вы́мойте посу́ду ...

5. Это лека́рство на́до пить ...

6. Вам на́до отдохну́ть ...

7. Напиши́те поздрави́тельные откры́тки ...

8. Пожела́йте друг дру́гу споко́йной но́чи ...

еда́

экза́мен

пое́здка

сон

рабо́та

пра́здник

обе́д

за́втрак

Прочитайте таблицу. Обратите внимание на изменения при переводе прямой речи в косвенную. Скажите, что вы уже знаете, а что является для вас новым?

1.

«Внима́ние! В воскресе́нье в 10 часо́в утра́ ⎡у вас⎤ бу́дет экску́рсия в Клин».

Преподава́тель сказа́л, **что** в воскресе́нье в 10 часо́в утра́ ⎡у нас⎤ бу́дет экску́рсия в Клин.

2.

«Скажи́те, пожа́луйста, **кто** пое́дет на экску́рсию? **Что** ⎡вы⎤ хоти́те уви́деть в Клину́?»

Преподава́тель спроси́л, **кто** пое́дет на экску́рсию и **что** ⎡мы⎤ хоти́м уви́деть в Клину́.

3.

«Уважа́емые студе́нты!
Возьми́те с собо́й студе́нческие биле́ты и не ⎡опа́здывайте⎤ на экску́рсию».

Преподава́тель сказа́л,
что́бы мы **взя́ли** с собо́й студе́нческие биле́ты и не ⎡опа́здывали⎤ на экску́рсию.

4.

«**Вы хоти́те** пообе́дать в рестора́не по́сле экску́рсии?»

Преподава́тель спроси́л, **хоти́м ли мы** пообе́дать в рестора́не по́сле экску́рсии.

21

а) Прочитайте примеры. Опишите ситуации, в которых разговаривают эти люди.

Прямая речь	Косвенная речь

Вы не зна́ете, где здесь остано́вка авто́буса?

Де́вушка спроси́ла меня́, **не зна́ю ли я**, где остано́вка авто́буса.

Вы не мо́жете помо́чь мне перейти́ у́лицу?

Пожила́я же́нщина спроси́ла меня́, **не могу́ ли я помо́чь** ей перейти́ у́лицу.

Ты хо́чешь пойти́ сего́дня в кино́? У меня́ есть ли́шний биле́т.

Мой друг спроси́л меня́, **хочу́ ли я пойти́** сего́дня в кино́.

У вас есть проездно́й биле́т?

Контролёр спроси́л меня́, **есть ли у меня́** проездно́й биле́т.

Ты бу́дешь игра́ть с на́ми в футбо́л по́сле заня́тий?

Друзья́ спроси́ли меня́, **бу́ду ли я игра́ть** с ни́ми в футбо́л по́сле заня́тий.

б) О чём спроси́ли Анто́на эти люди (де́вушка, пожила́я же́нщина, друг Анто́на, контролёр, друзья́)?

22 а) Прочитайте текст и скажите, почему японский миллионер живёт в России?

Все жители Иркутска знают о японском миллионере, который приехал из Японии, чтобы жить в России. Ютака Хориз, так зовут этого японца, живёт в Иркутске в самом обычном доме, в небольшой квартире на третьем этаже. Корреспондент агентства «Новости» поехал к японскому миллионеру, чтобы взять у него интервью.

На скамейке рядом с обычным пятиэтажным домом сидели строгие бабушки.

— Скажите, японский миллионер здесь живёт? — спросил у них корреспондент.

— Здесь, здесь... — охотно ответили бабушки. — Идите на третий этаж, справа. Он сейчас как раз дома, с утра никуда не выходил.

Ютака-сан оказался человеком приветливым и разговорчивым. Он с удовольствием дал интервью корреспонденту агентства «Новости».

— Ютака-сан, скажите, сколько вам лет?

— Я ещё очень молодой. Мне только 66 лет.

— И вы действительно хотите жить в России? Почему?

— Я всегда мечтал жить в России. В молодости я серьёзно занимался русским языком, окончил Институт русского языка в Токио, потом работал переводчиком в японском посольстве в Москве. Мне всегда нравилась Россия, и я решил стать российским гражданином.

— А почему вы решили жить именно в Иркутске?

— Потому что Иркутск находится ровно посередине между российской столицей Москвой и японской столицей Токио.

— Кстати, Ютака-сан, почему вы живёте в небольшой квартире в обычном, уже не новом доме? Вы ведь очень богатый человек! Миллионер! Купите большую хорошую квартиру в новом доме.

— Я скромный человек. Я решил жить так, как живут обычные русские люди. Не хочу ничем от них отличаться.

— Скажите, а зачем, с какой целью 5 лет назад вы купили часть российской орбитальной станции «Мир» за 10 миллионов долларов?

— В то время российская космонавтика испытывала материальные трудности. Чтобы помочь орбитальной станции «Мир», я купил один её модуль за 10 миллионов долларов. Я рад, что помог вашей орбитальной станции, и через некоторое время первый японский космонавт совершил космический полёт в совместном российско-японском экипаже.

— Ютака-сан, у вас есть семья?

— В Японии я был женат, но мы с женой давно развелись. У меня трое детей. Кстати, когда мы развелись, я один воспитывал их. Но сейчас мои дети уже взрослые. У них своя жизнь.

— Это пра́вда, что вы хоти́те найти́ себе́ жену́ в Росси́и и да́же да́ли объявле́ние на са́йте?

— Да, э́то пра́вда. Я хочу́ познако́миться с хоро́шей ру́сской де́вушкой. Когда́ я ви́жу на у́лице краси́вую де́вушку, я не могу́ подойти́ к ней. Так у нас в Япо́нии не при́нято, поэ́тому я дал объявле́ние на са́йте.

— Скажи́те, како́й должна́ быть ва́ша бу́дущая жена́?

— Она́ должна́ быть до́брой, у́мной, краси́вой...

— Она́ должна́ быть хоро́шей хозя́йкой? Хорошо́ гото́вить, стира́ть, убира́ть?

— Нет, э́то необяза́тельно. Мы с мое́й бу́дущей жено́й бу́дем всё де́лать вме́сте: и гото́вить, и стира́ть, и убира́ть. Кста́ти, я сам хорошо́ гото́влю суп, мя́со, ры́бу, о́вощи. Бу́дущая жена́ должна́ стать мое́й хоро́шей помо́щницей, ве́рной жено́й и хоро́шей ма́терью. Э́то гла́вное.

б) Прочита́йте статью́ «Япо́нский миллионе́р в Росси́и», кото́рую написа́л корреспонде́нт аге́нтства «Но́вости». Скажи́те, кака́я информа́ция о япо́нце по и́мени Юта́ка Хо́риз отсу́тствует в э́той статье́?

Япо́нский миллионе́р в Росси́и

Неда́вно из Япо́нии в Росси́ю прие́хал настоя́щий япо́нский миллионе́р. Граждани́н Япо́нии хо́чет жить и рабо́тать в Росси́и, потому́ что он о́чень лю́бит э́ту страну́, её люде́й и, коне́чно, ру́сский язы́к. Он свобо́дно говори́т по-ру́сски, так как изуча́л ру́сский язы́к в Токи́йском институ́те ру́сского языка́ в Япо́нии, пото́м не́сколько лет рабо́тал в Росси́и.

Юта́ка Хо́риз интересу́ется росси́йской космона́втикой. 5 лет наза́д он купи́л оди́н мо́дуль росси́йской орбита́льной ста́нции «Мир», что́бы материа́льно помо́чь э́той ста́нции. Юта́ка Хо́риз о́чень рад, что япо́нский космона́вт соверши́л совме́стный косми́ческий полёт вме́сте с росси́йским космона́втом.

Сейча́с Юта́ка Хо́риз прие́хал в Росси́ю, что́бы познако́миться здесь с краси́вой ру́сской же́нщиной. Он мечта́ет созда́ть семью́ и хо́чет, что́бы его́ бу́дущая жена́ была́ ему́ хоро́шей, ве́рной подру́гой и настоя́щим помо́щником.

в) Что вы узна́ли о япо́нце по и́мени Юта́ка Хо́риз? Как вы ду́маете, како́й он челове́к?

г) Каки́е вопро́сы вы задади́те япо́нскому миллионе́ру, е́сли бу́дете брать у него́ интервью́?

д) Прочита́йте текст ещё раз. Скажи́те, о чём корреспонде́нт спра́шивал япо́нца Юта́ку Хо́риза и как он отве́тил на его́ вопро́сы?
(Переведи́те прямую́ речь в ко́свенную.)

Сложное предложение со словом «который» в творительном падеже (5)

Это мой **новый друг**. **С мойм новым другом** мы часто ходим в клуб.

▼

Это мой новый друг, **с которым** мы часто ходим в клуб.

Это моя **школьная подруга**. Я часто встречаюсь **со своей школьной подругой**.

Это моя школьная подруга, **с которой** я часто встречаюсь.

Мне нравится **спорт**. **Этим видом спорта** увлекается мой старший брат.

▼

Мне нравится вид спорта, **которым** увлекается мой старший брат.

23 **Прочитайте предложения. Из двух предложений сделайте одно.**
(Используйте слова с которым, с которой, которым, которой.)

1. Вчера вечером я позвонил своему другу. Мне нужно было встретиться **со свойм другом** и поговорить.
2. На улице Илья встретил знакомую девушку. **С этой девушкой** он вчера танцевал на вечеринке.
3. На этой фотографии мой старый друг. **С ним** мы вместе учились в университете.
4. В какой газете работает молодая журналистка? **С этой журналисткой** мы недавно познакомились на конференции.
5. Как называется этот старый мост? Рядом **с этим мостом** находится твой дом.
6. Я тоже интересуюсь спортом. **Этим видом спорта** занимаются мои друзья.
7. В музее мы видели старинное гусиное перо. **Этим старинным гусиным пером** писал Александр Пушкин.

24 **Восстановите предложения. Вместо точек вставьте слова**
с которым, с которой, которым, которой.

1. Расскажи мне о художнике, ... ты встречался на выставке.
2. Я не узнала голос человека, ... говорила по телефону.
3. Сегодня Алексей купил редкую книгу, ... интересовалась его сестра.
4. Родители часто не понимают музыку, ... увлекаются их дети.
5. Я никогда не видел человека, ... познакомился по Интернету.
6. Человек, ... я общаюсь по Интернету, живёт в другой стране.
7. Я ещё не видела новую станцию метро, рядом ... ты живёшь.

25

В тексте, который вы будете читать, вы встретите новые слова и выражения. Прочитайте примеры и объяснения, постарайтесь понять значение выделенных слов без словаря.

1. **защища́ть – защити́ть что? (4)**

дипло́мную рабо́ту
кандида́тскую диссерта́цию
до́кторскую диссерта́цию

На 5 ку́рсе все студе́нты должны́ написа́ть дипло́мную рабо́ту и **защити́ть** её. Анто́н успе́шно **защити́л** дипло́мную рабо́ту. = Анто́н публи́чно доказа́л, что э́та рабо́та представля́ет собо́й серьёзное нау́чное иссле́дование.

2. **рабо́тать над чем? = занима́ться чем, что де́лать?**

над кандида́тской диссерта́цией = писа́ть диссерта́цию
над но́вой карти́ной = рисова́ть карти́ну
над но́вым фи́льмом = де́лать фильм = снима́ть фильм

3. **снима́ть — снять что? (4)**

снял (-а, -и)   фильм
снима́л (-а, -и)

Изве́стный режиссёр **снял** но́вый фильм о Росси́и. Он **снима́л** э́тот фильм 3 го́да. = Он рабо́тал над фи́льмом 3 го́да.

4. **Съёмочная гру́ппа** — э́то гру́ппа люде́й, кото́рые вме́сте рабо́тают над фи́льмом, то есть снима́ют фильм.

5.

кому?	прихо́дится		
	пришло́сь	+	инфинити́в
	придётся		

Когда́ я опа́здываю на после́дний авто́бус, мне **прихо́дится** идти́ домо́й пешко́м. = Когда́ я опа́здываю на после́дний авто́бус, мне на́до идти́ домо́й пешко́м.

Ему́ **пришло́сь** мно́го рабо́тать, что́бы зарабо́тать де́ньги на учёбу за грани́цей. = Ему́ на́до бы́ло мно́го рабо́тать, что́бы зарабо́тать де́ньги на учёбу за грани́цей.

Е́сли ты забу́дешь уче́бник, тебе́ **придётся** возвраща́ться домо́й за уче́бником. = Е́сли ты забу́дешь уче́бник, тебе́ на́до бу́дет возвраща́ться домо́й за уче́бником.

а). Просмотрите текст и найдите ответы на следующие вопросы:

1. В како́м фи́льме Серге́й Бодро́в сыгра́л гла́вную роль?
2. В како́м фи́льме он игра́л с изве́стной францу́зской актри́сой?
3. Когда́ поги́б Серге́й Бодро́в?
4. Ско́лько лет ему́ бы́ло?

б) Прочитайте текст. Скажите, что случилось с Сергеем Бодровым.

Серге́й Бодро́в был на́шим совреме́нником. Он роди́лся в Москве́ 12 декабря́ 1971 го́да. Его́ зва́ли Серге́ем Бодро́вым-мла́дшим, так как ста́ршим в семье́ был его́ оте́ц, изве́стный кинорежиссёр Серге́й Бодро́в.

В шко́ле Серге́й интересова́лся ру́сской и мирово́й культу́рой, литерату́рой, исто́рией; как и все ребя́та, занима́лся спо́ртом. По́сле шко́лы он поступи́л на истори́ческий факульте́т МГУ́, так как исто́рия была́ его́ са́мым люби́мым предме́том.

По́сле оконча́ния университе́та Серге́й продо́лжил образова́ние в аспиранту́ре, где он занима́лся италья́нской жи́вописью и архитекту́рой. Три го́да он рабо́тал над кандида́тской диссерта́цией, успе́шно защити́л её и стал молоды́м кандида́том нау́к.

Серге́й Бодро́в не сра́зу сде́лал карье́ру и не сра́зу стал знамени́тым. Ему́ пришло́сь не то́лько мно́го учи́ться, но и мно́го рабо́тать, зараба́тывать де́ньги. Он рабо́тал просты́м рабо́чим на конди́терской фа́брике, шко́льным учи́телем, пото́м — телевизио́нным веду́щим в програ́мме «Взгляд». Зри́тели сра́зу полюби́ли но́вого телеведу́щего, потому́ что Серге́й был про́стым, откры́тым, и́скренним челове́ком, «свои́м па́рнем».

В 1995 году́ режиссёр Серге́й Бодро́в-ста́рший снял фильм «Кавка́зский пле́нник». Этот фильм был пе́рвым фи́льмом, кото́рый рассказа́л пра́вду о войне́ в Чечне́. Гла́вную ро́ль в э́том фи́льме — роль просто́го ру́сского солда́та — сыгра́л Серге́й Бодро́в-мла́дший. В 1997 году́ за фильм «Кавка́зский пле́нник» Серге́й получи́л Госуда́рственную пре́мию Росси́и.

Пото́м бы́ли фи́льмы «Брат», «Брат-2», «Восто́к-За́пад», «Сёстры», где зри́тели опя́ть уви́дели Серге́я Бодро́ва. В фи́льме «Восто́к — За́пад» он игра́л вме́сте с изве́стной францу́зской актри́сой Катри́н Денёв. По́сле фи́льма «Брат», кото́рый расска́зывает о пробле́мах молодёжи в Росси́и в конце́ двадца́того — нача́ле два́дцать пе́рвого ве́ка, Серге́й Бодро́в стал популя́рным киноарти́стом, а сам фильм стал о́чень мо́дным и́ли, как говоря́т сейча́с, ку́льтовым фи́льмом.

Серге́я Бодро́ва зна́ла вся страна́. Лю́ди узнава́ли его́ на у́лице, писа́ли ему́ пи́сьма. Но сла́ва не вскружи́ла ему́ го́лову, так как он был не то́лько у́мным, тала́нтливым, интеллиге́нтным, но и скро́мным, трудолюби́вым челове́ком. Он о́чень мно́го рабо́тал, е́здил по стране́. Серге́й Бодро́в всегда́ хоте́л занима́ться интере́сным де́лом. Он мечта́л стать режиссёром, как и его́ оте́ц.

В сентябре́ 2002 го́да он на́чал рабо́тать над но́вым фи́льмом в ка́честве режиссёра. Впервы́е он рабо́тал режиссёром и снима́л свой фильм. Вме́сте со съёмочной гру́ппой Серге́й Бодро́в-мла́дший пое́хал на Се́верный Кавка́з, в го́ры, что́бы снима́ть свой фильм. Его́ оте́ц вспомина́л, что Серге́й о́чень спеши́л на Кавка́з, потому́ что о́чень хоте́л быстре́е нача́ть рабо́ту над но́вым фи́льмом.

20 сентября́ в гора́х, где рабо́тала съёмочная гру́ппа, произошла́ катастро́фа: но́чью с гор сошёл огро́мный ледни́к; куски́ льда и ка́мни с большо́й ско́ростью лете́ли вниз. В результа́те катастро́фы поги́бло сто три́дцать челове́к. Там был Серге́й Бодро́в и его́ съёмочная гру́ппа.

Ему́ был то́лько 31 год. Он был не то́лько люби́мым арти́стом, он был лю́бящим му́жем и отцо́м. (У него́ была́ семья́ — жена́ и дво́е дете́й.) Он был молоды́м, краси́вым, си́льным челове́ком. Все, кто знал Серге́я,— его́ родны́е, друзья́, колле́ги, зри́тели — все люби́ли его́. Мо́жет быть, он действи́тельно был геро́ем на́шего вре́мени?!

в) Отве́тьте на вопро́сы:

1. Когда́ и где роди́лся Серге́й Бодро́в?
2. Почему́ его́ называ́ли Серге́ем Бодро́вым-мла́дшим?
3. Како́е образова́ние он получи́л?
4. Что он люби́л? Чем занима́лся в свобо́дное вре́мя?
5. Кем он рабо́тал?
6. В како́м фи́льме он сыгра́л свою́ пе́рвую роль?
7. Каку́ю роль он сыгра́л в э́том фи́льме?
8. Кто был режиссёром э́того фи́льма?
9. За что Серге́й Бодро́в получи́л Госуда́рственную пре́мию?
10. Как называ́ется фильм, по́сле кото́рого он стал популя́рным киноарти́стом?
11. О чём расска́зывает э́тот фильм?
12. Как вы понима́ете выраже́ние «сла́ва не вскружи́ла ему́ го́лову»?
13. Кем хоте́л стать Серге́й Бодро́в и почему́?
14. С како́й це́лью он пое́хал в го́ры на Се́верный Кавка́з?
15. Что случи́лось в сентябре́ 2002 го́да в гора́х на Се́верном Кавка́зе?
16. Что вы узна́ли о семье́ Серге́я Бодро́ва?
17. Как вы понима́ете выраже́ние «геро́й на́шего вре́мени»?
18. Как вы ду́маете, мо́жно ли назва́ть Серге́я Бодро́ва геро́ем на́шего вре́мени? Аргументи́руйте свой отве́т.
19. Как вы ду́маете, почему́ все, кто знал Серге́я Бодро́ва, люби́ли его́?
20. Назови́те фи́льмы, в кото́рых игра́л Серге́й Бодро́в. Како́й из них вы смотре́ли?
21. Посмотри́те фрагме́нт фи́льма «Брат». Обсуди́те его́ в гру́ппе.
22. Напиши́те письмо́ своему́ дру́гу и расскажи́те, что вы узна́ли о жи́зни и судьбе́ Серге́я Бодро́ва, посове́туйте ему́ посмотре́ть фильм «Брат».

27 В тексте, который вы будете читать, вы встретите новые слова. Прочитайте примеры и постарайтесь понять значение выделенных слов без словаря.

1. связан (-а, -о, -ы) с кем? с чем? (5)

был (-а, -о, -и) связан (-а, -о, -ы)
будет связан (-а, -о), будут связаны

- Людми́ла — музыка́нт. Она́ занима́ется му́зыкой. Вся её жизнь **связана с** му́зыкой.
- Оле́г — спортсме́н. Он занима́ется пла́ванием. Вся его́ жизнь **связана со** спо́ртом.

2. любить ≠ ненавидеть кого? что? (4) / что делать?

Я о́чень люблю́ со́лнце и **ненави́жу** дождь.

3. встреча́ться ≠ расстава́ться с кем? (5)
встре́титься ≠ **расста́ться**

- Мы встре́тились и познако́мились в Моско́вском университе́те, учи́лись вме́сте 5 лет, а пото́м **расста́лись**: ка́ждый из нас уе́хал в свою́ страну́.

- **Я расста́лся** со свои́м дру́гом по́сле университе́та. А че́рез 10 лет мы случа́йно встре́тились на нау́чной конфере́нции.

4. встреча́ть ≠ провожа́ть кого? (4) куда́? (4)
встре́тить ≠ **проводи́ть**

- Спекта́кль зако́нчился в 11 часо́в ве́чера. Бы́ло уже́ по́здно, поэ́тому Ви́ктор **проводи́л** Ната́шу домо́й.

5. оставаться	остаться	где? (6)
я остаю́сь	я оста́нусь	до́ма
ты остаёшься	ты оста́нешься	на ро́дине
они остаю́тся	они оста́нутся	
остава́лся (-лась, -лись)	оста́лся (-лась, -лись)	
Остава́йся!	Оста́нься!	
Остава́йтесь!	Оста́ньтесь!	

- Мой друг заболе́л, поэ́тому не пошёл на заня́тия и **оста́лся** до́ма.

6. остана́вливаться	остановиться	где? (6)
я остана́вливаюсь	я остановлю́сь	на остано́вке
ты остана́вливаешься	ты остано́вишься	о́коло гости́ницы
они остана́вливаются	они остано́вятся	
остана́вливался (-лась, -лись)	остановился (-лась, -лись)	

- Такси́ подъе́хало к гости́нице и **останови́лось**, мы вы́шли из маши́ны.
- По́езд **останови́лся**, и мы вошли́ в ваго́н.

7.

> **слы́шать – услы́шать что? (4)**
>
> я услы́шу
> ты услы́шишь
> они услы́шат
> услы́шал (-а, -и)

- Людми́ла шла по у́лице, **услы́шала** му́зыку и останови́лась, что́бы послу́шать.

8.

> **прийти́ (СВ) ≠ уйти́ (СВ)**
> (однократное действие)

- Сего́дня Ви́ктор **пришёл** в университе́т в 10 часо́в.
  Вчера́ Ви́ктор **ушёл** из университе́та в 3 часа́.

> **приходи́ть (НСВ) ≠ уходи́ть (НСВ)**
> (действие повторяется)

- Ви́ктор всегда **прихо́дит** (приходи́л) в университе́т в 10 часо́в.
  Ка́ждый день Ви́ктор **ухо́дит** (уходи́л) из университе́та в 3 часа́.

28 а) Прочитайте текст. Скажите, почему он так называется?

Сва́дебный марш

Людми́ла была́ хоро́шим музыка́нтом. Вся её жизнь была́ свя́зана с класси́ческой му́зыкой. День, когда́ она́ взяла́ в ру́ки скри́пку, стал для неё са́мым счастли́вым днём. В пять лет она́ начала́ учи́ться в музыка́льной шко́ле. Пото́м учи́лась в музыка́льном учи́лище и Моско́вской консервато́рии. Когда́ Людми́ла око́нчила консервато́рию, её пригласи́ли в симфони́ческий орке́стр. Рабо́та была́ о́чень серьёзная и интере́сная. Два го́да она́ с удово́льствием игра́ла в симфони́ческом орке́стре, но зарпла́та была́ о́чень ма́ленькая, поэ́тому Людми́ла ушла́ из орке́стра. В э́то вре́мя она́ нашла́ но́вую рабо́ту во Дворце́ бракосочета́ний.

Снача́ла рабо́та ей нра́вилась, потому́ что ка́ждый день она́ ви́дела молоды́е счастли́вые ли́ца. Молоды́е лю́ди приходи́ли сюда́, что́бы зарегистри́ровать свой брак, стать му́жем и жено́й. Ю́ная неве́ста в бе́лом возду́шном пла́тье и серьёзный жени́х в стро́гом чёрном костю́ме входи́ли в зал, и Людми́ла игра́ла для них сва́дебный марш Мендельсо́на. Она́ игра́ла для них, но мечта́ла о том дне, когда́ она́ сама́ войдёт в э́тот зал в сва́дебном пла́тье под руку со свои́м бу́дущим му́жем.

Уходи́ла одна́ па́ра, приходи́ла друга́я, а Людми́ла игра́ла и игра́ла оди́н и тот же торже́ственный марш, кото́рый дари́л сча́стье им, други́м, но не ей. Одна́жды Людми́ла с у́жасом поняла́, что она́ уже́ ненави́дит э́ту му́зыку и не мо́жет бо́льше игра́ть её.

— Не могу́ бо́льше, хочу́ уйти́, — сказа́ла она́ дире́ктору.

— А куда вы пойдёте? Будете играть в подземном переходе или в метро? — спросил директор. И Людмила осталась.

Людмиле было 30 лет. Она жила одна. Каждое утро она ездила на работу через весь город на метро, а вечером — домой, где её никто не ждал. Как-то вечером Людмила, как обычно, со своей скрипкой под мышкой, возвращалась домой. В подземном переходе она услышала прекрасную музыку и остановилась, чтобы послушать. Два музыканта: один — невысокий и худой, другой — огромный и с рыжей бородой, играли джаз. Мелодия кончилась. Большой приветливо спросил: «Как дела, коллега? Хотите играть с нами?» Людмила сердито ответила: «Что вы?! В переходе? Никогда!» — и быстро ушла. Но с тех пор каждый вечер она почему-то приходила на это место и слушала джаз, который играли уличные музыканты. И каждый раз они приглашали её играть с ними, и каждый раз она уходила.

Но однажды музыка была такой энергичной и жизнерадостной, что Людмила не смогла уйти. Она открыла футляр, взяла скрипку и начала играть. Она играла с удовольствием, с радостью. Любовь к музыке вернулась к ней. Ведь Людмила занималась только классикой и никогда не увлекалась настоящим джазом. А

джаз оказался прекрасной, удивительно интересной музыкой, с которой Людмила теперь не хотела расставаться.

Две недели они играли вместе. Это были прекрасные вечера в подземном переходе, который стал для неё вторым домом. Теперь у Людмилы появились добрые друзья. Одного музыканта звали Эдик. Другого, высокого музыканта с рыжей бородой, звали Андрей. Он часто провожал Людмилу домой. Встреча с ним изменила жизнь Людмилы. У неё появился близкий друг, с которым она теперь могла посоветоваться, обсудить новости, погулять и просто поговорить обо всём.

Однажды Андрей подарил Людмиле цветы и сказал: «Сегодня у нас праздник, мы играем вместе уже месяц. Я приглашаю тебя в ресторан». «Идите, ребята, отдыхайте, а я ещё немного поиграю», — сказал Эдик. Они пошли. И вдруг Людмила услышала знакомую мелодию. Эдик играл для них свадебный марш Мендельсона. Они остановились. Людмила с букетом цветов была очень красива. Андрей смотрел на неё и улыбался. «А что, это хорошая идея! Как ты думаешь?» — тихо спросил он. «Я согласна», — ответила она. Какая прелесть этот марш Мендельсона! Почему я не замечала этого раньше?

б) Ответьте на вопросы:

1. Расскажите о Людмиле: сколько ей лет, где и кем она работала, была ли у неё семья?
2. С каким инструментом была связана её работа?

3. Где учи́лась Людми́ла?

4. Куда́ она́ поступи́ла рабо́тать?

5. Како́й была́ рабо́та в симфони́ческом орке́стре?

6. Почему́ Людми́ла реши́ла поменя́ть свою́ рабо́ту?

7. Почему́ ей нра́вилась но́вая рабо́та?

8. Для кого́ Людми́ла игра́ла сва́дебный марш Мендельсо́на? О чём она́ мечта́ла в э́ти мину́ты?

9. О чём Людми́ла говори́ла со свои́м дире́ктором?

10. Кого́ Людми́ла встре́тила в подзе́мном перехо́де?

11. Каки́ми бы́ли у́личные музыка́нты?

12. Почему́ музыка́нты по́няли, что Людми́ла то́же свя́зана с му́зыкой, и пригласи́ли её поигра́ть с ни́ми?

13. Почему́ Людми́ла отказа́лась игра́ть в перехо́де?

14. Како́й была́ му́зыка, кото́рую игра́ли у́личные музыка́нты?

15. Почему́ Людми́ла не хоте́ла расстава́ться с э́той му́зыкой?

16. Кем стал для Людми́лы Андре́й и почему́?

17. Почему́ Андре́й пригласи́л Людми́лу в рестора́н?

18. Кака́я иде́я появи́лась у Андре́я, когда́ он услы́шал марш Мендельсо́на?

в) Как вы думаете, что Людмила может рассказать о своей жизни? Что Андрей расскажет о своей жизни?

Домашнее задание

1 **Напишите рассказ об интересном человеке, которого вы хорошо знаете. Кто он и как он нашёл своё призвание?**

2 **Напишите упражнения:**

№ 1 б), в); № 7 б); № 18 б);
№ 2 а); № 8; № 19;
№ 3 а); № 9; № 22 г), д);
№ 4; № 11; № 23;
№ 5 б); № 12; № 24;
№ 6 б); № 15 в); № 28 б).

I. Фонетическая зарядка

ПОЙТЕ!

а о у э ы и

1 **Слушайте, повторяйте, читайте.**

35

а) хочу́ поговори́ть с на́шим преподава́телем
на́до встре́титься со ста́рым дру́гом
познако́мьтесь с но́вым студе́нтом
посове́туюсь со ста́ршей сестро́й
потанцева́л с краси́вой де́вушкой
игра́л со свои́м мла́дшим бра́том
разгова́ривал со свое́й подру́гой

б) занима́лся ру́сским языко́м
интересу́юсь совреме́нной те́хникой
увлека́ются класси́ческой му́зыкой

в) был хоро́шим инжене́ром
была́ о́пытной медсестро́й
стал изве́стным писа́телем
рабо́тает гла́вным хиру́ргом
хо́чет стать популя́рным арти́стом
бу́дет о́перной певи́цей

г) Мо́йте ру́ки перед едо́й!
Не волну́йтесь перед экза́меном!
Пожела́йте уда́чи перед игро́й!
Напиши́те поздрави́тельные откры́тки перед пра́здником!

д) Мне подари́ли планше́т с хоро́шей ка́мерой.
Мой брат хо́чет купи́ть телеви́зор с больши́м экра́ном.
Худо́жник нарисова́л портре́т де́вушки с дли́нной косо́й.
В па́рке я встре́тил ма́льчика с большо́й соба́кой.
Студе́нты обсужда́ли но́вый фильм с больши́м интере́сом.
Мне нра́вятся фи́льмы с хоро́шим концо́м.

2 **Слушайте и повторяйте. Запомните последнее предложение и запишите его. Продолжите высказывание.**

36

я реши́л ... ⇨

я реши́л встре́титься ... ⇨

Я реши́л встре́титься с дру́гом. ⇨

Я реши́л встре́титься со свои́м дру́гом. ⇨

Я реши́л встре́титься со свои́м дру́гом в метро́. ⇨

Я реши́л встре́титься со свои́м дру́гом перед вхо́дом в метро́. ⇨

Я реши́л встре́титься со свои́м дру́гом перед вхо́дом в метро́, чтобы переда́ть ему́ кни́гу. ...⇨

студе́нты могли́ поговори́ть... ⇨
Студе́нты могли́ поговори́ть с учёным. ⇨
Студе́нты могли́ поговори́ть с учёным-фи́зиком. ⇨
Студе́нты могли́ поговори́ть с изве́стным учёным-фи́зиком. ⇨
На встре́че студе́нты могли́ поговори́ть с изве́стным учёным-фи́зиком. ⇨
На встре́че в университе́те студе́нты могли́ поговори́ть с изве́стным учёным-фи́зиком. ⇨
На встре́че в Моско́вском университе́те студе́нты могли́ поговори́ть с изве́стным учёным-фи́зиком. ... ⇨

II. Поговорим

1 **Прослушайте диалоги, задайте аналогичные вопросы своим друзьям.**

🎧 37

— Каку́ю су́мку вы вы́брали?
— Э́ту чёрную су́мку с дли́нной ру́чкой и больши́м карма́ном.

— Каки́м спо́ртом вы занима́етесь?
— Я занима́юсь больши́м те́ннисом.

— Скажи́те, пожа́луйста, где нахо́дится ближа́йшая ста́нция метро́?
— За э́тим до́мом, напра́во.

— Где мой портфе́ль? Ты не ви́дел?
— Посмотри́ под столо́м и́ли под дива́ном.

— Я хочу́ поступи́ть на ваш факульте́т. Скажи́те, с кем я могу́ поговори́ть?
— Пожа́луйста, мо́жете поговори́ть с на́шим дека́ном.

— Прости́те, я хоте́л бы поменя́ть ко́мнату.
— Каку́ю ко́мнату вы хоти́те?
— Све́тлую, с больши́м балко́ном.

— Вы не зна́ете, заче́м Джон пошёл в библиоте́ку?
— Он пошёл, что́бы сдать свои́ кни́ги.

— Скажи́те, пожа́луйста, когда́ мо́жно получи́ть кни́ги в библиоте́ке?
— За́втра перед нача́лом заня́тий.

2 **Как вы ответите? (Возможны варианты.)**

— Кем рабо́тает твой оте́ц?
— ...

— С кем ты так до́лго говори́ла по телефо́ну?
— ...

Како́й телефо́н тебе́ нра́вится?
— ...

— Како́й му́зыкой интересу́ются твои́ друзья́?
— ...

— Заче́м вы изуча́ете ру́сский язы́к?
— ...

— Каки́е фи́льмы вы лю́бите?
— ...

3 **Как вы спросите? (Возможны варианты.)**

— ...?
— Я занима́юсь худо́жественной гимна́стикой.

— ...?
— Он хо́чет стать здоро́вым и си́льным.

— ...?
— Это часы́ с фотока́мерой.

— ...?
— Мы договори́лись встре́титься перед вхо́дом в теа́тр.

— ...?
— Обы́чно я за́втракаю перед пе́рвым уро́ком.

— ...?
— Я люблю́ чита́ть рома́ны со счастли́вым концо́м.

— ...?
— На фи́тнесе мой друг познако́мился с симпати́чной де́вушкой.

 Учиться всегда пригодится

«Города́, где я быва́л,
По кото́рым тоскова́л,
Мне знако́мы от стен и до крыш.
Сня́тся лю́дям иногда́
Их родны́е города́,
Кому́ — Москва́, кому́ — Пари́ж».

Л. Куклин

 ## Склонение имён существительных во множественном числе

Таблица 1.

1 **Поговорим о Москве** (ответьте на вопросы).

1. Вам нра́вится Москва́? Вам нра́вятся у́лицы, пло́щади, проспе́кты, бульва́ры, па́рки, мосты́, па́мятники, зда́ния Москвы́?
2. Вы зна́ете, ско́лько в Москве́ у́лиц, площаде́й, проспе́ктов, бульва́ров, па́рков, мосто́в, па́мятников, зда́ний?
3. Вы лю́бите гуля́ть по у́лицам, площадя́м, проспе́ктам, бульва́рам, па́ркам Москвы́?
4. Вы уже́ фотографи́ровали у́лицы, пло́щади, проспе́кты, бульва́ры, па́рки, мосты́, па́мятники, зда́ния Москвы́?
5. Вы уже́ хорошо́ знако́мы с Москво́й, с её у́лицами, площадя́ми, проспе́ктами, бульва́рами, па́рками, моста́ми, па́мятниками, зда́ниями?
6. Что интере́сного вы узна́ли о Москве́, о её у́лицах, площадя́х, проспе́ктах, бульва́рах, па́рках, моста́х, па́мятниках, зда́ниях?

2 **а) Посмотрите, какие экскурсии предлагают туристические фирмы (прочитайте названия экскурсий):**

> «По города́м Росси́и»
> «Монастыри́ Москвы́ и Подмоско́вья»
> «Прогу́лки по у́лицам и площадя́м Москвы́»
> «Бульва́ры и па́рки Москвы́»
> «Ре́ки и кана́лы Петербу́рга»
> «Мосты́ Петербу́рга»
> «Дворцы́ и па́рки Петербу́рга»

б) Из объявлений я узнал(а), что:

туристи́ческие фи́рмы предлага́ют экску́рсии ...
на экску́рсиях я познако́млюсь ...
я уви́жу мно́го интере́сного и побыва́ю ...
на экску́рсиях я смогу́ узна́ть об исто́рии ...
на экску́рсиях я уви́жу и смогу́ сфотографи́ровать ...

в) Скажите, какую экскурсию вы выберете и почему? Что вы хотите узнать на этой экскурсии?

3 **а) Прочитайте объявления, которые вы можете встретить на улицах города или в газетах. Скажите, каких специалистов приглашает московская издательская фирма, городская поликлиника и Московский метрополитен.**

Рабо́та!
Моско́вской изда́тельской фи́рме тре́буются: журнали́сты, ме́неджеры по рекла́ме, худо́жники, реда́кторы, перево́дчики.

 Городско́й поликли́нике тре́буются: врачи́, медсёстры, санита́рки.

 Моско́вскому метрополите́ну тре́буются води́тели, эле́ктрики, меха́ники, контролёры, убо́рщицы.

б) Из объявлений я узнал(а), что:

моско́вской изда́тельской фи́рме нужны́ ...
в э́той фи́рме ма́ло ...
изда́тельство мо́жет дать (предлага́ет) рабо́ту ...
фи́рма гото́ва приня́ть на рабо́ту ...
дире́ктор фи́рмы хо́чет встре́титься с ...
фи́рма нужда́ется в ...

нужда́ться	в ком? в чём? (6)
я нужда́юсь	в рабо́те
ты нужда́ешься	в специали́стах
они нужда́ются	
нужда́лся	

в) Объясните друзьям, что вы узнали из второго и третьего объявления.
(Используйте следующие слова и словосочетания: приглаша́ть на рабо́ту,
предлага́ть рабо́ту, не хвата́ет кого? (2), тре́буется кто? (1), нужда́ться.)

Склонение имён существительных с местоимениями и прилагательными во множественном числе

Посмотрите таблицу 2. Задайте полные вопросы, используя краткие
вопросы из таблицы. Дайте полные ответы.

Таблица 2.

1. Мне нра́вятся города́, у́лицы, зда́ния. **Каки́е** города́, у́лицы, зда́ния?	**Э́ти стари́нные ру́сские** города́, у́лицы, зда́ния.	они **-ые/-ие**
2. На вы́ставке мо́жно уви́деть фотогра́фии городо́в, у́лиц, зда́ний. Фотогра́фии **каки́х** городо́в, у́лиц, зда́ний?	Фотогра́фии э́тих **стари́нных ру́сских** городо́в, у́лиц, зда́ний.	их **-ых/-их**
3. Я люблю́ гуля́ть по города́м, у́лицам, площадя́м. **По каки́м** города́м, у́лицам, площадя́м?	**По э́тим стари́нным ру́сским** города́м, у́лицам, площадя́м.	(н)им **-ым/-им**
4. Я с удово́льствием фотографи́рую города́, у́лицы, зда́ния. **Каки́е** города́, у́лицы, зда́ния?	**Э́ти стари́нные ру́сские** города́, у́лицы, зда́ния.	их **-ые/-ие**
5. Я интересу́юсь города́ми, у́лицами, зда́ниями. **Каки́ми** города́ми, у́лицами, зда́ниями?	**Э́тими стари́нными ру́сскими** города́ми, у́лицами, зда́ниями.	ими **-ыми/-ими**
6. Я люблю́ чита́ть о города́х, у́лицах, зда́ниях. **О каки́х** города́х, у́лицах, зда́ниях?	**Об э́тих стари́нных ру́сских** города́х, у́лицах, зда́ниях.	о них **-ых/-их**

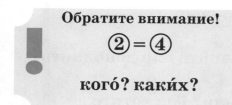

Обратите внимание!

② = ④

кого? каких?

На фотогра́фии нет мои́х друзе́й (2).
Каки́х друзе́й?
Здесь нет **мои́х ста́рых шко́льных** друзе́й (2).

Я люблю́ свои́х друзе́й (4).
Каки́х друзе́й?
Я люблю́ **свои́х ста́рых шко́льных** друзе́й (4).

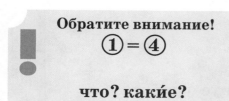

Обратите внимание!

① = ④

что? каки́е?

Мне нра́вятся э́ти рису́нки (1).
Каки́е рису́нки?
Мне нра́вятся **э́ти краси́вые** рису́нки (1).

Я люблю́ смотре́ть рису́нки (4).
Каки́е рису́нки?
Я люблю́ смотре́ть **э́ти краси́вые** рису́нки (4).

4 **а) Прочита́йте статью́ в журна́ле «Досу́г в Москве́». Скажи́те, где мо́жно провести́ свобо́дное вре́мя в большо́м го́роде.**

Куда́ мо́жно пойти́ в большо́м го́роде? Где мо́жно провести́ свобо́дное вре́мя?

В Москве́ тако́й пробле́мы не существу́ет. Москва́ — э́то огро́мный культу́рный центр, в кото́ром нахо́дятся **са́мые лу́чшие музе́и, теа́тры, худо́жественные вы́ставки, карти́нные галере́и, конце́ртные за́лы**, кото́рые приглаша́ют всех москвиче́й и госте́й столи́цы.

Подро́бную информа́цию о рабо́те **столи́чных музе́ев, теа́тров, кинотеа́т-ров, худо́жественных вы́ставок, карти́нных галере́й и конце́ртных за́лов** вы мо́жете прочита́ть в журна́ле «Досу́г в Москве́».

Прави́тельство Москвы́ уделя́ет большо́е внима́ние **моско́вским теа́трам, музе́ям, худо́жественным вы́ставкам, карти́нным галере́ям, конце́ртным за́лам** и выделя́ет огро́мные сре́дства на строи́тельство но́вых объе́ктов культу́ры. За после́дние го́ды в Москве́ постро́или но́вое зда́ние Большо́го теа́тра, зда́ние теа́тра «Но́вая о́пера», Центр о́перного пе́ния изве́стной певи́цы Гали́ны Вишне́вской, отремонти́ровали зда́ния Истори́ческого музе́я и Третьяко́вской галере́и.

Ка́ждый день ты́сячи люде́й прихо́дят в **моско́вские музе́и, теа́тры, карти́нные галере́и и конце́ртные за́лы, на худо́жественные вы́ставки**.

Москвичи́ лю́бят свой го́род и гордя́тся **свои́ми музе́ями, теа́трами, карти́нными галере́ями, худо́жественными вы́ставками, конце́ртными за́лами**.

И в бу́дни, и в пра́здники **в моско́вских музе́ях, теа́трах, конце́ртных за́лах, карти́нных галере́ях и на худо́жественных вы́ставках** мо́жно встре́тить не то́лько москвиче́й, но и госте́й столи́цы.

б) Поставьте вопросы к выделенным словам для уточнения характеристики объектов (какие музеи, о каких...).

в) Какие ещё вопросы вы можете задать, чтобы уточнить или дополнить информацию этой статьи?

г) Где вы уже побывали в Москве? Где вы ещё не были? Где хотите побывать и почему?

д) Напишите статью о своём родном городе.

5

а) Расскажите о работе московского журналиста (ответьте на вопросы и в ответах используйте словосочетание молоды́е тала́нтливые учёные**).**

1. Чьи статьи́ моско́вский журнали́ст чита́л в нау́чном журна́ле?
2. К кому́ моско́вский журнали́ст подошёл на междунаро́дной нау́чной конфере́нции?
3. С кем моско́вский журнали́ст познако́мился на нау́чной конфере́нции?
4. Кому́ моско́вский журнали́ст предложи́л сфотографи́роваться?
5. Кого́ моско́вский журнали́ст пригласи́л на телеви́дение?
6. Кто дал интервью́ моско́вскому журнали́сту?
7. О ком моско́вский журнали́ст сде́лал телепереда́чу?
8. От кого́ моско́вский журнали́ст получи́л пи́сьма и фотогра́фии через ме́сяц?

б) Расскажите о работе экскурсовода (ответьте на вопросы и в ответах используйте словосочетание стари́нные дворцы́ и па́рки**).**

1. Куда́ экскурсово́д пригласи́л пое́хать иностра́нных тури́стов?
2. Куда́ иностра́нные тури́сты подъезжа́ли на авто́бусе?
3. Что иностра́нные тури́сты ви́дели на экску́рсии?
4. Что понра́вилось иностра́нным тури́стам на экску́рсии?
5. Чем восхища́лись иностра́нные тури́сты на экску́рсии?
6. Где до́лго гуля́ли иностра́нные тури́сты?
7. Каки́е фотоальбо́мы купи́ли иностра́нные тури́сты на экску́рсии?
8. Где бы́ли иностра́нные тури́сты во вре́мя экску́рсии?
9. О чём рассказа́ли иностра́нные тури́сты свои́м друзья́м после экску́рсии?

в) Напишите свои рассказы о работе московского журналиста и экскурсовода. Используйте следующие словосочетания:

А

изве́стные учёные
о́пытные специали́сты

Б

высо́тные зда́ния
де́тские спорти́вные площа́дки

6 **а) Восстановите текст (используйте словосочетания справа) и прочитайте его. Скажите, кем стали друзья автора?**

Я хочу́ рассказа́ть вам о Влади́мире и Андре́е. Говоря́т, не име́й сто рубле́й, а име́й сто друзе́й. Познако́мьтесь, э́то ... . Я о́чень люблю́ ... . Ра́ньше я ча́сто встреча́лся со ..., потому́ что мы роди́лись и вы́росли в одно́м го́роде и учи́лись в одно́й шко́ле. Мне и ... нра́вилось проводи́ть свобо́дное вре́мя вме́сте. Сейча́с мы живём в ра́зных города́х, но я ча́сто звоню́ ... . В пра́здники я получа́ю поздрави́тельные эсэмэ́ски и откры́тки от .... Мои́ роди́тели то́же хорошо́ зна́ют ... и всегда́ спра́шивают меня́ о ..., об их жи́зни и рабо́те. Я с удово́льствием расска́зываю свои́м роди́телям о пробле́мах и успе́хах ... . Влади́мир стал дире́ктором институ́та, а Андре́й – изве́стным поэ́том. Я о́чень горжу́сь ... .

мои́х/свои́х
шко́льных друзе́й

мои́м/свои́м
шко́льным друзья́м

мои́ми/свои́ми
шко́льными друзья́ми

мои́ шко́льные друзья́

мои́х/свои́х шко́льных
друзья́х

б) Расскажите о своих школьных друзьях. Напишите об этом.

7 **а) Быстро прочитайте (просмотрите) статью о Московском метрополитене. Найдите ответы на вопросы:**

1. Когда́ откры́ли пе́рвую ста́нцию метро́ в Москве́?
2. Ско́лько челове́к ежего́дно е́здит в метро́?
3. На како́й ста́нции рабо́тает са́мый дли́нный эскала́тор?
4. Какова́ сто́имость строи́тельства одно́й ста́нции метро́?

Моско́вское метро́

20 ма́рта 2013 го́да моско́вскому метро́ испо́лнилось 80 лет. Ро́вно 80 лет наза́д, в 1933 году́, сове́тское прави́тельство на́чало грандио́зное строи́тельство метро́, прое́кт кото́рого существова́л ещё в Росси́йской импе́рии. В строи́тельстве метро́, и́ли подзе́мки, уча́ствовало огро́мное коли́чество о́пытных инжене́ров, рабо́чих и други́х специали́стов, поэ́тому пе́рвая ли́ния откры́лась уже́ через 2 го́да. Пе́рвые поезда́ е́здили ме́жду ста́нциями «Парк культу́ры» и «Соко́льники». Мос-

ко́вское метро́ всегда́ бы́ло о́чень краси́вым и счита́лось украше́нием Москвы́. Строи́тельство но́вых ста́нций не прекраща́лось да́же в тя́жёлые го́ды Вели́кой Оте́чественной войны́ (1941–1945 гг.).

Совреме́нное моско́вское метро́ — это са́мый люби́мый, надёжный, бы́стрый, удо́бный и чи́стый вид городско́го тра́нспорта. Оно́ име́ет о́чень сло́жную структу́ру. Е́сли вы посмо́трите на схе́му метрополите́на, то уви́дите, что в метро́ есть кольцева́я ли́ния, через ста́нции кото́рой прохо́дят радиа́льные (от сло́ва *ра́диус*) ли́нии. Моско́вское метро́ — э́то подзе́мный го́род, кото́рый продолжа́ет развива́ться с по́мощью но́вых техноло́гий и совреме́нного электро́нного обору́дования. Ежего́дно в моско́вском метро́ е́здит три с полови́ной миллиа́рда челове́к, ежедне́вно пассажи́ры соверша́ют 9 миллио́нов пое́здок — э́то составля́ет 60% от пое́здок на всех ви́дах городско́го тра́нспорта. За оди́н час в метро́ проезжа́ет 60 ты́сяч челове́к. Биле́т в метро́ сто́ит не о́чень до́рого, но есть пассажи́ры, кото́рые предпочита́ют прое́хать без биле́та. Таки́х пассажи́ров 5—7%, их называ́ют «за́йцами».

В ма́е 2003 го́да моско́вское прави́тельство подари́ло москвича́м но́вую ста́нцию метро́ «Парк Побе́ды». Э́та ста́нция — са́мая глубо́кая в Москве́, потому́ что она́ нахо́дится на глубине́ 84 ме́тра. На э́той ста́нции рабо́тает са́мый дли́нный эскала́тор — 126 ме́тров и́ли 740 ступе́нек. Сейча́с в моско́вском метро́ существу́ет 206 ста́нций, а длина́ его́ ли́ний — 346 киломе́тров. Сре́дняя ско́рость поездо́в — 41 киломе́тр в час. В метро́ рабо́тает 49 ты́сяч челове́к. Сто́имость строи́тельства одно́й ста́нции — от семи́ до пятна́дцати миллио́нов до́лларов.

б) Внимательно прочитайте статью ещё раз. Скажите, какую новую информацию о московском метро вы узнали из этой статьи?
в) На какие вопросы может ответить человек, который прочитал эту статью?
г) Какие дополнительные вопросы вы хотели бы задать, чтобы расширить данную информацию? Напишите эти вопросы.

8 а) **Прослушайте диалог и скажите, где и когда встретятся эти люди.**

— Приве́т, Андре́й, я до́лжен переда́ть тебе́ кни́ги.
Хочу́ встре́титься с тобо́й сего́дня. Где тебе́ удо́бно?
— Дава́й встре́тимся в метро́, на «Комсомо́льской», в 3 часа́.
— На кольцево́й и́ли на радиа́льной?
— Дава́й на кольцево́й, в це́нтре за́ла.
— Хорошо́, бу́ду ро́вно в 3.

б) **Назначьте встречу или свидание в метро** (используйте схему метро).

в) **Прослушайте диалог и скажите, до какой станции нужно доехать этому человеку?**

— Э́то ку́рсы ру́сского языка́?
— Да, слу́шаю вас.
— Ваш а́дрес — Кржижано́вского, 18?
— Да, э́то наш а́дрес.
— Скажи́те, а как лу́чше до вас дое́хать?
— А где вы сейча́с нахо́дитесь?
— В це́нтре, недалеко́ от Па́рка культу́ры.
— Вам на́до е́хать по кольцево́й ли́нии до ста́нции метро́ «Октя́брьская». Э́то одна́ остано́вка. А на «Октя́брьской» вам на́до сде́лать переса́дку на жёлтую ли́нию и е́хать до ста́нции метро́ «Профсою́зная».
— Спаси́бо.

г) **Спросите, как доехать до нужной вам станции.** (Используйте схему метро.)

9 а) **Прочитайте текст о том, как друзья провели свой первый день в Москве. Скажите, чей маршрут был самым удачным?**

Пе́рвый день в Москве́

Где провести́ свой пе́рвый день в Москве́? Коне́чно, на Арба́те. Дэн, Пьер и Ло́ра весь день гуля́ли по Арба́ту. Они́ пообе́дали в кафе́, отдохну́ли и реши́ли пойти́ в Музе́й изобрази́тельных иску́сств и́мени А.С. Пу́шкина. Но никто́ из них то́чно не знал, где нахо́дится э́тот музе́й. Тогда́ они́ реши́ли узна́ть об э́том у прохо́жих на у́лице. Дэн подошёл к одному́ молодо́му челове́ку и спроси́л его́:

— Скажи́те, пожа́луйста, где нахо́дится музе́й и́мени Пу́шкина?

— На Волхо́нке, недалеко́ от ста́нции метро́ «Кропо́ткинская», — отве́тил им молодо́й челове́к.

— А как добра́ться до музе́я?

— Удо́бнее всего́ дое́хать на метро́, здесь ря́дом ста́нция метро́ «Арба́тская».

— А мо́жно дойти́ до музе́я пешко́м и́ли э́то далеко́?

— Нет, недалеко́. Иди́те пря́мо по Го́голевскому бульва́ру до ста́нции метро́ «Кропо́ткинская», сле́ва от метро́ бу́дет музе́й.

— Я так уста́ла, не хочу́ идти́ пешко́м, я возьму́ такси́, — сказа́ла Ло́ра.

— А я пое́ду на метро́. Говоря́т, что моско́вское метро́ о́чень краси́вое и удо́бное, — сказа́л Дэн.

— Тогда́ я пойду́ пешко́м. Ходи́ть пешко́м — поле́зно для здоро́вья. Посмо́трим, кто из нас придёт пе́рвым! — сказа́л Пьер.

Пьер шёл к музе́ю 20 мину́т. Он пошёл по Го́голевскому бульва́ру, прошёл бульва́р и подошёл к метро́ «Кропо́ткинская», пото́м он поверну́л нале́во и пошёл к музе́ю. Когда́ он подошёл к музе́ю, его́ друзе́й ещё не́ было. Через 15 мину́т пришёл Дэн, кото́рый пое́хал на метро́.

— Что случи́лось, Дэн? Почему́ ты так до́лго е́хал? — удиви́лся Пьер.

— В метро́ бы́ло так мно́го наро́да, и я заблуди́лся: на́до бы́ло с «Арба́тской» перейти́ на ста́нцию «Библиоте́ка и́мени Ле́нина» и дое́хать до «Кропо́ткинской», а я перешёл на ста́нцию «Алекса́ндровский сад» и вы́шел к Кремлю́… Мне пришло́сь возвраща́ться наза́д в метро́ и де́лать переса́дку на «Библиоте́ку и́мени Ле́нина».

Ещё через 15 мину́т прие́хала Ло́ра.

— Ло́ра, мы ждём тебя́ уже́ полчаса́. Где ты была́? – закрича́ли Дэн и Пьер.

— Я е́хала на такси́ и попа́ла в про́бку. В Москве́ так мно́го маши́н! Лу́чше бы я пошла́ пешко́м! — уста́ло сказа́ла Ло́ра.

— А я о́чень дово́лен, — сказа́л Пьер. — Я шёл пешко́м по Го́голевскому бульва́ру, ви́дел па́мятник ру́сскому писа́телю Н.В. Го́голю и краси́вые стари́нные зда́ния. Прогу́лка была́ о́чень прия́тной.

б) Ответьте на вопросы:

1. Каки́е маршру́ты вы́брали друзья́ и почему́?
2. Почему́ Дэн и Ло́ра опозда́ли?

в) Как эту историю расскажут Дэн, Лора и Пьер?
(Какую информацию они могут добавить?)

г) Расскажите о себе:

1. Каки́е ви́ды тра́нспорта есть в ва́шем го́роде?
2. Како́й вид тра́нспорта в ва́шем го́роде са́мый бы́стрый и удо́бный?
3. Вы предпочита́ете е́здить на тра́нспорте и́ли ходи́ть пешко́м? Почему́?

 # Обобщённо-личное предложение

Сравните:

Кто основа́л Моско́вский университе́т? Моско́вский университе́т **основа́л** ру́сский учёный М.В. Ломоно́сов.	**Когда́** основа́ли Моско́вский университе́т? Моско́вский университе́т **основа́ли в 1755 году́.**

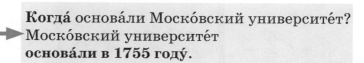

Посмотрите таблицу 3, прочитайте примеры и скажите, какая форма глагола используется в этих предложениях.

Таблица 3.

когда? / где?	Что де́лают (-ли)?	
Ка́ждый год в Москве́	стро́ят бу́дут стро́ить	но́вые ста́нции метро́.
В газе́тах	пи́шут (на)писа́ли бу́дут писа́ть / напи́шут	об экологи́ческих пробле́мах.
По ра́дио / по телеви́зору	сообща́ют сообщи́ли бу́дут сообща́ть / сообща́т	после́дние но́вости и прогно́з пого́ды на бу́дущую неде́лю.

а) Прочитайте информацию. Знаете ли вы, что:

– пе́рвое в ми́ре метро́ постро́или в Ло́ндоне в 1863 году́;

– пе́рвый в ми́ре автомоби́ль сде́лали во Фра́нции в 1769 году́;

– пе́рвый в Росси́и музе́й основа́ли в Санкт-Петербу́рге в 1714 году́;

– пе́рвый в Росси́и теа́тр созда́ли в Яросла́вле в 1750 году́;

– пе́рвую Вы́ставку достиже́ний наро́дного хозя́йства (ВДНХ) откры́ли в Москве́ в 1959 году́, в 1992 году́ её переименова́ли во Всеросси́йский вы́ставочный центр (ВВЦ) а в 2014 году́ ей верну́ли назва́ние ВДНХ.

б) Скажите, что вы узнали? О каких ещё интересных событиях вы можете сообщить своим друзьям?

11

Прочитайте названия газет и журналов. Скажите, о чём пишут в этих газетах и журналах.

Образец:

В газе́те «Изве́стия» пи́шут о разли́чных полити́ческих, экономи́ческих и спорти́вных новостя́х.

газе́та «Коммерса́нт»
журна́л «Красота́ и здоро́вье»
журна́л «Нау́ка и жизнь»
журна́л «Теа́тр»
журна́л «Карье́ра»
газе́та «Досу́г в Москве́»
газе́та «Спорти́вная жизнь»
журна́л «Вокру́г све́та»

совреме́нная медици́на
совреме́нные лека́рственные препара́ты
экономи́ческие пробле́мы Росси́и
далёкие путеше́ствия
изве́стные спортсме́ны и тре́неры
но́вые нау́чные откры́тия
но́вые спекта́кли, о́перы, бале́ты
изве́стные актёры и режиссёры
столи́чные теа́тры, музе́и, вы́ставки
интере́сная прести́жная рабо́та
спорти́вные соревнова́ния

12

В газетных статьях, которые вы будете читать, вы встретите новые слова. Посмотрите значение этих слов в словаре:
сноси́ть — снести́ дом, зда́ние; снос до́ма; развлека́тельный центр; небоскрёб; наруша́ть — нару́шить пра́вило, среду́.

13

а) Прочитайте статьи из газет. Скажите, о каких строительных проектах пишут московские газеты.

С «Москво́й» прости́лись в сентябре́

О́сенью 2003 го́да снесли́ знамени́тую столи́чную гости́ницу «Москва́», на ме́сте кото́рой постро́или пятизвёздочный туристи́ческий ко́мплекс. Вопро́с о сно́се гости́ницы реша́ли до́лго и сло́жно, потому́ что зда́ние гости́ницы явля́ется па́мятником архитекту́ры. Моско́вские архите́кторы объясни́ли, что э́то зда́ние о́чень ста́рое, поэ́тому жить и рабо́тать в нём ста́ло опа́сно. Но́вый туристи́ческий ко́мплекс стро́или 10 лет.

Парк «Заря́дье»

9 сентября́ 2017 го́да в Москве́, недалеко́ от Кремля́, на берегу́ Москвы́-реки́ откры́ли приро́дно-ландша́фтный парк «Заря́дье». Ка́ждый, кто лю́бит путеше́ствовать, мо́жет познако́миться с приро́дными зо́нами Росси́и: ту́ндрой, сте́пью, ле́сом и боло́том. А е́сли посети́тели па́рка интересу́ются исто́рией, они́ мо́гут посети́ть интеракти́вный музе́й археоло́гии и узна́ть та́йны дре́вней Москвы́. В па́рке со́здан паря́щий мост над Москво́й-реко́й. С э́того моста́ открыва́ется прекра́сный вид на го́род. Парк «Заря́дье» рабо́тает ка́ждый день. Там бу́дет интере́сно и взро́слым, и де́тям.

Через 12 лет в столице появятся шесть небоскрёбов

Правительство Москвы разработало новую программу строительства, которая называется «Новое кольцо Москвы». В городе планируют построить 60 высотных зданий. Специальная группа архитекторов должна подготовить проекты высотных зданий и определить места, где они будут находиться. К 2015 году в Москве построили первые 6 небоскрёбов.

Строительство третьего транспортного кольца в Москве

Одной из самых больших проблем современных городов является проблема транспорта. Огромное количество машин и городского транспорта на дорогах Москвы создаёт пробки в центре города. Чтобы решить эту проблему, в Москве построили третье транспортное кольцо. Строительство третьего транспортного кольца велось так, чтобы не нарушить историческую и экологическую среду города.

б) На какие вопросы может ответить человек, прочитавший эти статьи? Напишите эти вопросы.

в) Какие городские проблемы обсуждают в этих статьях?

14 Давайте обсудим следующие проблемы!

Проблема транспорта в вашем городе

1. Какие виды транспорта есть в вашем городе? (Какой вид транспорта самый популярный?)
2. Как работает городской транспорт? (Как часто ходят автобусы, троллейбусы, трамваи, маршрутки?)
3. Бывают ли у вас в транспорте часы пик?
4. Сколько стоит билет в разных видах транспорта? Кто имеет льготы на проезд в городском транспорте? Какой штраф платят люди, которые ездят без билета?

Жилищная проблема

1. Где строят новые дома (в центре города или в новых районах)?
2. Можно ли получить квартиру от государства или нужно покупать квартиру? (Все ли могут купить квартиру?)
3. Молодые люди живут вместе с родителями или они снимают квартиры?

Проблема отдыха в городе

1. Где отдыхают жители вашего города?
2. Есть ли в вашем городе парки, скверы, бульвары, реки, пруды и другие зелёные зоны отдыха?
3. Есть ли в вашем городе спортивные площадки, стадионы, спортклубы, аквапарки?
4. Где отдыхает молодёжь? Есть ли в вашем городе квесты, верёвочные парки, анти-кафе?

Сложное предложение.
1. Сложное предложение с придаточным определительным (которые, которых...)

Прочитайте предложения в таблице 4. Объясните, почему меняется форма слова который, от чего это зависит.

Таблица 4.

Неда́вно я встре́тился с друзья́ми. **Мои́ друзья́** прие́хали в Москву́ из Петербу́рга.

▼

Неда́вно я встре́тился с друзья́ми, **кото́рые** прие́хали в Москву́ из Петербу́рга.

Это мои́ ста́рые друзья́. Я ча́сто получа́ю пи́сьма **от свои́х друзе́й.**

▼

Это мои́ ста́рые друзья́, **от кото́рых** я ча́сто получа́ю пи́сьма.

Мне нра́вятся мои́ друзья́. Ле́том я е́здил в го́сти к **свои́м друзья́м.**

▼

Мне нра́вятся мои́ друзья́, **к кото́рым** ле́том я е́здил в го́сти.

Я сде́лал видеофи́льм о друзья́х. Я о́чень люблю́ **свои́х друзе́й.**

▼

Я сде́лал видеофи́льм о друзья́х, **кото́рых** я о́чень люблю́.

Познако́мьтесь с мои́ми друзья́ми. Я отдыха́л **со свои́ми друзья́ми** на мо́ре.

▼

Познако́мьтесь с мои́ми друзья́ми, **с кото́рыми** я отдыха́л на мо́ре.

Вот фотогра́фии мои́х друзе́й. Я ча́сто расска́зывал вам **о свои́х друзья́х.**

▼

Вот фотогра́фии мои́х друзе́й, **о кото́рых** я ча́сто расска́зывал вам.

15 Прочитайте предложения. Передайте эту информацию короче. (Из двух предложений сделайте одно, используйте слово кото́рый в нужной форме.)

1. Вчера́ на экску́рсии мы ви́дели стари́нные зда́ния. **Эти стари́нные зда́ния** мне о́чень понра́вились.

2. На вы́ставке я ви́дел прое́кты но́вых совреме́нных городо́в. **Этих городо́в** пока́ не существу́ет.

3. В журна́ле «Вокру́г све́та» мо́жно прочита́ть об интере́сных нау́чных эксперимента́х. **Этими эксперимента́ми** занима́ются учёные ра́зных стран.

4. Ка́ждый год в Москве́ стро́ят но́вые жилы́е райо́ны. **В э́тих райо́нах** живу́т и́ли бу́дут жить ты́сячи москвиче́й.

5. В кни́ге «Москва́ и москвичи́» мы прочита́ли о ста́рых моско́вских у́лицах. **По э́тим у́лицам** мы с друзья́ми гуля́ли в воскресе́нье.

6. Сейча́с в Москве́ стро́ят о́чень высо́кие жилы́е дома́. Из о́кон **э́тих домо́в** мо́жно уви́деть весь го́род.

16 **Восстановите предложения. (Вместо точек вставьте слово** который **в нужной форме.)**

1. Моя́ ма́ма о́чень лю́бит быва́ть на у́лицах, ... она́ гуля́ла в де́тстве.
2. Познако́мьте меня́ с де́вушками, ... вы вме́сте у́читесь.
3. Ве́чером я собира́юсь позвони́ть по ска́йпу свои́м бра́тьям, ... давно́ не ви́дел.
4. Мой друг скача́л из Интерне́та ру́сские пе́сни, ... мы ча́сто слу́шаем по ра́дио.
5. Прочита́йте э́ту исто́рию и расскажи́те о лю́дях, ... вы узна́ли.
6. В Москве́ есть мно́го у́лиц, ... да́ли имена́ изве́стных ру́сских писа́телей, поэ́тов и учёных.
7. Мои́ ро́дственники ,... я ча́сто е́зжу, живу́т в небольшо́м го́роде у мо́ря.
8. Расскажи́те мне о города́х и стра́нах, ... вы уже́ бы́ли.

2. Сложное предложение с придаточным условным (если ...)

Посмотрите примеры в таблице 5, составьте свои примеры по этим образцам.

Таблица 5.

1. Е́сли мой друг **сдаст** экза́мены,	то он **посту́пит** в институ́т.
2. Е́сли мой друг **сдал** экза́мены,	он **посту́пит / поступи́л** в институ́т.
3. Е́сли мой друг **хо́чет** поступи́ть в институ́т,	он **бу́дет сдава́ть** экза́мены.
4. Е́сли вы **хоти́те** поступи́ть в институ́т,	**сдава́йте** экза́мены.
5. Е́сли вы **бу́дете поступа́ть** на факульте́т психоло́гии,	вы **бу́дете сдава́ть** биоло́гию, матема́тику и ру́сский язы́к.

Сравните!

Реальное условие	Ирреальное (нереальное) условие
Е́сли ..., (то)	Е́сли бы ... V–л(-а,-о,-и), (то) ...V–л(-а,-о,-и) бы.

Е́сли бу́дете мно́го занима́ться, то вы хорошо́ сдади́те экза́мены.

Е́сли **бы** вы мно́го **занима́лись**, то вы **сда́ли бы** экза́мены хорошо́.

Е́сли вы че́рез неде́лю пое́дете в Петербу́рг, я дам вам путеводи́тель.

Е́сли **бы** вы че́рез неде́лю **пое́хали** в Петербу́рг, я **дал бы** вам путеводи́тель.

17 **а) Что вы сделаете, если...**

– вы заблуди́лись в го́роде?
– вы опа́здываете на самолёт?
– вы потеря́ете докуме́нты?
– ваш друг сообщи́л вам о том, что прие́дет в ваш го́род?

– ва́ша гру́ппа пое́дет на экску́рсию?
– вы прие́дете в незнако́мый го́род, а вас никто́ не встре́тит?
– вы хоти́те снять кварти́ру (ко́мнату)?
– вы хоти́те пое́хать на экску́рсию по города́м Росси́и?
– вы хоти́те заказа́ть биле́т на самолёт и́ли на по́езд?

б) Куда вы пойдёте, если вам надо ...

– почи́стить оде́жду?
– почини́ть о́бувь?
– сде́лать причёску / подстри́чься?
– купи́ть лека́рство?
– отда́ть бельё в сти́рку?

ХИМЧИСТКА

АПТЕКА

ПРАЧЕЧНАЯ

ПАРИКМАХЕРСКАЯ

МАСТЕРСКАЯ.
РЕМОНТ ОБУВИ

18   Закончите предложения.

1. Е́сли бы я прие́хал в Петербу́рг, ...
2. Е́сли бы я опозда́л на по́езд, ...
3. Е́сли бы я хоте́л хорошо́ знать Москву́, ...
4. Е́сли бы я ка́ждый день по́льзовался обще́ственным тра́нспортом, ...
5. Е́сли бы мой друг заболе́л, ...
6. Е́сли бы я потеря́л ключи́ от ко́мнаты в общежи́тии, ...
7. Е́сли бы мои́ роди́тели прие́хали ко мне́ в го́сти, ...
8. Е́сли бы за́втра начали́сь кани́кулы, ...
9. Е́сли бы мне подари́ли автомоби́ль, ...

3. Сложное предложение с придаточным уступительным (хотя ...)

Хотя [1] , [2] .   [1] , хотя [2] .

1. Хотя́ была́ холо́дная и дождли́вая пого́да, на стадио́не собрало́сь мно́го наро́да.
2. Хотя́ биле́ты в Большо́й теа́тр сто́ят до́рого, там никогда́ не быва́ет свобо́дных мест.
3. Мы заблуди́лись, хотя́ уже́ непло́хо зна́ли го́род.
4. Не́которые лю́ди не мо́гут бро́сить кури́ть, хотя́ они́ зна́ют, что куре́ние опа́сно для здоро́вья.

19 Прочитайте предложения, соедините части А и Б.
(Можете ли вы дать свои примеры?)

А

1. Хотя́ мои́ друзья́ предупреди́ли меня́ о своём приéзде зара́нее, ...

2. Хотя́ Парк Побéды нахóдится далекó от моегó дóма, ...

3. Хотя́ я живу́ в Москвé тóлько 6 мéсяцев, ...

4. Хотя́ мы живём с э́той дéвушкой в однóм дóме, ...

5. Хотя́ в метрó всегда́ мнóго людéй, ...

6. Хотя́ я быва́л ра́ньше в гостя́х у своегó дру́га, ...

7. Хотя́ кварти́ры в э́том дóме стóят óчень дóрого, ...

Хотя́ в Москвé мнóго кинотеáтров, ...

Б

... мы никогда́ ра́ньше не встреча́лись.

... я люблю́ э́тот вид трáнспорта.

... их ужé прóдали.

... я дóлго не мог найти́ его дом.

... я чáсто éзжу туда́ ката́ться на рóликах.

... я обы́чно смотрю́ фи́льмы дóма.

... я не смог их встрéтить на вокза́ле.

... я ужé неплóхо зна́ю гóрод.

20 В тексте, который вы будете читать, вы встретите новые слова и выражения. Познакомьтесь с ними.

1. Посмотрите значение этих слов в словаре:
ука́з, пожа́р, кровь, бой, сражéние, бунтовщи́к, престу́пник, вор, ку́пол, магни́т; горéть, казни́ть (казнь), торгова́ть (торгóвля); достопримеча́тельность.

2. Прочитайте примеры. Постарайтесь понять значение выделенных слов без словаря.

1. **Глаша́тай** — человéк, котóрый грóмко чита́л ца́рские ука́зы (прика́зы) лю́дям, котóрые собира́лись на плóщади.

2. **Посади́ть на трон** — сдéлать человéка царём.

3. обраща́ться — обрати́ться к кому́? (3)   с чем? (5)   что сде́лать?

с призы́вом
с предложе́нием   помо́чь
с про́сьбой

- Мой друг обрати́лся ко мне с про́сьбой помо́чь ему́. = Мой друг попроси́л меня́ помо́чь ему́.
- Преподава́тель обрати́лся к студе́нтам с предложе́нием пойти́ на экску́рсию по го́роду.= Преподава́тель предложи́л студе́нтам пойти́ на экску́рсию по го́роду.

4. захва́тывать — захвати́ть что? (4)

власть
террито́рию
зе́млю

- Мно́го раз враги́ пыта́лись захвати́ть Москву́.
- В 1917 году́ в Росси́и революционе́ры захвати́ли власть в свои́ ру́ки.

5. возглавля́ть — возгла́вить что? (4)

организа́цию
фи́рму
борьбу́

- Вот уже́ мно́го лет акаде́мик Росси́йской акаде́мии нау́к В.А. Садо́вничий возглавля́ет Моско́вский госуда́рственный университе́т.
- В 1611 году́ князь Пожа́рский возгла́вил наро́дную а́рмию.

6. переноси́ть — перенести́ что? (4) / куда́? (4) / отку́да? (2)
= изменя́ть — измени́ть ме́сто нахожде́ния предме́та

- Студе́нт **перенёс** стул из аудито́рии в коридо́р.
- Студе́нтка **перенесла́** свои́ ве́щи в другу́ю ко́мнату.
- Студе́нты **перенесли́** кни́ги из кабине́та в библиоте́ку.

7. в честь кого́ / чего́? (2)
пра́здника
побе́ды
освобожде́ния ...

- В честь пра́здника Побе́ды 9 мая в го́роде был салю́т.
- В 1552 году́ в честь побе́ды над Каза́нью на Кра́сной пло́щади постро́или Покро́вский собо́р.
- В ма́е 2003 го́да Петербу́ргу испо́лнилось три́ста лет. В честь юбиле́я в го́роде был пра́здник.

21   а) Быстро прочитайте текст, чтобы ответить на следующие вопросы:

1. Когда́ поста́вили пе́рвый скульпту́рный па́мятник в Москве́?
2. Когда́ постро́или собо́р Васи́лия Блаже́нного на Кра́сной пло́щади?
3. Где ча́сто обе́дал Пётр Пе́рвый?
4. Каки́е пара́ды на Кра́сной пло́щади по́мнят все лю́ди в Росси́и?
5. Каки́е изве́стные лю́ди выступа́ли на Кра́сной пло́щади?

Москва́. Кра́сная пло́щадь

Все зна́ют, что центр Москвы́ — э́то Кра́сная пло́щадь. А зна́ете ли вы, почему́ гла́вная пло́щадь Москвы́ называ́ется Кра́сной? Коне́чно, зна́ете. Кра́сная зна́чит краси́вая. Назва́ние пло́щади происхо́дит от дре́внеру́сского сло́ва «красно́» в значе́нии «краси́во». Но э́то назва́ние появи́лось в середи́не XVII ве́ка по ука́зу царя́, а до э́того пло́щадь называ́лась про́сто «Пожа́р», потому́ что деревя́нные дома́ в Москве́ ча́сто горе́ли. Когда́ враги́ подходи́ли бли́зко к го́роду, в Москве́ начина́лись си́льные пожа́ры. И ча́сто пожа́ры начина́лись и́менно от Кремля́. Горе́л деревя́нный Кремль, горе́ла деревя́нная Москва́.

Кра́сная зна́чит краси́вая. Так хоте́ли ру́сские цари́, но бы́ло и друго́е объясне́ние. Кра́сная зна́чит крова́вая, потому́ что здесь, на Кра́сной пло́щади, проли́лось мно́го кро́ви. Здесь проходи́ли жесто́кие бои́ и сраже́ния с врага́ми, здесь казни́ли всех бунтовщико́в, престу́пников, воро́в... Интере́сно, что на Кра́сной пло́щади есть ло́бное ме́сто, то есть специа́льное ме́сто для ка́зни, но на Ло́бном ме́сте на Кра́сной пло́щади никогда́ и никого́ не казни́ли. С э́того ме́ста глаша́таи чита́ли ца́рские ука́зы, в кото́рых цари́ обраща́лись к просты́м лю́дям и сообща́ли им свои́ реше́ния.

В 1611 году́, когда́ в Росси́и не́ было зако́нного царя́, а враги́ хоте́ли захвати́ть Москву́ и посади́ть на трон своего́ царя́, граждани́н Ми́нин и князь Пожа́рский вы́шли на Кра́сную пло́щадь и обрати́лись к наро́ду с призы́вом собра́ть де́ньги и созда́ть наро́дную а́рмию, что́бы защити́ть Москву́ от враго́в. Наро́дным геро́ям граждани́ну Ми́нину и кня́зю Пожа́рскому, кото́рые возгла́вили борьбу́ за освобожде́ние Москвы́, в 1818 году́ в са́мом це́нтре Кра́сной пло́щади поста́вили па́мятник. Э́то был пе́рвый скульпту́рный па́мятник в Москве́. Он стоя́л в це́нтре Кра́сной пло́щади до 1924 го́да. Говоря́т, что па́мятник меша́л проводи́ть пара́ды на Кра́сной пло́щади, поэ́тому в 1924 году́, когда́ на Кра́сной пло́щади постро́или Мавзоле́й В.И. Ле́нина, па́мятник граждани́ну Ми́нину и кня́зю Пожа́рскому перенесли́ на друго́е ме́сто, бли́же к Покро́вскому собо́ру, бо́лее изве́стному под назва́нием собо́р Васи́лия Блаже́нного.

Собо́р Васи́лия Блаже́нного постро́или в 1552 году́, при царе́ Ива́не Гро́зном в честь побе́ды над Каза́нью. Собо́р постро́или из бе́лого ка́мня. Он состоя́л из девя́ти церкве́й с золоты́ми купола́ми. К сожале́нию, первонача́льный вид собо́ра не сохрани́лся до на́шего вре́мени. Но и сейча́с собо́р явля́ется одни́м из са́мых краси́вых собо́ров в Москве, украшением Красной площади.

Напротив собора Василия Блаженного, на другой стороне Красной площади, находится Исторический музей, в котором хранятся памятники русской истории и культуры. Адрес музея — Красная площадь, дом 1. Раньше на этом месте была старинная китайская аптека и китайский ресторан, в котором часто обедал сам Пётр Первый. Потом в этом здании находился Московский университет, который открыли в 1755 году. Тогда в университете было только три факультета — философский, юридический и медицинский. А в 70-е годы XIX века на этом месте построили новое здание, где сейчас находится Исторический музей и ресторан, который так и называется — «Красная площадь, дом 1».

Как и все другие главные площади больших городов, Красная площадь всегда была торговой площадью. Уже в 1520 году на площади построили каменный Гостиный двор, где можно было купить всё. Но торговали не только в Гостином дворе, торговали на всей территории Красной площади от Гостиного двора до кремлёвских стен, а также вокруг собора Василия Блаженного. Сейчас на месте Гостиного двора находится один из самых больших магазинов в Москве — ГУМ.

Все большие праздники и великие победы страны отмечали и праздновали на Красной площади. Здесь проходили многочисленные парады и демонстрации, поэтому название «красная» получило ещё одно значение. Красная значит праздничная, парадная. Всего с 1918 года по 1990 год на Красной площади прошло 120 парадов. Но два самых известных парада люди помнят до

сих пор. Первый из них прошёл 7 ноября 1941 года. Шла война, враг был под Москвой. Солдаты прямо с Красной площади уходили защищать столицу. Многие из них погибли в тяжёлых боях под Москвой.

Второй знаменитый парад — парад Победы 24 июня 1945 года. Страна праздновала победу над фашистской Германией.

В апреле 1961 года здесь, на Красной площади, с радостными улыбками, с букетами весенних цветов вся страна встречала первого в мире космонавта Юрия Алексеевича Гагарина.

В последние годы на Красной площади часто бывают концерты известных музыкантов, певцов, артистов. Здесь выступали такие мировые звёзды, как русский дирижёр и виолончелист Мстислав Ростропович, испанская оперная певица Монсеррат Кабалье, известный английский певец и композитор Пол Маккартни, русский оперный певец Дмитрий Хворостовский.

Красная площадь — это место, которое, как магнит, притягивает всех — и туристов, и москвичей. И в праздничные дни, и в будни, и в солнечные дни, и в непогоду — на Красной площади всегда много людей. Люди приезжают сюда, чтобы погулять, отдохнуть, посмотреть достопримечательности, сделать покупки.

Так что и сегодня Красная площадь по-прежнему торгует, гуляет, празднует, развлекается и отдыхает.

б) Внимательно прочитайте текст ещё раз. Скажите, какие достопримечательности находятся на Красной площади?

в) Прочитайте план, сравните его с текстом. Скажите, какие пункты плана не соответствуют тексту. Составьте правильный план.

План

1. Название Красной площади.
2. История лобного места.
3. Борьба русского народа с польско-литовскими захватчиками.
4. Памятник Минину и Пожарскому — первый скульптурный памятник в Москве.
5. Мавзолей В.И. Ленина как памятник архитектуры двадцатого века.
6. Собор Василия Блаженного — украшение Красной площади.
7. История здания Исторического музея на Красной площади.
8. Пётр Первый в Москве.
9. Первое здание Московского университета.
10. Красная площадь — торговая площадь.
11. Парады и праздники на Красной площади.

г) Ответьте на вопросы:

1. Почему главную площадь страны называют Красной площадью? Когда появилось это название?
2. Как называлась Красная площадь раньше и почему?
3. Что такое Лобное место? Какую функцию выполняло Лобное место на Красной площади?
4. Кому и где поставили первый скульптурный памятник в Москве? Где стоит этот памятник сейчас и почему?
5. Какой собор находится на Красной площади? Каким он был раньше?
6. Что раньше находилось на месте Исторического музея?
7. Когда Красная площадь стала торговой площадью?
8. О каких событиях на Красной площади люди помнят до сих пор?
9. Почему Красная площадь привлекает внимание туристов и москвичей?
10. Были ли вы на Красной площади? Какое впечатление произвела на вас Красная площадь? Если не были, хотите ли побывать? Почему? Что вы хотите увидеть своими глазами?

22

а) Какие ещё вопросы вы хотели бы задать, чтобы получить больше информации о Красной площади?

б) Расскажите своим друзьям, что вы узнали о Красной площади.

23

а) Задайте вопросы своим друзьям об интересных местах в их городах. Узнайте, какие достопримечательности там находятся.

б) Расскажите о главной площади вашего города.

24 В тексте, который вы будете читать, вы встретите новые слова и выражения. Познакомьтесь с ними.

1. Прочитайте новые слова и выражения. Постарайтесь понять их значение по контексту.

1. дава́ть / дать обеща́ние = обеща́ть – пообеща́ть кому́? (3) что сде́лать?

• Преподава́тель обеща́л студе́нтам рассказа́ть о Кра́сной пло́щади.
• Импера́тор дал лю́дям обеща́ние постро́ить па́мятник-храм.

2. представля́ть – предста́вить — что? (4) кому́? (3)
   я предста́влю (в / вл)   прое́кт   коми́ссии
   ты предста́вишь   рабо́ту   преподава́телю
   они предста́вят
   предста́вил (-а, -и)

• Уча́стники ко́нкурса предста́вили (=да́ли, показа́ли) свои́ прое́кты коми́ссии.
• Студе́нт предста́вил преподава́телю свою́ нау́чную рабо́ту.

3. осуществля́ться – осуществи́ться

• В Москве́ осуществля́ется но́вая програ́мма строи́тельства высо́тных домо́в.
• Прое́кт строи́тельства Дворца́ Сове́тов в Москве́ не осуществи́лся.

4. появля́ться – появи́ться где? (6)
   я появлю́сь (в / вл)
   ты поя́вишься
   они поя́вятся
   появи́лся (-ась, -ись)

• Андре́й был бо́лен, поэ́тому до́лго не появля́лся на заня́тиях.

• В ноябре́ в Москве́ появля́ется пе́рвый снег.

5. рабо́тать на со́весть = рабо́тать о́чень хорошо́

- У э́того студе́нта прекра́сный дипло́м, он всегда́ **рабо́тает на со́весть**.
- Строи́тели **рабо́тали на со́весть**, ме́дленно и хорошо́, поэ́тому храм стро́или о́чень до́лго.

6. писа́ть от руки́ = писа́ть ру́чкой и́ли карандашо́м

- Моско́вская писа́тельница Да́рья Донцо́ва не лю́бит рабо́тать за компью́тером. Все свои́ рома́ны она́ **пи́шет от руки́**.

2. а) Можете ли вы понять выделенные слова без словаря?

всенаро́дный храм, **откры́тый** бассе́йн, **грандио́зный** прое́кт, **освобожде́ние** Росси́и

б) Какие ещё словосочетания можно составить с выделенными словами?

3. а) Прочитайте слова с общим корнем. На какие вопросы отвечают слова каждого ряда?

уча́ствовать — уча́стие — **уча́стник**
стро́ить — **строи́тельство** — строи́тель — строи́тельный
победи́ть — побе́да — победи́тель — победи́тельница
разру́шить — **разруше́ние** — разруши́тель
освободи́ть — освобожде́ние — освободи́тель — освободи́тельный
созда́ть — созда́ние — **созда́тель**

б) Составьте словосочетания с этими словами.

в) Составьте предложения с выделенными словами.

4. Посмотрите значение новых слов в словаре.

зо́дчество
перестро́йка
возрожде́ние

5. Прочитайте словосочетания с глаголами. Образуйте словосочетания с отглагольными существительными.

Образец:

зна́ть фи́зику ▶ зна́ние фи́зики   предста́вить прое́кт ▶ представле́ние прое́кта

созда́ть програ́мму –
пра́здновать день рожде́ния –
назва́ть у́лицу –
объяви́ть ко́нкурс –

изучи́ть язы́к –
разру́шить зда́ние –
реши́ть зада́чу –
продо́лжить строи́тельство –
освободи́ть страну́ –
восстанови́ть храм –

25 а) Быстро прочитайте текст. Найдите ответы на вопросы:

1. В каком году закончилась война России с Наполеоном?
2. Где император Николай I решил построить новый храм?
3. Почему храм можно было увидеть из любой точки города?

История храма Христа Спасителя

Двадцать пятого декабря 1812 года кончилась война России с Наполеоном. Когда последний солдат наполеоновской армии уходил с русской земли, император Александр I дал обещание построить памятник — храм Христа Спасителя — в честь освобождения России от врагов. Этот храм должен был стать всенародным храмом-символом и простоять много веков, чтобы люди не забывали о великой победе над Наполеоном. Этот храм люди стали называть храмом Христа Спасителя.

В 1816 году Российская академия художеств объявила конкурс на лучший проект храма. Двадцать участников конкурса представили свои проекты. Хотя в конкурсе участвовали очень известные русские и иностранные художники и архитекторы, победителем стал один из самых молодых участников конкурса Александр Лаврентьевич Витберг, выпускник Академии художеств.

Витберг решил построить свой храм на горе. Хотя ему предложили несколько высоких мест в Москве, он выбрал Воробьёвы горы (место, где сейчас находится высотное здание МГУ имени М.В. Ломоносова). Через много лет А.П. Чехов скажет об этом месте: «Кто хочет понять Россию, должен посмотреть отсюда на Москву». Это был грандиозный проект. Тысячи людей присылали деньги на его строительство. Но, к сожалению, он не осуществился. В 1825 году император Александр I умер, а в 1827 году строительство остановили.

Новый русский император Николай I решил продолжать строительство, но по другому проекту. Он сам выбрал место на берегу Москвы-реки, рядом с Кремлём, так как считал, что Воробьёвы горы находятся слишком далеко от Москвы. Затем император сам нашёл архитектора. Новым архитектором храма стал Константин Андреевич Тон. К.А. Тон учился в России и в Италии, изучал старинную итальянскую архитектуру, но особенно он интересовался русским зодчеством. К.А. Тон был не просто хорошим архитектором, он был талантливым строителем-техником.

В 1838 году́ по прое́ктам К.А. То́на на́чали но́вое строи́тельство хра́ма Христа́ Спаси́теля. Храм стро́или о́чень ме́дленно. Здесь бы́ло две причи́ны: во-пе́рвых, госуда́рство дава́ло ма́ло де́нег, а во-вторы́х, стро́ители рабо́тали на со́весть, ведь они́ стро́или на века́. В 1859 году́ строи́тельство хра́ма зако́нчилось, и начала́сь рабо́та худо́жников, кото́рая продолжа́лась 20 лет. Худо́жников бы́ло мно́го, все они́ бы́ли о́чень ра́зными. Но и́менно э́то сде́лало храм осо́бенным, не похо́жим на други́е. Золоты́е купола́ хра́ма Христа́ Спаси́теля бы́ли видны́ издалека́, из любо́й то́чки го́рода. Он как бу́дто плыл над Москво́й. Э́то бы́ло са́мое высо́кое зда́ние, его́ высота́ была́ 103 ме́тра*. Вокру́г хра́ма был небольшо́й балко́н, с кото́рого мо́жно бы́ло уви́деть панора́му Москвы́.

Мно́гие го́ды храм Христа́ Спаси́теля был одни́м из са́мых люби́мых наро́дных хра́мов. Там одновре́менно могли́ находи́ться 7200 челове́к, но во вре́мя больши́х церко́вных пра́здников в хра́ме собира́лось 10 000 челове́к. Внутри́ на сте́нах хра́ма бы́ли мра́морные до́ски с имена́ми и фами́лиями геро́ев Оте́чественной войны́ 1812 го́да. Когда́ лю́ди приходи́ли в храм, они́ чита́ли э́ти имена́ и от руки́ писа́ли имена́ свои́х бли́зких, родны́х и друзе́й, кото́рые поги́бли во вре́мя войны.

В 30-е го́ды XX ве́ка, во времена́ И.В. Ста́лина, сове́тское прави́тельство реши́ло измени́ть истори́ческий центр Москвы́, и сове́тские архите́кторы созда́ли прое́кт, по кото́рому на ме́сте хра́ма как си́мвол сове́тской вла́сти до́лжен был стоя́ть Дворе́ц Сове́тов. Храм разру́шили. Но Дворе́ц Сове́тов так и не постро́или, но́вый прое́кт сове́тских архите́кторов закры́ли, потому́ что начала́сь Вели́кая Оте́чественная война́. По́сле войны́ на ме́сте хра́ма появи́лся откры́тый бассе́йн «Москва́».

В го́ды перестро́йки начало́сь возрожде́ние Росси́и, возрожде́ние ру́сских тради́ций, возрожде́ние Ру́сской правосла́вной це́ркви. О́сенью 1994 го́да прави́тельство Москвы́ реши́ло восстанови́ть храм Христа́ Спаси́теля, кото́рый стро́или на наро́дные де́ньги и кото́рый явля́лся па́мятником войны́ 1812 го́да. Но́вый храм стро́ила не то́лько Москва́, ты́сячи люде́й присыла́ли де́ньги из Росси́и, Белору́ссии и Украи́ны. В 2000 году́ строи́тельство хра́ма зако́нчили. На Рождество́ все уви́дели золоты́е купола́ хра́ма и услы́шали, как сно́ва зазвони́ли его́ колокола́. Как и пре́жде, э́тот храм явля́ется не то́лько са́мым больши́м хра́мом в Росси́и, но и одни́м из са́мых больши́х правосла́вных хра́мов в ми́ре.

---

* Вот не́которые ци́фры о хра́ме:

— вну́тренняя пло́щадь – 3990 квадра́тных ме́тров;

— для строи́тельства испо́льзовали 40 миллио́нов кирпиче́й;

— в хра́ме бы́ло 60 о́кон;

— на позоло́ту испо́льзовали 450 килогра́ммов зо́лота;

— в хра́ме бы́ло 35 люстр.

б) Прочитайте текст ещё раз. Скажите, когда восстановили храм Христа Спасителя?

в) Прочитайте план текста. Расположите пункты плана в соответствии с содержанием текста.

План

1. Ко́нкурс на лу́чший прое́кт хра́ма.
2. Разруше́ние хра́ма.
3. Обеща́ние импера́тора Алекса́ндра I.
4. Строи́тельство хра́ма Христа́ Спаси́теля.
5. Но́вый прое́кт хра́ма на берегу́ Москвы́-реки́.
6. Возрожде́ние хра́ма.
7. Пе́рвый прое́кт хра́ма на Воробьёвых гора́х.
8. Всенаро́дно люби́мый храм.

г) Ответьте на вопросы:

1. Како́е собы́тие произошло́ 25 декабря́ 1812 го́да?
2. В честь како́го собы́тия импера́тор дал обеща́ние постро́ить в Москве́ па́мятник-храм?
3. В како́м году́ Росси́йская акаде́мия худо́жеств объяви́ла ко́нкурс на лу́чший прое́кт хра́ма?
4. Ско́лько худо́жников уча́ствовали в ко́нкурсе? Кто стал победи́телем?
5. Како́е ме́сто вы́брал а́втор прое́кта? Как вы ду́маете почему́? Что сказа́л А.П. Че́хов об э́том ме́сте?
6. Смог ли архите́ктор А.Л. Ви́тберг осуществи́ть свой прое́кт?
7. Како́е реше́ние при́нял но́вый ру́сский импера́тор Никола́й I?
8. Когда́ начало́сь но́вое строи́тельство хра́ма Христа́ Спаси́теля?
9. Что вы узна́ли об архите́кторе К.А. То́не?
10. Ско́лько лет стро́или храм?
11. Почему́ строи́тельство хра́ма шло так до́лго?
12. Что де́лает храм Христа́ Спаси́теля не похо́жим на други́е?
13. Ско́лько челове́к мо́жет одновреме́нно находи́ться в хра́ме?
14. Как сложи́лась судьба́ хра́ма в 30-е го́ды XX ве́ка?
15. Когда́ начало́сь восстановле́ние хра́ма Христа́ Спаси́теля?

д) Какие ещё вопросы по тексту вы можете задать?

26 Что интересного и нового для себя вы узнали из этого текста? Найдите эту информацию в тексте и прочитайте её.

27 Можете ли вы рассказать об истории строительства какого-нибудь здания в вашей стране?

а) Прослушайте диалоги, посмотрите на рисунки. Скажите, в каких ситуациях (где?) вы можете услышать эти диалоги?

б) Что вы узнали из каждого диалога?

🎧 39

— Привéт, Жан! Это Леóн.
— Привéт, Леóн! Ты откýда звони́шь, ты в Москвé?
— Нет, я прилетáю в Москвý в суббóту. Ты не мóжешь меня́ встрéтить? Я ведь совсéм не говорю́ по-рýсски и не знáю гóрод.
— Конéчно, встрéчу. Какóй у тебя́ рейс?
— Рейс № 721 из Пари́жа.

— Алло́, спра́вочная «Аэрофло́та»?
— Спра́вочная «Аэрофло́та», слýшаю вас.
— Скажи́те, пожáлуйста, когдá прилетáет рейс № 721 из Пари́жа?
— Минýту... Рейс № 721 из Пари́жа прилетáет в 15.30 в Шеремéтьево-2. По расписáнию.
— Спаси́бо.

— Ви́ктор, мне нýжен твой совéт.
— Да, пожáлуйста.
— Как быстрéе добрáться до аэропóрта Шеремéтьево-2?
— Мóжно доéхать на метрó до стáнции «Белорýсская», а потóм сесть на аэроэкспрéсс, котóрый идёт до аэропóрта.
— А где останáвливается аэроэкспрéсс?
— Пря́мо на вокзáле, у вы́хода из метрó. Но éсли ты не спеши́шь, возьми́ такси́.
— Ты не знáешь, э́то дóрого?
— Такси́ всегдá дóрого. Решáй сам.
— Врéмя у меня́ есть, я поéду на метрó.

— Леóн, как я рад тебя́ ви́деть! Как долетéл?
— Всё хорошó! Спаси́бо, что встрéтил.
— Каки́е у тебя́ сейчáс плáны?
— Снáчала поéдем в гости́ницу. Ты знáешь хорóшую и недорогýю гости́ницу?
— Поéдем в отéль «Ю́жный» на Лéнинском проспéкте.
— Хорошó.
— Такси́!

— Вы свободны?
— Конечно, садитесь, пожалуйста. Вам куда?
— Ленинский проспект, отель «Южный».
— Хорошо, давайте ваши вещи, я поставлю их в багажник.
— Долго ехать?
— Если не будет больших пробок, доедем быстро.

— Добрый вечер! Чем могу помочь?
— У меня заказан номер.
— Ваша фамилия?
— Рошфор.
— Пожалуйста, заполните анкету, напишите ваши паспортные данные, здесь поставьте число и подпись.
— Вот, пожалуйста. А завтрак входит в стоимость номера?
— Конечно, завтрак с 7.00 до 11.00. Ресторан — на первом этаже. Вот ваш ключ: номер 312 на третьем этаже.
— А Wi-Fi (вай-фай)? В номере есть Wi-Fi?
— Да, конечно, в номере есть Wi-Fi, телевизор, холодильник и сейф. Вот пароль для Wi-Fi.
— Спасибо.
— Пожалуйста. Если у вас будут вопросы, обращайтесь к администратору.

— Добрый вечер! Что вы хотите?
— Добрый вечер, мы хотели бы поужинать.
— Проходите, пожалуйста, садитесь. Вот свободный столик. Посмотрите меню, пожалуйста.
— А что вы нам посоветуете взять?
— Могу посоветовать наше фирменное блюдо: рыбу со свежими овощами, а на десерт — клубнику со взбитыми сливками и кофе.
— Хорошо, и ещё 2 апельсиновых сока.

— Привет, Леон! Ну, как тебе Москва?
— Москва очень понравилась! Кремль, Красная площадь, храм Христа Спасителя, Воробьёвы горы ... Теперь хочу посмотреть Петербург.
— Хорошая идея. В этом году Петербургу 315 лет, в мае там был большой праздник. В Петербурге сейчас очень красиво — белые ночи. Я бы тоже с удовольствием поехал.
— Давай поедем вместе!

— Нам ну́жно купи́ть 2 биле́та в Са́нкт-Петербу́рг.

— Дава́й посмо́трим на са́йте, каки́е есть вариа́нты. Полети́м на самолёте и́ли пое́дем на по́езде?

— Я хочу́ пое́хать на по́езде, е́сли это не о́чень до́лго. И ещё, я не люблю́ е́здить но́чью.

— Хорошо́, пое́дем на «Сапса́не», у́тром, в 11.40. Он идёт 4 часа́.

— А биле́ты дороги́е? Ско́лько они́ сто́ят?

— Биле́ты сто́ят 2900 рубле́й. Покупа́ем?

— Да, коне́чно!

— Мину́ту! Вот на́ши биле́ты, я распеча́тал. Посмотри́!

— По́езд «Сапса́н» Москва́ — Санкт-Петербу́рг, 20 ию́ня. По́езд отправля́ется из Москвы́ в 11.40 утра́, а приезжа́ет в Петербу́рг в 15.40.

— Ты уже́ прекра́сно понима́ешь по-ру́сски. Прочита́й, как называ́ются вокза́лы.

— Как интере́сно! В Москве́ — Ленингра́дский вокза́л, а в Петербу́рге — Моско́вский.

— Да, вокза́лы называ́ются по-ра́зному, но постро́ил их оди́н архите́ктор. Пое́дем, посмо́трим!

в) Прослу́шайте диало́ги ещё раз и вы́полните зада́ния к ним.

1) Лео́н и Жан ... .

А. познако́мились в аэропорту́
Б. зна́ют друг дру́га давно́
В. встре́тились в Петербу́рге

2) Лео́н про́сит встре́тить его́, потому́ что он ... .

А. хорошо́ говори́т по-ру́сски
Б. немно́го говори́т по-ру́сски
В. не зна́ет ру́сского языка́

3) Из Пари́жа в Москву́ Лео́н ... .

А. прие́хал на маши́не
Б. прие́хал на по́езде
В. прилете́л на самолёте

4) Жан добра́лся до аэропо́рта Шереме́тьево-2 ... .
А. на метро́ и на такси́
Б. на такси́
В. на метро́

5) Лео́н останови́лся в Москве́ ... .

А. в общежи́тии
Б. в гости́нице
В. у друзе́й

6) Лео́н бу́дет жи́ть в Москве́ ... .

А. неде́лю
Б. ме́сяц
В. 2 дня

7) Лео́н пое́дет в Петербу́рг ... .

А. оди́н
Б. с подру́гой
В. с дру́гом

8) Ры́ба, кото́рую заказа́ли друзья́, бу́дет ... .

А. с гриба́ми
Б. с ри́сом
В. со све́жими овоща́ми

г) Скажи́те, что вы узна́ли о Жа́не и Лео́не? Соста́вьте расска́зы.

29 **Что вы скажете в следующих ситуациях? Составьте диалоги.**

1. Вам позвони́л друг из друго́го го́рода и про́сит вас встре́тить его́ в аэропорту́.
2. Вам ну́жно встре́тить дру́га, но вы не зна́ете, когда́ прилета́ет его́ самолёт (прибыва́ет по́езд).
3. Вы не зна́ете, как добра́ться до аэропо́рта (до вокза́ла). Посове́туйтесь с дру́гом.
4. Вы встреча́ете дру́га в аэропорту́ (и́ли на вокза́ле).
5. Вам ну́жно взять такси́ и объясни́ть шофёру, куда́ е́хать.
6. Вы прие́хали в гости́ницу. Объясни́те администра́тору, како́й но́мер вам ну́жен.
7. Вы пришли́ в рестора́н. Закажи́те у́жин.
8. Вы хоти́те поу́жинать в но́мере. Закажи́те по телефо́ну сала́т и моро́женое.

Домашнее задание

1 **Напишите письмо. Расскажите, как вы приехали (прилетели) в Москву и как провели свои первые дни в Москве.**

2 **Посмотрите упражнение 14 на стр. 194. Как вы думаете, есть ли такие проблемы в вашем городе, и как они решаются? Напишите 2—3 предложения по каждой проблеме.**

3 **Напишите письмо своему другу в России. Расскажите немного о своём городе, какие достопримечательности вы можете показать ему там.**

4 **Напишите упражнения:**

№ 1, 3 б), в);	№ 16;	№ 23 б);
№ 4 д);	№ 17 а);	№ 24 3, 5;
№ 5 б, в, г);	№ 18;	№ 25 г, д);
№ 6 б);	№ 19;	№ 27;
№ 7 г);	№ 21 г);	№ 28 г).
№ 13 б);	№ 22 а);	

УРОК 7

Субтест 1

Лексика. Грамматика

Инструкция к выполнению субтеста

• Время выполнения субтеста — 50 минут.
• Субтест включает 100 заданий.
• При выполнении субтеста пользоваться словарём нельзя.
• Вы получили субтест и матрицу. Напишите ваше имя и фамилию на каждом листе матрицы.
• В субтесте слева даны предложения или микротексты, а справа – варианты выбора. Выберите правильный вариант и отметьте соответствующую букву в матрице.

Например:

А (Б) В   Г   (Б – правильный ответ).

• Если вы ошиблись и хотите исправить ошибку, сделайте это так:

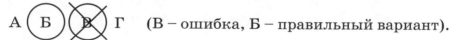

А (Б) (В) Г   (В – ошибка, Б – правильный вариант).

Часть 1

Задания 1–20.
Выберите правильный вариант.

Чтобы поступить на математический факультет, необходимо сдать ... **(1)** экзамен по математике.

А писать
Б письмо
В писатель
Г письменный

Помогайте пожилым людям, уважайте ... **(2)**.

А старый
Б старший
В старость
Г старик

Моё любимое место для занятий — ... **(3)** зал. Там тихо и никто не мешает мне ... **(4)**.

А читать
Б чтение
В читальный
Г читатель

Преподаватель ... **(5)** нам о Москве и ... **(6)** нас написать о своём родном городе.

А посоветовал
Б попросил
В рассказал
Г спросил

10 дней назад я ... **(7)** письмо своему другу. Надеюсь, что он ... **(8)** моё письмо и уже написал ответ.

А взял
Б послал
В прислал
Г получил

Если он будет много заниматься, он ... **(9)** на все вопросы и хорошо ... **(10)** все экзамены.

А сдаст
Б решит
В сделает
Г ответит

Моя подруга ... **(11)** теннисом. Она очень ... **(12)** эту игру.

А любит
Б нравится
В хочет
Г увлекается

Мой отец — журналист. Мне ... **(13)** нравится эта профессия, поэтому я ... **(14)** точно решил, что стану журналистом.

А уже
Б ещё
В тоже
Г или
Д и

Если вы не ... **(15)** водить машину, но ... **(16)** научиться, приходите к нам в автошколу. Вы ... **(17)** научиться водить машину и будете хорошо знать правила дорожного движения. Через два месяца после экзамена вы ... **(18)** получить права.
Но вам не нужно заниматься 2 месяца, если вы ... **(19)** правила дорожного движения, уже ... **(20)** водить машину. Просто приходите, сдавайте экзамен и получайте права.

А умеете
Б хотите
В знаете
Г можете
Д сможете

Часть 2

Задания 21—28.
Выберите правильный вариант.

В нашем институте есть интернациональный клуб. В нём занимается много студентов. Журналисты часто приезжают ... **(21)** в клуб и потом пишут ... **(22)** статьи для молодёжных журналов.

А	мы
Б	о нас
В	у нас
Г	с нами
Д	к нам

Многие люди с удовольствием читают приключения Гарри Поттера. Я прочитал 4 книги ... **(23)** герое и скоро куплю следующую. Я знаю, что автор ... **(24)** произведения уже написал пятую книгу и скоро её можно будет купить в электронном виде. Я хочу прочитать ... **(25)** роман сам и подарить другу.

А	этот
Б	с этим
В	об этом
Г	к этому
Д	этого

Мой друг пригласил меня поехать за город. Мы встретились с ним ... **(26)**. Мы ехали на машине ровно ... **(27)**. Дорога была приятной, мы разговаривали и ... **(28)** добрались до его загородного дома.

А	3 часа
Б	в 3 часа
В	на 3 часа
Г	3 часа назад
Д	через 3 часа

Задания 29–38.
Выберите правильный вариант.

На Арбате знают и любят ... (29) — Максима и Ирину Демидовых. Они каждый день приходят ... (30) и играют ... (31). Максим и Ирина получили ... (32) в консерватории, но отказались работать ... (33), потому что больше всего им нравится быть ... (34). Они сами выбирают, что играть. Их любимая музыка — это ... (35). Максим говорит, что они всегда играют только ... (36). Вокруг Ирины и Максима всегда много ... (37). Они стоят, слушают и в знак благодарности дают ... (38) деньги.

29

А уличные музыканты
Б с уличными музыкантами
В уличных музыкантов
Г об уличных музыкантах

30

А по этой улице
Б на эту улицу
В этой улицей
Г этой улицы

31

А на гитарах
Б гитары
В с гитарами
Г гитар

32

А в музыкальном образовании
Б музыкальным образованием
В музыкального образования
Г музыкальное образование

33

А из государственного оркестра
Б государственным оркестром
В в государственном оркестре
Г государственного оркестра

34

А свободных людей
Б свободными людьми
В свободным людям
Г о свободных людях

35

А классическую музыку
Б классическая музыка
В о классической музыке
Г с классической музыкой

36

А любимые произведения
Б любимых произведений
В любимыми произведениями
Г в любимых произведениях

37

А людьми
Б о людях
В людей
Г с людьми

38

А эти артисты
Б у этих артистов
В с этими артистами
Г этим артистам

Задания 39–48.
Выберите правильный вариант.

Чтобы у всех москвичей были ... (39), вокруг города строят новые жилые районы. Одним из таких районов является район Куркино. Строительство ... (40) ведётся в этом районе так, чтобы сохранить ... (41). Воздух в районе Куркино намного чище, чем ... (42) Москвы, так как там нет никаких ... (43). Если вам нравится район Куркино, вы можете купить квартиру в этом районе. А если у вас нет денег, вы можете принять участие ... (44) «Назови свою улицу», который организовало ... (45). Каждый желающий может предложить собственное название ... (46) этого района. Победитель конкурса получит в этом районе однокомнатную квартиру ... (47). В день города мэр Москвы торжественно даст ключи от квартиры ... (48) конкурса.

39

А современных квартир
Б современные квартиры
В в современных квартирах
Г современными квартирами

40

А новыми домами
Б в новых домах
В новые дома
Г новых домов

41

А родной природе
Б родную природу
В родной природы
Г с родной природой

42

А другие районы
Б других районов
В в других районах
Г к другим районам

43

А промышленных предприятий
Б о промышленных предприятиях
В промышленным предприятиям
Г промышленные предприятия

44

А необычному конкурсу
Б необычного конкурса
В необычный конкурс
Г в необычном конкурсе

45

А московского правительства
Б московское правительство
В к московскому правительству
Г с московским правительством

46

А центральную улицу
Б центральная улица
В центральной улицы
Г на центральной улице

47

А с большим балконом
Б на большом балконе
В большого балкона
Г большой балкон

48

А счастливого победителя
Б к счастливому победителю
В счастливым победителем
Г счастливому победителю

Часть 3

Задания 49—58.
Выберите правильный вариант.

Родители часто ... **(49)** меня, кем я хочу быть. Я ещё не ... **(50)**, но я об этом много ... **(51)**. На свете так много интересных профессий, что трудно выбрать одну из них.
Многие очень известные люди не сразу ... **(52)** своё призвание. Например, русский писатель А.П.Чехов в 1879 году приехал из Таганрога в Москву, ... **(53)** в Московский университет на медицинский факультет, ... **(54)** его и ... **(55)** диплом врача. Недалеко от Москвы, в Мелихово, А.П.Чехов ... **(56)** себе дом. Там он жил и работал врачом. Он всегда ... **(57)** людям, ... **(58)** школы для детей. Но мы знаем, что главным делом его жизни была литература.

49

  А спросили
  Б спрашивают
  В спросят

50

  А решил
  Б решаю
  В решал

51

  А думать
  Б думаю
  В подумаю

52

  А находили
  Б найдут
  В нашли

53

  А поступал
  Б поступил
  В поступит

54

  А заканчивает
  Б закончит
  В закончил

55

  А получает
  Б получил
  В получит

56

  А купил
  Б купит
  В покупал

57

  А помогал
  Б помог
  В помогает

58

  А строит
  Б построит
  В строил

Задания 59—68.
Выберите правильный вариант.

В прошлое воскресенье Жан весь день ... (59) по улицам Москвы и вдруг ... (60) небольшой деревянный дом. Жан ... (61) табличку: «Дом-музей В.М.Васнецова». Жан не знал, кто это. Он ... (62) входной билет и пошёл на экскурсию в музей. Девушка-экскурсовод целый час ... (63) о художнике В.М.Васнецове и его картинах. Экскурсия была очень интересной, Жан ... (64), что Виктор Васнецов построил этот дом в 1878 году. Здесь, в этом доме, художник жил со своей семьёй, а в мастерской ... (65) свои картины.
Когда Жан пришёл домой, он ... (66), что ему очень ... (67) экскурсия и прогулка по Москве, и ... (68) альбом с репродукциями картин Васнецова.

59

А гулял
Б погулял
В будет гулять

60

А видел
Б увидел
В увидит

61

А читал
Б прочитает
В прочитал

62

А покупал
Б купил
В купит

63

А рассказывала
Б рассказала
В рассказывает

64

А знает
Б узнает
В узнал

65

А рисует
Б рисовал
В нарисует

66

А сказал
Б скажет
В говорит

67

А нравилась
Б нравится
В понравилась

68

А покажет
Б показывает
В показал

Задания 69–84.
Выберите правильный вариант.

Когда я служил в армии, я переписывался с одной девушкой. Эту девушку я никогда не видел и не знал раньше. Просто она писала мне хорошие, нежные письма. После армии я ... (69) в город, где жила моя девушка. У меня был её домашний адрес и фотография. На вокзале я купил цветы и ... (70) на остановку автобуса. На остановке я увидел молодого высокого парня с огромным букетом. Мы познакомились, и он рассказал мне, что тоже ... (71) в этот город к своей любимой девушке. Потом мы сели в один автобус и ... (72). Мы ... (73) 4 остановки, а потом вместе ... (74) из автобуса и ... (75) по улице. Дальше всё было ещё интереснее. Двадцать минут мы вместе ... (76) и молчали. Наконец, мы ... (77) на одну и ту же улицу, ... (78) в один и тот же дом, ... (79) к одной и той же квартире и встали перед дверью. Мы смотрели друг на друга и ничего не понимали.

— Здесь живёт моя девушка, — сказал я.

— И моя тоже, — ответил он.

Мы достали фотографии и сравнили их. На фото было одно и то же лицо.

— Обманщица! — в один голос сказали мы. Потом мы бросили на пол свои букеты, позвонили в дверь и хотели ... (80) навсегда. Но вдруг дверь открылась, и из квартиры ... (81) красивая девушка — длинные светлые волосы, голубые глаза... это была МОЯ, МОЯ ДЕВУШКА... Но она даже не посмотрела на меня, она ... (82) к парню, который ... (83) вместе со мной, и обняла его. Мне было очень обидно.

— Всё... это конец... — подумал я, ... (84) на улицу и закурил. И вдруг я услышал своё имя. Я посмотрел вверх и увидел на балконе девушку. Она звала меня и улыбалась. Девушка была как две капли воды похожа на ту, которая обнимала парня на лестнице. Минуту я стоял и ничего не понимал. И вдруг понял — наши любимые девушки были сёстры-близнецы. Я был счастлив.

69

   А приехал
   Б доехал
   В ехал

70

   А шёл
   Б ушёл
   В пошёл

71

   А поехал
   Б уехал
   В приехал

72

   А приехали
   Б поехали
   В подъехали

73

   А проехали
   Б отъехали
   В приехали

74

   А вошли
   Б вышли
   В ушли

75

   А пошли
   Б пришли
   В перешли

76

   А прошли
   Б шли
   В пошли

77

А вошли
Б дошли
В пришли

78

А вошли
Б вышли
В ушли

79

А подошли
Б дошли
В вошли

80

А прийти
Б уйти
В зайти

81

А пошла
Б вышла
В подошла

82

А подошла
Б дошла
В отошла

83

А перешёл
Б ушёл
В пришёл

84

А зашёл
Б вышел
В вошёл

Часть 4

Задания 85—89.

Выберите правильный вариант.

В 2005 году МГУ им. Ломоносова получил от города прекрасный подарок – новую библиотеку, ... (85) давно ждали и преподаватели, и студенты.

Библиотека помогает студентам, ... (86) учатся в МГУ сейчас и будут учиться в будущем.

В здании библиотеки 7 этажей: над землёй построили 4 этажа, ... (87) находятся читальные залы. А под землёй — ещё 3 этажа, где хранятся книги.

Учебный корпус МГУ соединили с библиотекой подземным переходом, ... (88) студентам удобно переходить из одного здания в другое.

Строительство библиотеки, ... (89) началось в 2003 году, закончилось в 2005 году к 250-летию Московского университета.

85

А которая
Б которой
В которую
Г о которой

86

А которые
Б которых
В которым
Г с которыми

87

А в которых
Б на которых
В по которым
Г с которыми

88

А который
Б из которого
В на котором
Г по которому

89

А которое
Б к которому
В которого
Г с которым

Задания 90–100.
Выберите правильный вариант.

Уже несколько лет проводятся соревнования по компьютерным играм. В этом году они будут проходить в Южной Корее, ... (90) приедут молодые люди из разных стран. Московский школьник, чемпион России по компьютерным играм, Николай Аникеев сейчас много тренируется, ... (91) участвовать и победить в этих соревнованиях.

А   где
Б   куда
В   если
Г   чтобы
Д   когда

Известно, ... (92) в Англии недалеко от дома известной американской певицы Мадонны находился аэропорт. Певице это не нравилось. Самолёты летали и шумели днём и ночью. ... (93) шум самолётов не беспокоил Мадонну, она купила этот аэропорт за 11 миллионов долларов. Сейчас самолёты не летают вокруг дома известной американской певицы, ... (94) там абсолютная тишина.

А   потому что
Б   поэтому
В   чтобы
Г   что
Д   хотя

В 2002 году впервые русская девушка из Петербурга Оксана Фёдорова получила титул «Мисс Вселенная». Весь мир был удивлён, когда узнал, ... (95) Оксана Фёдорова отказалась от титула «Мисс Вселенная». Она приняла это серьёзное решение, ... (96) хотела закончить своё образование. Она защитила диссертацию, ... (97) стала хорошим юристом и сделала карьеру в полиции, а потом стала телеведущей.

А   потому что
Б   поэтому
В   чтобы
Г   что
Д   если

Летом 2017 года в Италии прошёл чемпионат мира по художественной гимнастике. Чемпионкой мира стала Дина Аверина, ... (98) ей было очень трудно победить. У Дины на международных соревнованиях были сильные соперницы. После соревнований Дина сказала: « ... (99) я выступала, я чувствовала поддержку своих друзей и родных, ... (100) я выиграла».

А   если
Б   потому что
В   поэтому
Г   когда
Д   хотя

Субтест 1
Лексика. Грамматика

Имя, фамилия	Страна	Дата

№	А	Б	В	Г	Д
1	А	Б	В	Г	Д
2	А	Б	В	Г	Д
3	А	Б	В	Г	Д
4	А	Б	В	Г	Д
5	А	Б	В	Г	Д
6	А	Б	В	Г	Д
7	А	Б	В	Г	Д
8	А	Б	В	Г	Д
9	А	Б	В	Г	Д
10	А	Б	В	Г	Д
11	А	Б	В	Г	Д
12	А	Б	В	Г	Д
13	А	Б	В	Г	Д
14	А	Б	В	Г	Д
15	А	Б	В	Г	Д
16	А	Б	В	Г	Д
17	А	Б	В	Г	Д
18	А	Б	В	Г	Д
19	А	Б	В	Г	Д
20	А	Б	В	Г	Д
21	А	Б	В	Г	Д
22	А	Б	В	Г	Д
23	А	Б	В	Г	Д
24	А	Б	В	Г	Д
25	А	Б	В	Г	Д
26	А	Б	В	Г	Д
27	А	Б	В	Г	Д
28	А	Б	В	Г	Д
29	А	Б	В	Г	Д
30	А	Б	В	Г	Д
31	А	Б	В	Г	Д
32	А	Б	В	Г	Д
33	А	Б	В	Г	Д
34	А	Б	В	Г	Д
35	А	Б	В	Г	Д
36	А	Б	В	Г	Д
37	А	Б	В	Г	Д
38	А	Б	В	Г	Д
39	А	Б	В	Г	Д
40	А	Б	В	Г	Д
41	А	Б	В	Г	Д
42	А	Б	В	Г	Д
43	А	Б	В	Г	Д
44	А	Б	В	Г	Д
45	А	Б	В	Г	Д
46	А	Б	В	Г	Д
47	А	Б	В	Г	Д
48	А	Б	В	Г	Д
49	А	Б	В	Г	Д
50	А	Б	В	Г	Д
51	А	Б	В	Г	Д
52	А	Б	В	Г	Д
53	А	Б	В	Г	Д
54	А	Б	В	Г	Д
55	А	Б	В	Г	Д
56	А	Б	В	Г	Д
57	А	Б	В	Г	Д
58	А	Б	В	Г	Д
59	А	Б	В	Г	Д
60	А	Б	В	Г	Д
61	А	Б	В	Г	Д
62	А	Б	В	Г	Д
63	А	Б	В	Г	Д
64	А	Б	В	Г	Д
65	А	Б	В	Г	Д
66	А	Б	В	Г	Д
67	А	Б	В	Г	Д
68	А	Б	В	Г	Д
69	А	Б	В	Г	Д
70	А	Б	В	Г	Д
71	А	Б	В	Г	Д
72	А	Б	В	Г	Д
73	А	Б	В	Г	Д
74	А	Б	В	Г	Д
75	А	Б	В	Г	Д
76	А	Б	В	Г	Д
77	А	Б	В	Г	Д
78	А	Б	В	Г	Д
79	А	Б	В	Г	Д
80	А	Б	В	Г	Д
81	А	Б	В	Г	Д
82	А	Б	В	Г	Д
83	А	Б	В	Г	Д
84	А	Б	В	Г	Д
85	А	Б	В	Г	Д
86	А	Б	В	Г	Д
87	А	Б	В	Г	Д
88	А	Б	В	Г	Д
89	А	Б	В	Г	Д
90	А	Б	В	Г	Д
91	А	Б	В	Г	Д
92	А	Б	В	Г	Д
93	А	Б	В	Г	Д
94	А	Б	В	Г	Д
95	А	Б	В	Г	Д
96	А	Б	В	Г	Д
97	А	Б	В	Г	Д
98	А	Б	В	Г	Д
99	А	Б	В	Г	Д
100	А	Б	В	Г	Д

Субтест 2

Аудирование (материалы для тестируемых)

Инструкция к выполнению субтеста

· Время выполнения субтеста — 30 минут.
· При выполнении субтеста пользоваться словарём нельзя.
· Субтест состоит из 5 частей и 30 заданий.
· После каждого прослушанного сообщения или диалога нужно выполнить задание: выбрать правильный вариант ответа и отметить соответствующую букву в матрице.

Например:

А (Б) В   (Б — правильный вариант).

· Если вы ошиблись и хотите исправить свою ошибку, сделайте это так:

А (Б̶) В   (А — ошибка, Б — правильный вариант).

· Все аудиотексты звучат два раза.

Часть 1

Задания 1–5.

· **Прослушайте сообщения и задания к ним. Выберите из трёх вариантов (А, Б, В) тот, который по смыслу соответствует услышанному сообщению.**
· **Вы прослушаете 5 сообщений и задания к ним.**

1
А Учёные говорят, что компьютерные игры плохо влияют на здоровье человека.
Б Компьютерные игры очень полезны, поэтому нужно заниматься ими как можно больше.
В Учёные доказали, что играть на компьютере не всегда вредно, иногда это приносит пользу.

40

2
А По радио сообщили, что завтра будет хорошая погода.
Б Из прогноза погоды я узнал, что завтра будет сильный ветер и дожди.
В Прогноз погоды на завтра очень хороший: будет солнечно и тепло.

41

3
А Каждое воскресенье можно будет послушать новую радиопрограмму для молодёжи.
Б Новая программа об искусстве выходит в эфир один раз в месяц.
В Радиопрограмма «Молодёжь и современное искусство» заканчивает свою работу в воскресенье.

42

4

  А Недавно я прочитал в журнале статью о новом научном открытии.

  Б Информация о новых научных открытиях редко встречается на сайтах в Интернете.

  В В Интернете я часто нахожу интересную информацию о новых научных открытиях.

43

5

  А Когда мой брат учился в школе, он сочинял прекрасные стихи и поэтому решил учиться в Литературном институте.

  Б Мой брат никогда не любил стихи и литературу.

  В Когда мой брат учился в Литературном институте, он начал писать стихи.

44

Часть 2

Задания 6–10.

**Прослушайте диалоги и выполните задания к ним.
Вам нужно понять тему диалогов.**

6. Они говорили ... .

45

  А о Никите Михалкове
  Б о Московском кинофестивале
  В о фильмах

7. Они говорили ... .

46

  А о каникулах
  Б о Белом море
  В о погоде

8. Они говорили ... .

47

  А о чемпионате по теннису
  Б о российских спортсменах
  В о спортивных соревнованиях

9. Они говорили ... .

48

  А о семье
  Б о Рождестве
  В о подарках

10. Они говорили ... .

49

  А о компьютерных играх
  Б о разных проблемах
  В о здоровье

Часть 3

Задания 11—15.

Прослушайте диалоги и ответьте на вопрос к каждому из них.

11. Слушайте диалог. Скажите, когда отходит поезд?

Поезд отходит ... .

     А   в 5 часов
     Б   в 6 часов
     В   через 20 минут

12. Слушайте диалог. Скажите, где встретятся друзья?

Друзья встретятся ... .

     А   в кафе
     Б   около библиотеки
     В   около метро

13. Слушайте диалог. Скажите, куда решили пойти друзья в воскресенье?

В воскресенье друзья решили пойти ... .

     А   в кинотеатр
     Б   в парк
     В   в гости

14. Слушайте диалог. Скажите, зачем Ольга позвонила своему другу?

Ольга позвонила Игорю, чтобы ... .

     А   он встретил её в аэропорту
     Б   рассказать ему о своём отдыхе
     В   узнать о его работе

15. Слушайте диалог. Скажите, сколько человек будет заниматься на курсах русского языка в этом году?

В этом году на курсах русского языка будут заниматься ... .

     А   5 человек
     Б   35 человек
     В   15 человек

Часть 4

Задания 16–23.

Слушайте диалог и записывайте в матрицу информацию о том, чем будет заниматься Таня на этой неделе.

Часть 5

Задания 24–30.

Прослушайте сообщение. Запишите кратко основную информацию в матрицу.

Субтест 2
Аудирование

Имя, фамилия						Страна	Дата

Часть 1	1	А	Б	В	Г
	2	А	Б	В	Г
	3	А	Б	В	Г
	4	А	Б	В	Г
	5	А	Б	В	Г
Часть 2	6	А	Б	В	Г
	7	А	Б	В	Г
	8	А	Б	В	Г
	9	А	Б	В	Г
	10	А	Б	В	Г
Часть 3	11	А	Б	В	Г
	12	А	Б	В	Г
	13	А	Б	В	Г
	14	А	Б	В	Г
	15	А	Б	В	Г

Часть 4	0	Антон позвонил (кому?)	*Тане*
	16	В понедельник Таня приехала (откуда?)	
	17	Антон позвонил Тане (когда?)	
	18	Антон хотел пригласить Таню (куда?)	
	19	Таня ходит в бассейн (когда?)	
	20	В четверг к Тане приедет (кто?)	
	21	Подруги пойдут на выставку (какую?)	
	22	Друзья решили пойти в кино (когда?)	
	23	Антон предложил пригласить в кино (кого?)	

Часть 5	0	Текст называется (как?)	*Первый полёт человека*
	24	Братья Монгольфье первыми в мире сделали (что?)	
	25	Впервые они поднялись на шаре в воздух (когда?)	
	26	Это произошло (где?)	
	27	Внутри шара был... (что?)	
	28	Удивительный полёт продолжался (сколько времени?)	
	29	Первый шар поднялся на высоту (сколько км?)	
	30	Этот первый шар пролетел (сколько метров?)	

БАЗОВЫЙ УРОВЕНЬ. УРОК 7 227

Субтест 3
Чтение

Инструкция к выполнению субтеста

· Время выполнения субтеста — 50 минут.
· При выполнении субтеста можно пользоваться словарём.
· Субтест состоит из 4 частей и 40 заданий.
· При выполнении заданий нужно выбрать правильный вариант ответа и отметить соответствующую букву в матрице.

Например:

А (Б) В   (Б — правильный вариант).

· Если вы ошиблись и хотите исправить свою ошибку, сделайте это так:

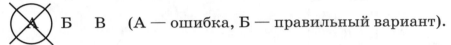

Ⓧ Б   В   (А — ошибка, Б — правильный вариант).

Часть 1

Задания 1—5.
Прочитайте сообщения и выберите предложение (А, Б или В), которое является логическим продолжением прочитанного.

1. В июне Московский государственный университет имени М.В. Ломоносова посетила немецкая делегация Берлинского университета.

А   В Московском государственном университете часто бывают делегации из разных стран.
Б   Ректор Московского университета рассказал о том, как университет будет отмечать свой юбилей — 250 лет со дня основания.
В   Эта делегация посетила факультеты МГУ, Ботанический сад и встретилась со студентами Российско-германского института.

2. Когда юноши и девушки выбирают университет или институт, в котором они хотят учиться, то чаще всего они думают, что в Московский государственный университет поступить будет очень трудно.

А   Ведь опыт показывает, что знаний только школьной программы недостаточно для поступления в МГУ.
Б   Когда молодые люди оканчивают школу, они должны сдать экзамены только на «отлично».
В   Все молодые люди стремятся поступить только в Московский государственный университет.

3. Американские фильмы «Терминатор-I» и «Терминатор-II» много лет пользуются вниманием зрителей.

А Очередного, третьего, фильма этой эпопеи зрителям пришлось ждать 12 лет.
Б Зрители многих стран уже видели эти фильмы.
В Возможно, фильм «Терминатор» заинтересует зрителей.

4. В 2017 году отмечали 300 лет со дня рождения Омска, и вышло много книг об этом замечательном городе.

А В городе был большой праздник, на который приехали люди из разных городов и стран.
Б Среди этих книг есть исторические исследования, справочники, энциклопедии, альбомы — всё это позволяет лучше представить себе один из крупнейших городов Сибири.
В В альбоме «Памятники архитектуры Омска» есть огромное количество фотографий (более 400) и подробная информация о 42 соборах Омска.

5. Звёзды на башнях Кремля никогда не выключали, но в 1996 году во время ночных съёмок фильма Никиты Михалкова «Сибирский цирюльник» звёзды выключили.

А Фильм Никиты Михалкова снимали и в Москве на Красной площади, и в Кремле, и в Сибири.
Б Это было сделано по просьбе Н. Михалкова, который сказал, что это необходимо для исторической достоверности картины.
В Каждая кремлёвская звезда весит почти тонну, а внутри неё находятся электрические лампы, которые постоянно светят.

Часть 2

Задания 6–10.

Прочитайте фрагменты статей из газет и журналов, чтобы определить их тематику или основную идею.

6. Из 2500 видов животных и растений, которые живут в озере Байкал, больше половины встречаются только в этом озере. В Байкале насчитывается 50 видов рыб. Вода в озере самая чистая и прозрачная в мире, поэтому можно увидеть, как плавают рыбы на глубине 40 метров.

В этой статье рассказывается ... .
- **А** о животном мире Байкала
- **Б** о чистой воде Байкала
- **В** о Байкале как уникальном озере

7. 30 апреля в Голландии большой праздник – день рождения королевы. Это настоящий народный праздник, который любят все голландцы. В 9 часов утра в центре Амстердама прекращается движение транспорта, по всему городу проходят концерты и балы. Праздник продолжается целые сутки.

В этой статье рассказывается ... .
- **А** о народном празднике
- **Б** о транспорте в Амстердаме
- **В** о дне рождения Амстердама

8. Во всём мире люди собирают коллекции: машины, марки, значки, кукол... Самое приятное увлечение — коллекционирование матрёшек. Один раз в год в старинном русском городе Угличе проходит выставка коллекций матрёшек и проводится конкурс на лучшую игрушку. В Углич приезжают коллекционеры и собиратели разных матрёшек.

В этой статье рассказывается ... .
- **А** о лучшей в мире машине
- **Б** о выставке в Угличе
- **В** о коллекции марок и значков

9. Сегодня робот может играть в шахматы с чемпионом мира, управлять самолётом, убирать квартиры и т. д. ... Роботы даже играют в футбол. В 1997 году в Японии прошёл первый международный футбольный турнир среди роботов. А в 2002 году встретились уже 193 команды роботов из 30 стран. Учёные уверены, что в будущем роботы обязательно выиграют у живых футболистов.

Учёные уверены, что в будущем ... .
- **А** роботы будут играть в футбол только с роботами
- **Б** роботы смогут победить настоящую футбольную команду людей
- **В** роботы никогда не смогут играть в футбол

10. Химики и биологи хорошо знают, что многие вещества обладают свойством менять свой цвет. Но в природе почти не существует камней, которые могут менять цвет. Недавно учёные нашли удивительный камень гекманит, который меняет цвет на солнце. Обычный серый камень на солнце становится розовым или красным.

Учёные-химики открыли, что ... .
- **А** камни не могут менять цвет на солнце
- **Б** в природе все вещества меняют свой цвет на солнце
- **В** существует камень, который может менять свой цвет на солнце

Часть 3

Задания 11—25.

Прочитайте информацию о новых книгах, чтобы выбрать книгу, которую вы хотите прочитать, а затем выполните задания.

Лариса Тычинина. «ВЕЛИКАЯ РОССИЯНКА»

Эта книга о княгине Екатерине Дашковой, выдающейся женщине своего времени. А.С. Пушкин назвал её героиней мировой истории.

Екатерина Дашкова (1744—1810) была умной, образованной, красивой, талантливой женщиной. Она дружила с самыми интересными людьми своего времени: с учёными, философами, поэтами и даже с русской императрицей Екатериной II.

В 1762 году Е. Дашкова и её друзья помогли Екатерине II захватить власть и стать русской императрицей.

Более 10 лет Дашкова жила за границей, там она встречалась с французскими мыслителями Вольтером и Д. Дидро, с шотландским экономистом и философом А. Смитом.

Самые интересные люди того времени говорили и писали о её уме, красоте и талантах.

Е. Дашкова сыграла большую роль в развитии русской культуры и образования. Она была президентом Российской академии наук, участвовала в создании первого отечественного «Толкового словаря русского языка».

Е. Дашкова написала книгу «Записки» (1859 г.), в которой она рассказывает о своей жизни и о жизни своего времени — эпохе Екатерины II.

Виктория Швейцер. «ЖИЗНЬ и БЫТ МАРИНЫ ЦВЕТАЕВОЙ»

Книга рассказывает о жизни и творчестве известного русского поэта Марины Цветаевой (1892–1941). В этой книге автор пишет о нелёгкой жизни женщины-поэта в России.

Марина Цветаева родилась и выросла в Москве в семье очень известного человека. Её отец, профессор истории искусств Иван Владимирович Цветаев, был создателем известного музея в Москве, который сейчас называется Музей изобразительных искусств имени А.С. Пушкина. Марина начала писать стихи в 6 лет, а первая книга её стихов вышла, когда Марине было 18 лет.

Марина Цветаева знала славу, успех, известность. Но в жизни Марины Цветаевой, как и в её стихах, были и радости и несчастья, была большая романтическая любовь и долгие годы одиночества; была любовь к Родине — России и годы эмиграции. Около 17 лет М.И. Цветаева жила за границей, сначала в Берлине, потом в Праге. Она скучала по родине. Из Праги она писала длинные письма своим друзьям. Близкому другу поэту Борису Пастернаку она написала более 100 писем. В 1939 году М.И. Цветаева вернулась в Россию.

Цветаева рано ушла из жизни, но она оставила нам свои стихи о любви, о природе, о поэзии, о жизни.

Борис Васильев. «ОЛЬГА, КОРОЛЕВА РУСОВ»

Борис Васильев был участником Великой Отечественной войны, Борис Васильев всегда писал о войне. Но в последние годы писатель увлёкся историей. Книга «Ольга, королева русов» — это его вторая историческая книга, она рассказывает о времени создания русского государства. Героиня книги княгиня Ольга (969 г.) — жена киевского князя Игоря (Х век).

Ольга очень любила своего мужа и всегда помогала ему во всех его делах. Когда враги жестоко убили князя Игоря (944 г.), а сын князя Игоря и Ольги был ещё очень маленьким, Ольга взяла власть в свои руки и стала управлять страной.

Она крепко держала в своих руках всю Русь. Это была сильная и мужественная женщина, которая сыграла большую роль в становлении и развитии русского государства.

Княгиня Ольга была первой женщиной на Руси, которая приняла христианство, для этого она ездила в Константинополь (957 г.). Она понимала, что христианство поможет объединить всех восточных славян и создать единое сильное государство.

Княгиня Ольга была не только государственным деятелем, но и хорошей матерью. Она воспитала своего сына князя Святослава сильным, смелым и мужественным воином. Но о нём, может быть, Борис Васильев напишет в своей третьей исторической книге.

11. Эта выдающаяся женщина была президентом Российской академии наук.

12. Эта героиня написала свою первую книгу в 18 лет.

13. Героиня этой книги очень много сделала для развития культуры и образования в России.

14. Героиня этой книги управляла страной.

15. Отец этой героини был создателем Музея изобразительных искусств имени А.С. Пушкина.

16. Эта выдающаяся женщина сыграла большую роль в создании русского государства.

17. Долгие годы жизни героиня провела в эмиграции вдали от России.

18. Героиня этой книги встречалась с французскими мыслителями Вольтером и Д. Дидро.

19. Более 100 писем героиня послала своему другу.

20. Сын этой героини был сильным и мужественным воином.

21. Героиня этой книги была подругой русской императрицы Екатерины II.

22. Героиня этой книги была первой женщиной на Руси, которая приняла христианство.

23. Стихи о любви, о поэзии, о жизни писала героиня этой книги.

24. Эта героиня дружила с известным русским поэтом Борисом Пастернаком.

25. Героиня этой книги написала воспоминания о себе и о своём времени.

- **А**   «Великая россиянка»
- **Б**   «Жизнь и быт М. Цветаевой»
- **В**   «Ольга, королева русов»

Часть 4

Задания 26—30.

Прочитайте рекламу. Вам нужно понять, что предлагает вам это рекламное объявление.

Уважаемые читатели!

Мы предлагаем вам оформить годовую подписку на газету «Аргументы и факты» («АиФ»). Еженедельная газета «АиФ» принесёт в ваш дом последние новости в области экономики, политики, науки, культуры, спорта. Вся информация на любую тему в одной газете — «Аргументы и факты»!

Внимание! Годовая подписка на газету стоит 300 рублей. Это дешевле, чем покупать газету каждую неделю в течение года. Подписка продолжается с 1 января по 30 октября. Вы можете подписаться на газету «АиФ» в любом почтовом отделении.

В прошлом году наши читатели получили в подарок замечательную книгу «Кулинарные рецепты русской национальной кухни», а в этом году читатели, которые подписались на газету «Аргументы и факты», в октябре получат в подарок новую книгу «Энциклопедия жизни». Газета «АиФ» выпустила несколько энциклопедий: «Энциклопедию животных и растений», «Энциклопедию народной медицины», «Энциклопедию красоты». Но «Энциклопедия жизни» уникальна. В этой энциклопедии вы можете найти полезные советы, например, как найти работу и куда пойти учиться, как купить квартиру или машину, где и как правильно отдохнуть, а также другие практические советы. «Энциклопедия жизни» будет максимально полезной для вас.

26. Реклама предлагает читателям газеты «АиФ» оформить подписку ... .

- **А** на месяц
- **Б** на полгода
- **В** на год

27. Газета «Аргументы и факты» выходит ... .

- **А** каждый день
- **Б** один раз в неделю
- **В** один раз в месяц

28. Подписка на газету «Аргументы и факты» закончится ... .

- **А** в январе
- **В** в сентябре
- **Б** в октябре

29. Читатели, которые оформили подписку в этом году, получат в подарок ... .

- **А** «Энциклопедию жизни»
- **Б** «Энциклопедию народной медицины»
- **В** «Кулинарные рецепты»

30. В книге «Энциклопедия жизни» можно ... .

- **А** прочитать новости экономики, политики, науки, культуры
- **Б** получить информацию о жизни животных и растений
- **В** найти полезные практические советы

Задания 31—40.
Прочитайте текст. Вам нужно понять основную информацию текста и значимые детали.

Юрий Сенкевич

Имя Юрия Сенкевича знают в каждой российской семье. В течение 30 лет этот человек вёл самую популярную телепередачу «Клуб кинопутешествий». Вся его жизнь была связана с путешествиями по миру.

Юрий Сенкевич родился 4 марта 1937 года в семье военного врача. Его родители в то время жили и работали в Монголии. А учиться в школе Юрий Сенкевич начал уже на родине — в России, в Петербурге. После школы в 1954 году Юрий поступил в Военно-медицинскую академию, чтобы стать врачом, как его отец.

Но молодой человек мечтал не только работать врачом, но и заниматься наукой, поэтому в 1962 году он переехал в Москву и начал работать в Институте авиационной и космической медицины. Его интересовала проблема — как человек чувствует себя в космосе, сколько времени человек может находиться на космическом корабле. Научная работа шла успешно. Он много занимался с космонавтами, его приняли в отряд космонавтов, и он стал готовиться к полёту в космос.

В это же время Юрию Сенкевичу предложили поехать в Антарктиду и работать там целый год. Хотя Сенкевич очень хотел полететь в космос, он решил поехать в Антарктиду, чтобы провести там медицинские эксперименты, потому что условия на Южном полюсе очень похожи на условия космического полёта. Это была сложная и опасная экспедиция, так как температура в районе, где находится российская антарктическая станция, −85° С.

После возвращения Сенкевича из Антарктиды в 1969 году известный норвежский учёный Тур Хейердал пригласил его принять участие в международной научной экспедиции на лодке «Ра». Юрий с радостью согласился. Эта идея ему очень понравилась, потому что Сенкевич всегда мечтал о путешествиях и приключениях. С детства он увлекался географией и историей, много читал о других странах и народах, об их жизни и культуре.

Потом была следующая экспедиция вместе с Туром Хейердалом на лодке «Ра-2» через Атлантический океан.

Когда Юрий Сенкевич вернулся на родину, он написал книгу, которая называется «Путешествие длиною в жизнь». Его пригласили выступить на телевидении, чтобы рассказать о своих поездках и впечатлениях. Простые и интересные рассказы Сенкевича так понравились зрителям, что он стал частым гостем в программе «Клуб кинопутешествий», а с 1973 года — ведущим этой программы.

Имя Юрия Сенкевича занесено в Книгу рекордов Гиннесса, как телеведущего, который работал в одной программе 30 лет.

В 1997 году он стал академиком Российской телевизионной академии.

Хотя Юрий Сенкевич много работал на телевидении, он продолжал путешествовать. Он побывал в 125 странах, три раза был на Северном полюсе и два раза на Южном, его выбрали президентом Ассоциации путешественников России.

Научная работа Сенкевича тоже продолжалась. Во время своих экспедиций он написал 60 научных работ о выживании человека в экстремальных (необычных) условиях.

31. Юрий Сенкевич родился ... .

А в России
Б в Монголии
В в Антарктиде

32. Юрий Сенкевич стал студентом ... .

А Военно-медицинской академии
Б Телевизионной академии
В Авиационного института

33. Отец Юрия Сенкевича был ... .

А учёным
Б врачом
В телеведущим

34. Юрий Сенкевич начал работать в Институте авиационной и космической медицины, чтобы ... .

А стать космонавтом
Б поехать в Антарктиду
В заниматься научной работой

35. Когда Сенкевичу предложили выбрать место научной работы, он решил ... .

А полететь в космос
Б поехать на Южный полюс
В побывать на Северном полюсе

36. Условия работы в Антарктиде были очень тяжёлыми, потому что температура там была ... .

А −85 °C
Б −60 °C
В −30 °C

37. Юрий Сенкевич написал книгу о своих поездках, которая называется ... .

А «Клуб кинопутешествий»
Б «Путешествие длиною в жизнь»
В «Путешествия с Туром Хейердалом»

38. Юрий Сенкевич написал много научных работ, в которых рассказывал ... .

А о жизни человека на космическом корабле
Б о жизни человека на лодке в океане
В о выживании человека в необычных условиях

39. Юрий Сенкевич стал ведущим телепрограммы о путешествиях ... .

А в 1973 году
Б в 1997 году
В в 1962 году

40. Имя Юрия Сенкевича есть в Книге рекордов Гиннесса, потому что ... .

А он побывал в 125 странах
Б он написал 60 научных работ
В он работал в одной телепрограмме 30 лет

Субтест 3
Чтение

1	А	Б	В		21	А	Б	В
2	А	Б	В		22	А	Б	В
3	А	Б	В		23	А	Б	В
4	А	Б	В		24	А	Б	В
5	А	Б	В		25	А	Б	В
6	А	Б	В		26	А	Б	В
7	А	Б	В		27	А	Б	В
8	А	Б	В		28	А	Б	В
9	А	Б	В		29	А	Б	В
10	А	Б	В		30	А	Б	В
11	А	Б	В		31	А	Б	В
12	А	Б	В		32	А	Б	В
13	А	Б	В		33	А	Б	В
14	А	Б	В		34	А	Б	В
15	А	Б	В		35	А	Б	В
16	А	Б	В		36	А	Б	В
17	А	Б	В		37	А	Б	В
18	А	Б	В		38	А	Б	В
19	А	Б	В		39	А	Б	В
20	А	Б	В		40	А	Б	В

Субтест 4
Письмо

- Время выполнения субтеста — 40 минут.
- Письмо должно содержать не менее 20 предложений.

Закончились летние каникулы. Напишите своему другу (подруге) в Россию, как вы провели каникулы: где вы собирались отдыхать, изменились ли ваши планы, где вы отдыхали, с кем, как, почему, ваши занятия в это время.

Спросите вашего друга (подругу), как он (она) провёл (а) каникулы (не менее 5 вопросов).

_____

_____

_____

_____

_____

_____

_____

_____

_____

_____

_____

_____

_____

_____

_____

_____

_____

Субтест 5
Говорение
Инструкция к выполнению субтеста

• Время выполнения субтеста — 10 минут.
• Субтест включает 4 задания (12 позиций).
• Субтест представлен в двух вариантах.

Вариант 1

Задание 1 (позиции 1—5). Примите участие в диалоге. Ответьте на реплику собеседника.

Инструкция к выполнению задания 1

• Задание выполняется без предварительной подготовки. Помните, что вы должны дать полный ответ (ответы «да», «нет» или «не знаю» не являются полными).

1. — Какие книги русских писателей вы читали?
   — ...

2. — Кем вы хотите стать? Какая профессия вам нравится?
   — ...

3. — Как вы любите отдыхать?
   — ...

4. — Какое время года вы любите? Почему?
   — ...

5. — Как вы отмечаете (празднуете) свой день рождения?
   — ...

Задание 2 (позиции 6—10). Познакомьтесь с ситуацией. Начните диалог.

Инструкция к выполнению задания 2

• Задание выполняется без предварительной подготовки.
• Вам нужно принять участие в 5 диалогах.

6. Вы опаздываете на встречу. Позвоните и объясните почему.

7. Позвоните другу в другой город, сообщите ему о своём приезде и попросите заказать гостиницу.

8. У вашей хорошей подруги сегодня день рождения. Поздравьте её.

9. Сегодня прекрасная погода. Пригласите своего друга (подругу) в парк.

10. Вы сидите в кафе. Вы просили принести сок, а вам принесли кофе. Что вы скажете официанту?

Задание 3 (позиции 11−12).

11.

Прочитайте текст и кратко расскажите его.

Молодой врач Булгаков окончил медицинский институт, получил диплом врача и поехал на работу в небольшую деревню, которая находилась очень далеко от города. Врач Булгаков ехал на лошадях ровно сутки. Это было осенью. Дорога была плохая, погода ужасная. Шёл холодный дождь. Пальто его было мокрым от дождя. Ноги сильно болели от холода. На душе было грустно и одиноко. «Почему я выбрал эту профессию? — думал молодой человек. — Врач должен работать не только в городе, но и в самой далёкой деревне. Он должен работать и ночью, и днём, и в холодные дни, и когда дождь или снег». Так думал доктор о своей профессии и жалел, что уехал из города. Он любил город, театры, музеи, кафе…

Доктору Булгакову было 26 лет, но выглядел он очень молодо, и это ему не нравилось. Он думал, что доктор должен выглядеть как взрослый, солидный, уверенный в себе человек. Поэтому он хотел купить себе очки, чтобы выглядеть старше, хотя видел он хорошо, и очки ему были не нужны.

Наконец длинная и трудная дорога кончилась, и доктор подъехал к белому двухэтажному зданию больницы, в которой он теперь должен был работать. Его там уже ждали, так как в больнице совсем не было врача. Когда он знакомился со всеми, кто работал в больнице, одна медсестра сказала ему: «Доктор! Вы так молодо выглядите. Вы похожи на студента». Молодой человек не знал, что ответить, но его настроение ещё больше испортилось.

Молодой врач обошёл всю больницу и увидел, что там было много медицинских инструментов и много разных лекарств. Ему стало страшно, потому что он знал не все инструменты и лекарства, которые были в больнице. Некоторые из них он никогда раньше не видел и даже не знал, как они называются. В кабинете врача было много медицинских книг на русском и немецком языках. Больница произвела на нового доктора сильное впечатление. Он начал волноваться.

Ночью он не смог спать и ходил по комнате. Он думал о том, что он не сможет работать врачом в этой больнице, что он слишком молодой и у него нет опыта, а здесь нужен опытный врач. Хотя у него был диплом врача, и он отлично учился в институте, он боялся, что завтра к нему в кабинет придёт больной, а он не будет знать, что в этом случае надо делать. «Какой я легкомысленный человек! — думал он. — Зачем я сюда приехал?» Доктор так испугался, что лицо его стало бледным, и он готов был заплакать. Он взял в руки учебник по медицине и решил, что не будет расставаться с ним во время работы. Учебник всегда будет рядом, даже во время операции.

Когда утром в его комнату вошёл человек без шапки, без пальто, с безумными глазами, доктор сразу понял, что случилось что-то страшное. Человек упал на колени и сказал: «Спасите… Спасите, доктор! Она у меня единственная… единственная дочь». Человек говорил быстро и много, он обещал дать доктору деньги, только чтобы его дочь не умерла, только чтобы доктор спас его дочь. Но доктор ничего не слышал, ничего не понимал, ему опять стало страшно. Вошла бледная медсестра. Она рассказала, что девушка попала под машину, что она умирает и что спасти её нельзя.

Девушка лежала в операционной. Она была необыкновенно красива. Доктор посмотрел на неё и подумал: «Почему она такая красивая?» На её белом лице умирала необыкновенная красота. Она лежала как мёртвая, но она не умерла. В операционной все молчали. Было очень тихо. И вдруг неожиданно для себя доктор закричал:

«Готовьтесь к операции!» В его голове стало светло и ясно. Он был уверен в том, что делает всё правильно.

«Зачем, доктор? Она умрёт, вы её не спасёте…» — тихо говорила ему старая медсестра. Но доктор уже начал операцию. Он делал всё уверенно и точно. Он уже ничего не боялся, он только просил девушку: «Не умирай! Пожалуйста, не умирай!» Когда он закончил операцию, все смотрели на него с удивлением и уважением. Девушка жила!

«Вы, доктор, наверное, много раз делали такие операции?» — неожиданно спросила его медсестра. «Я делал такую операцию два раза», — спокойно ответил он, хотя это была неправда.

Через два с половиной месяца в кабинет доктора вошла необыкновенной красоты девушка со своим отцом. Она поцеловала доктора и положила ему на стол подарок, который она сделала своими руками. Это было белое, как снег, полотенце с вышитым красным петухом. И этот дорогой подарок доктор берёг много-много лет.

12.
Что вы думаете о героях и событиях этого рассказа?

Задание 4.

Инструкция к выполнению задания 4:

- Вы должны подготовить сообщение на предложенную тему (12–15 предложений).
- Время выполнения задания — 15 минут (10 минут — подготовка, 5 минут — ответ).
- При подготовке задания можно пользоваться словарём.

Вариант 2

Задание 1 (позиции 1—5). Примите участие в диалоге. Ответьте на реплику собеседника.

1. — Зачем, с какой целью вы изучаете русский язык?
   — ...

2. — Вы спортивный человек? Какую роль спорт играет в вашей жизни?
   — ...

3. — Вы любите писать письма? С кем вы переписываетесь?
   — ...

4. — Где вы хотите жить — в городе или в деревне? Почему?
   — ...

5. — Какие у вас планы на субботу и воскресенье?
   — ...

Задание 2 (позиции 6—10). Познакомьтесь с ситуацией. Начните диалог.

6. Вы хотите поиграть с другом в боулинг. Позвоните ему и договоритесь о встрече.

7. Ваш друг приглашает вас пойти на дискотеку, но вы не хотите идти. Объясните почему.

8. Вы пришли на занятия после каникул. Скажите, где и как вы отдыхали. Узнайте у друга, как он провёл время.

9. Вы хотите получить работу в фирме. Расскажите, что вы умеете. Получите интересующую вас информацию.

10. В субботу вы с друзьями собираетесь поехать за город. Вы узнали, что в этот день будет плохая погода. Сообщите друзьям об этом и предложите свой вариант отдыха.

Задание 3 (позиции 11–12).

11.
Прочитайте текст и кратко расскажите его.

Портрет

Был тёплый летний день. Наташа сидела в своём любимом маленьком летнем кафе на Кропоткинской, пила кофе и как обычно рисовала всё, что видела вокруг: витрину газетного киоска, деревья, машины, людей. В толпе она заметила интересное лицо. Это был молодой мужчина с огромным букетом цветов, ему было лет 30. Он стоял у выхода из метро и всё время смотрел на часы. Было понятно, что он пришёл на свидание и ждёт женщину. Наташа стала рисовать его портрет. На портрете мужчина был симпатичным и загадочным. Прошло минут 40. Наташа закончила рисовать, выпила кофе и хотела уйти, но в это время мужчина подошёл к её столику и положил перед ней букет. «Возьмите», — сказал он, быстро сел в машину и уехал. Наташа с удивлением посмотрела на цветы, но не стала их брать, хотя они были очень красивыми.

Два года назад Наташа окончила художественное училище и работала художником в молодёжном журнале. Всё своё свободное время она рисовала, так как готовилась к выставке молодых художников, в которой хотела принять участие. Вот и в этот вечер девушка хотела посмотреть свои работы и выбрать лучшие из них для выставки. Но поработать Наташе не удалось, потому что к ней в гости неожиданно пришли школьные подруги. Когда они смотрели Наташины работы, они сразу обратили внимание на портрет молодого мужчины с букетом цветов.

— Какой симпатичный! Кто это?

— Это мой знакомый, — сказала Наташа неправду.

— Наконец-то у тебя появился друг! А вы давно познакомились?

— Полгода назад. Он очень внимательный, всегда дарит мне цветы и целует руку при встрече, — сказала Наташа, чтобы закончить этот неприятный для неё разговор.

Все подруги уже давно вышли замуж и часто ругали Наташу за то, что она много работает и ни с кем не встречается. Они хотели познакомить Наташу со своими друзьями, но она всегда отказывалась.

Через две недели Наташа снова встретилась со своими подругами в летнем кафе на Кропоткинской. Они сидели, разговаривали, пили кофе. Вдруг одна из девушек сказала: «Наташа, посмотри, твой друг тебя уже ждёт! Почему ты нам не сказала, что у тебя сегодня свидание?» Наташа оглянулась и увидела его. Он стоял на том же месте у выхода из метро, держал в руках цветы и снова всё время смотрел на часы. «Иди, иди, он тебя ждёт...» — сказали подруги. Наташа не знала, что делать в этой ситуации. Она медленно встала и пошла к нему. Он с удивлением посмотрел на девушку, которая к нему подошла.

— У вас какие-то проблемы? —спросил он.

— Нет, — ответила Наташа, — у меня маленькая просьба: поцелуйте меня, пожалуйста.

— Это очень нужно? — улыбнулся он.

— Очень.

Он взял её руку и поцеловал.

Потом они гуляли вдвоём по набережной Москвы-реки и разговаривали.

— Она опять не пришла? — спросила Наташа.

— Кто?

— Женщина, которую вы ждали.

— Да, но я уже не жду её.

Было поздно. Они подошли к метро, попрощались, и Наташа поехала домой.

Прошёл месяц. Картины для выставки были готовы. Наташа поехала в Дом художника, чтобы показать их директору выставки. Она очень волновалась, потому что не знала, понравятся ли её работы. В Доме художника секретарь директора взяла картины и попросила Наташу подождать. Через 10 минут её пригласили в кабинет к директору. Когда Наташа вошла, сначала она услышала знакомый голос, а потом увидела его… Он сидел за столом и улыбался.

— Я с удовольствием возьму твои картины на выставку, они мне очень понравились, особенно вот эта, на которой я стою у метро с букетом цветов. Но о выставке мы поговорим позже, а сейчас я приглашаю тебя в кафе на Кропоткинской.

Они дошли до кафе пешком. Наташа села за столик и стала смотреть, как он выбирает в цветочном магазине огромный букет роз. Потом он вышел из магазина и встал у выхода из метро. Наташа улыбнулась, подошла к нему, а он поцеловал ей руку, подарил цветы и сказал:

— Ты немного опоздала, но это ничего. Лучше поздно, чем никогда.

12.

Скажите, что вы думаете о героях этого рассказа и как можно закончить эту историю?

Задание 4.

Инструкция к выполнению задания 4

• Ваша цель не отвечать на отдельные вопросы, а составить свой рассказ. Вопросы помогут вам сделать ваши рассказы больше и интереснее. В рассказе должно быть не менее 12−15 предложений.

1. Рассказ о себе (о друге, об интересном человеке).

1. Кто вы? Откуда вы?
2. Где и когда вы родились?
3. Где вы учились раньше? Где вы учитесь сейчас?
4. Что вы изучаете? Какие ваши любимые предметы?
5. Куда вы хотите поступить?
6. Какую специальность вы хотите получить?
7. Где живёт ваша семья?
8. Чем занимаются ваши родители (сёстры, братья)?
9. Как вы проводите своё свободное время?
10. Что вы любите делать? Есть ли у вас любимое занятие (хобби)?

2. Моя семья.

1. Какая у вас семья? Сколько человек в семье?
2. Вы женаты (замужем)?
3. Кто ваши родители? Сколько им лет? Чем они занимаются?
4. Кто ваши сёстры и братья? Какие у них характеры? На кого они похожи?
5. Где живёт ваша семья?
6. Какой у вас дом? Какая у вас квартира?
7. Кто делает работу по дому? Убирает в комнатах? Ходит в магазин? Покупает продукты?
8. Как ваша семья проводит свободное время, праздники?
9. Какие традиции есть в вашей семье?
10. Кто из членов семьи сыграл большую роль в вашей жизни? У кого вы чаще всего просите совета и помощи?

3. Учиться всегда пригодится.

1. Где вы учились раньше?
2. Какие предметы вы изучали? Какие предметы вам нравились или не нравились?
3. Когда (в каком году) вы окончили школу (институт)?
4. Где вы учитесь сейчас? Что изучаете?
5. Какие иностранные языки вы знаете? Где вы их изучали?
6. Почему вы изучаете русский язык?
7. Сколько часов в день вы занимаетесь русским языком?
8. Можете ли вы посоветовать, как лучше заниматься языком? Что нужно делать, чтобы лучше знать язык?
9. Куда вы хотите поступить? (институт, университет, факультет)
10. Кем вы хотите стать? Почему вы выбрали эту профессию?

4. Город (деревня, место), где я живу.

1. Как называется ваш родной город? Где он находится?
2. Какой это город? (современный, промышленный, культурный центр)
3. Какие достопримечательности есть в вашем городе? (центральные улицы, площади, памятники, музеи, театры, порты, стадионы)
4. Какие интересные места в городе вы посоветуете посмотреть?
5. Какие виды транспорта есть в вашем городе?
6. Где работают и где отдыхают жители вашего города?
7. Есть ли в вашем городе зоны отдыха? (парки, бульвары, аквапарки, стадионы, спортивные площадки, клубы, дискотеки)
8. Какие экологические, жилищные, транспортные проблемы есть в вашем городе?
9. Что вам нравится или не нравится в вашем городе?
10. Где вы хотите жить в будущем?

5. Ваши интересы.

1. Чем вы любите заниматься в свободное время? Чем вы интересуетесь?
2. Что вы любите читать? Какие книги, журналы, газеты вы читаете? Есть ли у вас любимые писатели, поэты?
3. Какую музыку вы обычно слушаете? У вас есть любимый певец (певица, группа)?
4. Вы любите спорт? Каким видом спорта вы занимаетесь?
5. Где вы любите смотреть фильмы — дома или в кинотеатре? Почему?
6. Любите ли вы путешествовать? Где вы уже были, а где хотите побывать?
7. Любите ли вы встречаться с друзьями? Где вы бываете вместе?
8. У вас есть хобби? Расскажите о нём.
9. Вы любите готовить? Какое ваше любимое блюдо?
10. Вы любите животных? У вас есть домашние животные?

6. Почему я изучаю иностранный язык?

1. Какой ваш родной язык?
2. Какие иностранные языки вы знаете? Где и когда вы их изучали?
3. Когда и с какой целью вы начали изучать русский язык?
4. Трудно ли его изучать и почему?
5. Как вы изучаете русский язык? Что вы делаете, чтобы лучше знать этот язык?
6. Можете ли вы посоветовать, как лучше заниматься языком?
7. Где и с кем вы говорите по-русски?
8. Как вы думаете, нужен ли вам русский язык в вашей будущей профессии?
9. Где вы можете использовать знание иностранного языка?
10. Как вы думаете, зачем люди изучают иностранные языки?

7. Мой день.

1. Как начинается ваш рабочий день? (Когда вы обычно встаёте?)
2. Вы делаете зарядку каждое утро?
3. Где и когда вы завтракаете?
4. Когда начинаются занятия в университете?
5. Вы идёте в университет пешком или едете на транспорте?
6. Сколько времени обычно продолжаются занятия? Что вы делаете на уроках?
7. Чем вы занимаетесь после занятий? Где вы обедаете? В столовой или готовите сами?
8. Сколько времени вы делаете домашнее задание? Что вам нравится делать, а что не нравится?
9. Как вы отдыхаете? Как вы проводите вечер?
10. Когда вы ложитесь спать?

Субтест 2
Аудирование (материалы для диктора)
Часть 1

Задания 1–5.

1. Компьютерные игры могут быть не только вредны, но и полезны для человека.

А Учёные говорят, что компьютерные игры плохо влияют на здоровье человека.
Б Компьютерные игры очень полезны, поэтому нужно заниматься ими как можно больше.
В Учёные доказали, что играть на компьютере не всегда вредно, иногда это приносит пользу.

2. В прогнозе погоды сказали, что завтра будут кратковременные дожди и сильный ветер.

А По радио сообщили, что завтра будет хорошая погода.
Б Из прогноза погоды я узнал, что завтра будет сильный ветер и дожди.
В Прогноз погоды на завтра очень хороший: будет солнечно и тепло.

3. Новая радиопрограмма «Молодёжь и современное искусство» начинает свою работу. Слушайте нас еженедельно по воскресеньям.

А Каждое воскресенье можно будет послушать новую радиопрограмму для молодёжи.
Б Новая программа об искусстве выходит в эфир один раз в месяц.
В Радиопрограмма «Молодёжь и современное искусство» заканчивает свою работу в воскресенье.

4. Информацию о новых научных исследованиях всегда можно найти в Интернете.

А Недавно я прочитал в журнале статью о новом научном открытии.
Б Информация о новых научных открытиях редко встречается на сайтах в Интернете.
В В Интернете я часто нахожу интересную информацию о новых научных открытиях.

5. Мой брат начал писать стихи ещё в школе, поэтому потом поступил в Литературный институт.

А Когда мой брат учился в школе, он сочинял прекрасные стихи и поэтому решил учиться в Литературном институте.
Б Мой брат никогда не любил стихи и литературу.
В Когда мой брат учился в Литературном институте, он начал писать стихи.

Часть 2

Задания 6—10.

6.

— Маша, ты была на летнем Московском кинофестивале?
— Да, конечно. Я была на открытии фестиваля. Слушала выступление актёра и режиссёра Никиты Михалкова, видела всех известных актёров, посмотрела несколько фильмов.
— А я, к сожалению, никуда не смог пойти, был на даче, но я прочитал всю информацию об этом фестивале и знаю, кто из известных артистов приехал на Московский фестиваль, какие российские и иностранные фильмы были лучшими.

Они говорили ... .

А   о Никите Михалкове
Б   о Московском кинофестивале
В   о фильмах

7.

— Начинаются каникулы... Как ты думаешь их провести?
— Хочу поехать в путешествие по Крыму, я там никогда не была. А ты?
— Я не люблю жару, а в Крыму всегда жарко. Поеду на север, на Белое море, там очень красиво.

Они говорили ... .

А   о каникулах
Б   о Белом море
В   о погоде

8.

— Ира, ты смотрела вчера по телевизору чемпионат мира по теннису?
— Да, мне очень понравилось, как играли российские теннисистки.
— Я тоже люблю теннис, но больше меня интересуют автомобильные соревнования «Формула-1». Мне всегда нравится смотреть эти соревнования.

Они говорили ... .

А   о чемпионате по теннису
Б   о российских спортсменах
В   о спортивных соревнованиях

9.

— Анна, ты уже купила рождественские подарки?
— Конечно, я всегда покупаю подарки заранее.
— А для меня это большая проблема. Не знаю, что делать?
— Я думаю, что выбрать подарок нетрудно, если знаешь, кто что любит в твоей семье.

Они говорили ... .

А о семье
Б о Рождестве
В о подарках

10.

— Антон, почему ты такой усталый? Плохо выглядишь.
— Конечно, плохо. Я купил новые игры и всю ночь играл на компьютере.
— Но ведь это очень вредно.
— Ничего подобного, компьютерные игры учат человека быстро решать разные проблемы.

Они говорили ... .

А о компьютерных играх
Б о разных проблемах
В о здоровье

Часть 3

Задания 11—15.

11. Слушайте диалог. Скажите, когда отходит поезд?

— Ты уже готова? Нам пора выходить. Иначе мы опоздаем.
— А во сколько наш поезд?
— В 6 часов. А сейчас уже 5.
— Не волнуйся, мы успеем. Мы возьмём такси и будем на вокзале через 20 минут.

Поезд отходит ... .

А в 5 часов
Б в 6 часов
В через 20 минут

12. Слушайте диалог. Скажите, где встретятся друзья?

— Мы так давно не виделись! Давай встретимся, посидим в кафе, поговорим.
— Спасибо, но сегодня вечером я занимаюсь в Библиотеке иностранной литературы. Занятия кончаются в 8.30.
— Хорошо. Я буду ждать тебя в 8.30 около библиотеки.
— Нет, давай лучше встретимся в 9 часов около метро и погуляем по бульвару.

Друзья встретятся ... .

А в кафе
Б около библиотеки
В около метро

13. Слушайте диалог. Скажите, куда решили пойти друзья в воскресенье?

— Ребята! Давайте решим, что будем делать в воскресенье!
— Я предлагаю пойти в парк и покататься на роликах.
— Ну уж нет! По радио сообщили, что в воскресенье весь день будет дождь. А в дождь лучше всего сидеть в кинотеатре и смотреть хороший фильм.
— Тогда я приглашаю вас к себе в гости. Если будет дождь, будем смотреть разные фильмы.
— Здорово! Отличная идея.

В воскресенье друзья решили пойти ... .

А в кинотеатр
Б в парк
В в гости

14. Слушайте диалог. Скажите, зачем Ольга позвонила своему другу?

— Привет, Игорь! Это Ольга. Я звоню тебе из Ялты. У меня к тебе большая просьба. Ты не мог бы встретить меня завтра вечером в 22.30 в аэропорту Шереметьево?
— Конечно, встречу. Не беспокойся. Скажи лучше, как ты отдохнула.
— Спасибо, Игорь. Отдохнула отлично. Погода была прекрасная. А как твои дела на работе? Что нового?
— Работы, как всегда, много.

Ольга позвонила Игорю, чтобы ... .

А он встретил её в аэропорту
Б рассказать ему о своём отдыхе
В узнать о его работе

15. Слушайте диалог. Скажите, сколько человек будет заниматься на курсах русского языка в этом году?

— Скажите, пожалуйста, сколько человек будет заниматься на курсах русского языка в этом году?
— В этом году русский язык будут изучать 35 человек. Это на 5 человек больше, чем мы планировали. А в прошлом году на курсах занималось только 15 человек.

В этом году на курсах русского языка будут заниматься ... .

А 5 человек
Б 35 человек
В 15 человек

Часть 4

Задания 16—23.

Слушайте диалог и записывайте в матрицу информацию о том, чем будет заниматься Таня на этой неделе.

— Алло, я слушаю.

— Таня, здравствуй, это Антон. Как твои дела? Я не видел тебя в понедельник на занятиях. Где ты была?

— В Петербурге. Я приехала только в понедельник вечером.

— Я хотел пригласить тебя сегодня вечером в кино, у меня есть два билета.

— Спасибо, но сегодня вечером я никуда не пойду и буду отдыхать дома.

— А что ты делаешь завтра вечером?

— Ты же знаешь, что в среду я хожу в бассейн.

— Теперь мне осталось узнать, чем ты будешь заниматься в четверг и в пятницу? Я всё-таки хочу сходить с тобой в кино. Говорят, что это очень интересный фильм.

— В четверг ко мне придёт моя подруга Наташа, мы должны написать статью в нашу университетскую газету.

— А в пятницу?

— А в пятницу мы с Наташей пойдём на выставку современной фотографии, она работает последний день. Ты можешь пойти вместе с нами.

— С удовольствием. Тогда, может быть, пригласим Наташу пойти с нами вместе в кино в субботу?

— Это будет прекрасно.

Часть 5

Задания 24—30.

Прослушайте сообщение. Запишите кратко основную информацию в матрицу.

Первый полёт человека

Это произошло во Франции. Летом 5 июня 1783 года братья Монгольфье впервые поднялись в воздух на своём воздушном шаре, который они сами построили. Они хотели показать всем, что человек может сделать такой аппарат, на котором он сможет летать. Все жители города, где жили братья Монгольфье, с интересом смотрели, как шар поднимался в воздух. Этот первый воздушный шар был не очень большим. Шар поднимался вверх, потому что внутри шара был горячий воздух. Этот удивительный полёт продолжался 10 минут. В течение этого времени шар поднялся на высоту 2 километра и пролетел не очень далеко, он пролетел всего около двух тысяч метров. Но это был день, который запомнил весь мир. Это было 5 июня 1783 года.

Субтест 1
Лексика. Грамматика
Ключи

Часть 1	Часть 2	Часть 3	Часть 4
1 – Г	21 – Д	49 – Б	85 – В
2 – В	22 – Б	50 – А	86 – А
3 – В	23 – В	51 – Б	87 – Б
4 – А	24 – Д	52 – В	88 – Г
5 – В	25 – А	53 – Б	89 – А
6 – Б	26 – Б	54 – В	90 – Б
7 – Б	27 – А	55 – Б	91 – Г
8 – Г	28 – Д	56 – А	92 – Г
9 – Г	29 – В	57 – А	93 – В
10 – А	30 – Б	58 – В	94 – Б
11 – Г	31 – А	59 – А	95 – Г
12 – А	32 – Г	60 – Б	96 – А
13 – В	33 – В	61 – В	97 – В
14 – А	34 – Б	62 – Б	98 – Д
15 – А	35 – Б	63 – А	99 – Г
16 – Б	36 – А	64 – В	100 – В
17 – Д	37 – В	65 – Б	
18 – Д	38 – Г	66 – А	
19 – В	39 – Б	67 – В	
20 – А	40 – Г	68 – В	
	41 – Б	69 – А	
	42 – В	70 – В	
	43 – А	71 – В	
	44 – Г	72 – Б	
	45 – Б	73 – А	
	46 – В	74 – Б	
	47 – А	75 – А	
	48 – Г	76 – Б	
		77 – В	
		78 – А	
		79 – А	
		80 – Б	
		81 – Б	
		82 – А	
		83 – В	
		84 – Б	

Субтест 2
Аудирование
Ключи

Часть 1	Часть 2	Часть 3
1 – В	6 – Б	11 – Б
2 – Б	7 – А	12 – В
3 – А	8 – В	13 – В
4 – В	9 – В	14 – А
5 – А	10 – А	15 – Б

Часть 4

0	Антон позвонил (кому?)	*Тане*
16	В понедельник Таня приехала (откуда?)	из Петербурга
17	Антон звонил Тане (когда?)	во вторник
18	Антон хотел пригласить Таню (куда?)	в кино
19	Таня ходит в бассейн (когда?)	в среду
20	В четверг к Тане приедет (кто?)	подруга Наташа
21	Подруги пойдут на выставку (какую?)	современной фотографии
22	Друзья решили пойти в кино (когда?)	в субботу
23	Антон предложил пригласить в кино (кого?)	Наташу

Часть 5

0	Текст называется	*Первый полёт человека*
24	Братья Монгольфье первыми в мире сделали (что?)	воздушный шар
25	Впервые они поднялись на шаре в воздух (когда?)	5 июня 1783 года
26	Это произошло (где?)	во Франции
27	Внутри шара был… (что?)	горячий воздух
28	Удивительный полёт продолжался (сколько времени?)	10 минут
29	Первый шар поднялся на высоту (сколько километров?)	2 километра
30	Этот первый шар пролетел (сколько метров?)	2000 метров

Субтест 3
Чтение
Ключи

Часть 1	Часть 2	Часть 3	Часть 4
1 – В	6 – В	11 – А	26 – В
2 – А	7 – А	12 – Б	27 – Б
3 – А	8 – Б	13 – А	28 – Б
4 – Б	9 – Б	14 – В	29 – А
5 – Б	10 – В	15 – Б	30 – В
		16 – В	31 – Б
		17 – Б	32 – А
		18 – А	33 – Б
		19 – Б	34 – В
		20 – В	35 – Б
		21 – А	36 – А
		22 – В	37 – Б
		23 – Б	38 – В
		24 – Б	39 – А
		25 – А	40 – В

СОДЕРЖАНИЕ

Речевые образцы:

Иван мечтает об интересном путешествии.
Виктор учится в Московском университете.

— На каком этаже наша аудитория?
— Наша аудитория находится на втором этаже.

— Когда вы родились?
— Я родился в 1983 году.

Познакомьтесь, это моя подруга, которая учится вместе со мной.
Вот улица, на которой я живу.

Грамматический материал:

Понятие о системе склонения имён существительных с местоимениями и прилагательными в единственном числе.
Основные значения предложного падежа существительных с местоимениями и прилагательными в единственном числе: 1) объект мысли и речи; 2) место; 3) время.
Местоимение *свой, своя, своё* в предложном падеже.
Сложноподчинённое предложение со словом *который* в предложном падеже.

Тексты:

«Город на Волге», «Улица Чистые пруды», «Вундеркинды», «Моя страничка в Интернете», «Жди меня».

Домашнее задание.

Речевые образцы:

— На кого ты похож? На маму или на папу?
— Я похож на свою бабушку.

— Вы занимаетесь спортом?
— Да, каждую неделю я хожу в бассейн.

Я встретил в аэропорту своего старого друга.
Сейчас театр не работает. Артисты уехали на гастроли.
Антон спросил: «Том, куда ты пойдёшь вечером?» Антон спросил Тома, куда он пойдёт сегодня вечером.
В этом магазине есть книга, которую я хочу купить.
Я встречаю друга, которого давно не видел.

Грамматический материал:

Основные значения винительного падежа имён существительных с местоимениями и прилагательными в единственном числе: 1) объект; 2) конструкция *кто похож на кого*; 3) время; 4) направление движения.
Местоимение *свой* в винительном падеже.
Глаголы движения: *пойти/поехать, прийти /приехать, уйти/уехать; идти/ходить, ехать/ездить*.
Прямая/косвенная речь.
Сложноподчинённое предложение со словом *который* в винительном падеже.

Тексты:

«Что я люблю», «Внук Юрия Гагарина», «Завтрак».

Домашнее задание.

Речевые образцы:

У моего младшего брата нет мобильного телефона.
Вчера я получил письмо от своей школьной подруги.

УРОК 7. БАЗОВЫЙ УРОВЕНЬ

Я прочитала стихи известного русского поэта.

7 января в России празднуют Рождество.

Я ищу книгу, которой нет в нашей библиотеке.

Мой отец хочет, чтобы я получил высшее образование.

Чтобы много знать, надо много учиться.

— Сколько человек в вашей группе?
— 10 человек.

Грамматический материал:

Основные значения родительного падежа имён существительных с прилагательными и местоимениями в единственном числе: 1) лицо-обладатель; 2) отрицание наличия; 3) место; 4) характеристика, принадлежность; 5) время; 6) количество (в сочетании с числительными). Местоимение *свой* в родительном падеже.

Сложноподчинённое предложение со словом *который* в родительном падеже.

Сложноподчинённое предложение с союзом *чтобы*. Выражение желания, цели, необходимости действия.

Тексты:

«Подарки», «Возраст счастья», «Редкие музеи», «Письма в газету», «Моя семья», «Ночной звонок», «Позвони мне...».

Домашнее задание.

Урок 4 . . . . .стр. 114

Речевые образцы:

Я подарил фотоаппарат своему старшему брату.

Этому молодому человеку нужно заниматься спортом.

В цирке маленькому мальчику было весело и интересно.

В каникулы Джон поедет в гости к своему старому другу.

Туристы любят гулять по Тверской улице.

Я купил учебник по русской литературе.

Родители сказали сыну: «Учись хорошо!» Родители сказали сыну, чтобы он учился хорошо.

Расскажи мне о друге, которому ты пишешь письмо.

Грамматический материал:

Основные значения дательного падежа имён существительных с местоимениями и прилагательными в единственном числе: 1) адресат; 2) выражение необходимости; 3) выражение состояния, чувства; 4) направление; 5) место движения; 6) определение объекта. Местоимение *свой* в дательном падеже.

Прямая/косвенная речь (продолжение).

Сложноподчинённое предложение со словом *который* в дательном падеже.

Тексты:

«Анна Ахматова», «Давай встретимся» (диалог), «Кольцо», «Разговор с незнакомцем» (диалог), «20 миллионов долларов за мечту», «Картина».

Домашнее задание.

Урок 5. . . . . стр. 150

Речевые образцы:

Антон танцевал с самой красивой девушкой.

Мой друг хочет стать детским врачом.

Каждый мальчик хочет быть высоким и сильным.

Мне нравятся фильмы со счастливым концом.

Этот художник рисует простым карандашом.

Рядом с нашим домом находится большой парк.

Мне нужно повторить грамматику перед экзаменом.

Контролёр спросил: «У вас есть билет?» Контролёр спросил меня, есть ли у меня билет.

Я никогда не видел человека, с которым познакомился по Интернету.

Грамматический материал:

Основные значения творительного падежа имён существительных с местоимениями и прилагательными в единственном числе: 1) значение совместности; 2) профессии, занятия, увлечения; 3) характеристика человека; 4) определение; 5) инструмент; 6) место (*под, над, перед, за, между, рядом с*); 7) время.

Прямая/косвенная речь (продолжение).

Сложноподчинённое предложение со словом который в творительном падеже.

Тексты:

«Фрагменты статей из московских газет», «Наталья Нестерова», «Аптеки 36,6», «Часы с фотокамерой», «Шариковая ручка», «Наш новый дом», «Японский миллионер в России», «Биография Сергея Бодрова», «Свадебный марш».

Домашнее задание.

Урок 6 . . . .*стр. 180*

Речевые образцы:

Я люблю читать об улицах, площадях, проспектах и памятниках Москвы.

В этом музее можно посмотреть картины известных русских и зарубежных художников.

Московское метро открыли в 1935 году.

Недавно я встретился с друзьями, которые приехали из Петербурга.

Если мой друг сдаст экзамены, он поступит в институт.

Хотя я живу в Москве только несколько месяцев, я уже неплохо знаю её.

Грамматический материал:

Система склонения имён существительных во множественном числе.

Система склонения имён существительных с местоимениями и прилагательными во множественном числе.

Обобщённо-личное предложение.

Сложноподчинённые предложения: 1) с придаточным определительным (*которые, которых...*); 2) с придаточным условным (*если...*); 3) с придаточным уступительным (*хотя...*).

Тексты:

«Досуг в Москве», «Московское метро», «Первый день в Москве», «Фрагменты статей из московских газет», «Москва. Красная площадь», «История храма Христа Спасителя», «В городе» (диалоги).

Домашнее задание.

Урок 7 (контрольный). . . . .*стр. 212*

Тест базового уровня